僕らの未来が変わる　お金と生き方の教室

我們為什麼要賺錢？為什麼要存錢？

運用財富改變未來，了解世界與自己的金錢理財課。

池上彰——監修
佳奈——漫畫
モドロカ——插畫
周子琪——譯

用全新視角認識金錢，看見比錢更重要的事！

為什麼你手中的一千元紙鈔，能夠讓你買到一千元的物品呢？

紙鈔即使印著「一千元」的字樣，終究不過是一張紙而已，因此「因為是一千元紙鈔，所以可以買到物品」，這樣的說法並不能作為答案。

可是，一張紙上面，一旦印了「ＸＸ銀行」的字樣，我們就能用它來購物，店家也會接受這張紙。一張普通的紙能被拿來當作一千元，正是因為我們都知道「這張紙代表著錢」。

因為金錢的本質就在於，當任何一個人看到閃閃發亮的金幣時，都會覺得「這是有價值的東西」，並且對它愛不釋手。因此，類似「每個人都認為這是錢」的想法，就不能算是合理回答了「為什麼這是錢？」。紙幣與金幣的道理一樣，明明不能拿來吃，卻可以拿來換取食物或其他東西。我們所說的「錢的多功能性」就是這個意思。「任何物品都能用錢交換」，換句話說就是「錢可以買到任何東西」。

那麼，你覺得「愛」能夠用錢買到嗎？

這是一個極端的問題。一般來說「愛」是無法用錢買到的。不過，請你試想，當你遇到兩個對象，一個與你約會時，總是帶你走路去牛丼店或拉麵店；另一個則是開著跑車，帶你去吃豪華的法式料理，然後再帶你去主題樂園玩。

相較之下，你會選擇哪一個呢？這時，錢的存在是否會左右你的判斷呢？

「錢」真的很不可思議！一方面對我們的人生造成很大的影響，一方面卻又讓人覺得受它支配的生活很空虛。

美國喜劇天王查理・卓別林曾經說過：「人生只要有這三樣東西就足夠了：希望、勇氣和足夠的錢（some money）。」

接著，請你想想看，對你而言，「足夠的錢」是多少呢？

我想這個金額應該因人而異。因為無論我們有沒有錢，都無法保證能夠獲得幸福。

對你來說，「錢」代表著什麼呢？現在，就跟著書中的主角中倉美帆一起學習並尋找答案吧！或許這將改變你的未來。

媒體工作者　池上彰

二〇二一年十月

目錄

CHAPTER 1 錢，是什麼呢？

關於本書

本書以日本環境為縮影，羅列各種關於金錢的運作型態、社會現象及數據，為了能讓讀者能更加理解，部分主題亦在書末增加台灣資訊及參考連結，家長也能跟孩子們進行討論，內容亦可能隨時代或環境變化改變，孩子們可藉本書隨時進行對照及社會觀察。

CHAPTER

2 金錢與社會結構

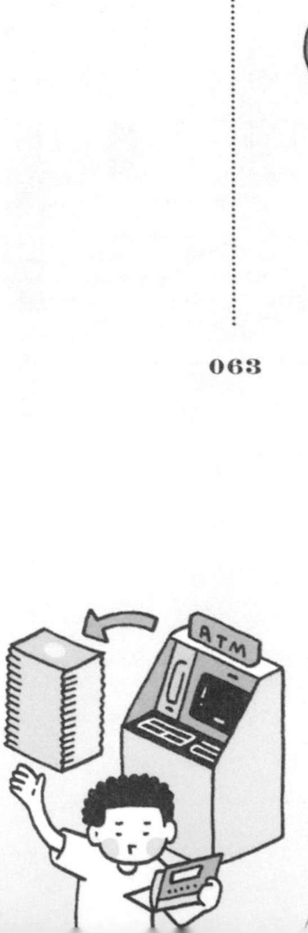

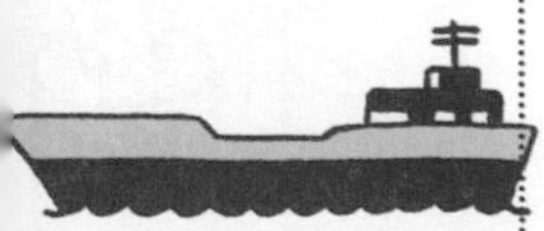

CHAPTER

3 金錢與我們的生活

CHAPTER

4 完美的理財方法

CHAPTER

5

了解全球及目前面臨的問題

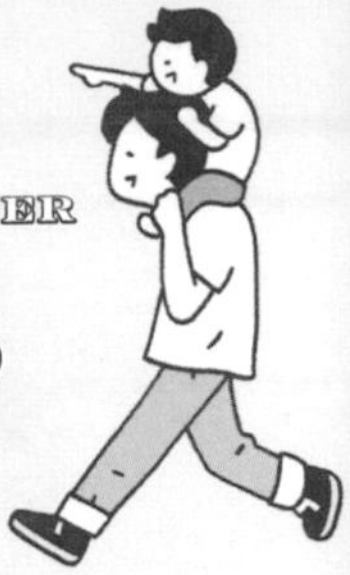

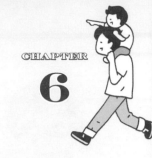

CHAPTER

6 致未來的你

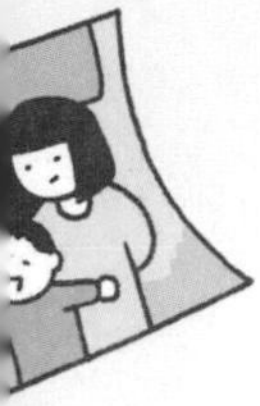

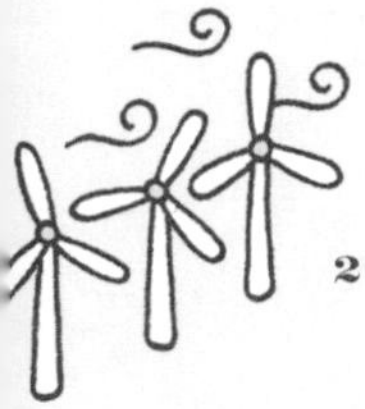

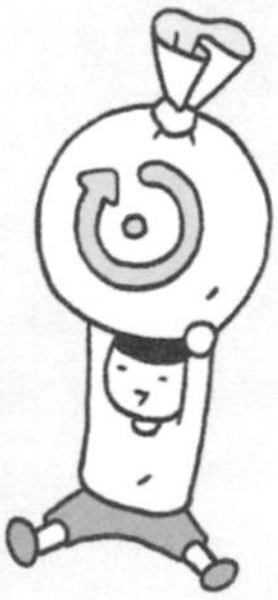

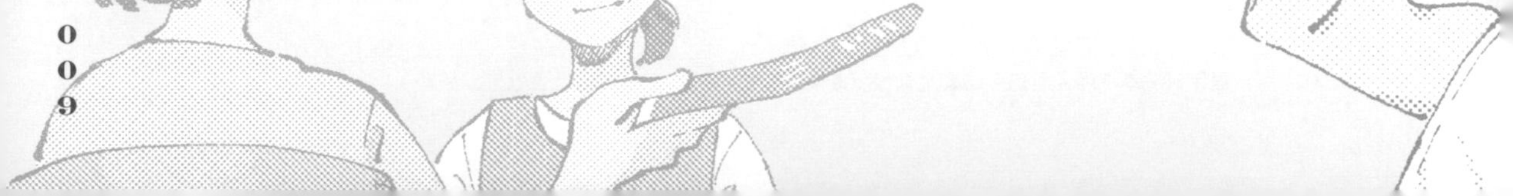

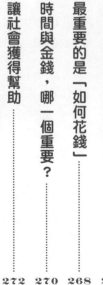

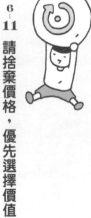

漫畫登場人物介紹

中倉美帆

高二生，數學不太好，想上大學，不過還不確定未來的目標及想念的大學。

中倉孝二

美帆的爸爸，50歲，在貿易公司上班，以前忙著海外及日本兩邊跑。調換部門後，現在工作變得比較悠閒。

樋口彩花

明央大學經濟學系教授，專門講授高中生與大學生的暑期金錢理財課，向學員們解說各種知識。

中倉香苗

美帆的媽媽，銀行行員，最愛吃的食物是唐揚炸雞。她是位工作能力備受重視、每日繁忙的職業婦女。

辻本由美子

香苗的姐姐，辻本工務店的事務員，住在中倉家附近。兩家人一直保持密切的往來。

辻本健

辻本工務店的老闆，個性開朗、幽默風趣，從美帆小時候開始就非常疼愛她。

浦田雪乃

高二生，美帆的國中同班同學。她和美帆都在籃球社團。

吉田隼人

24歲，踏入職場第三年，在一家幫助身心障礙者就業的公司上班。

小花

辻本家養的狗，最喜歡的人是美帆。

＊本書記載的資訊截至2023年1月。因此金錢和社會保障制度可能會有所變化，請自行查看最新訊息。

CHAPTER

1

錢，是什麼呢？

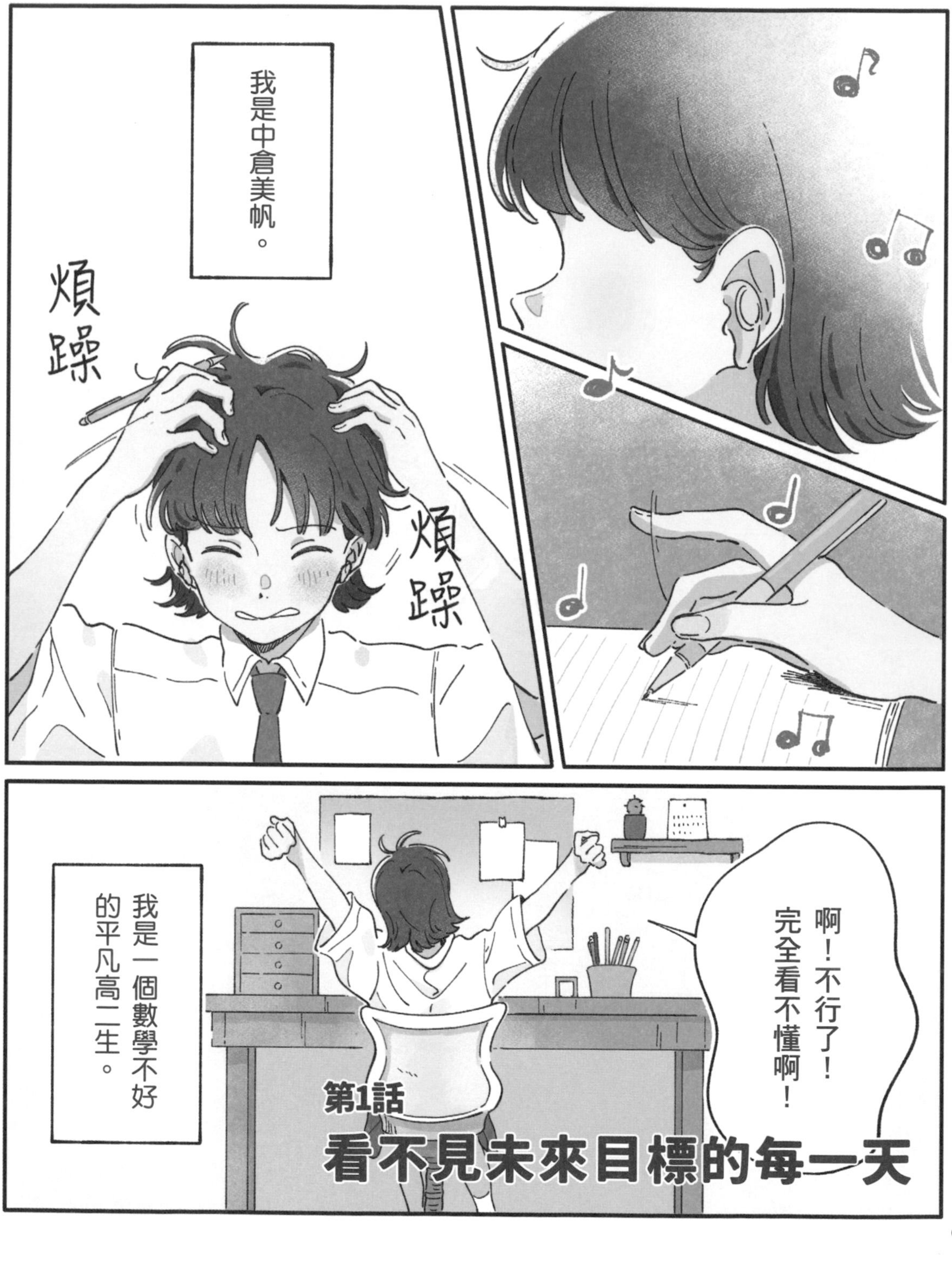
我是中倉美帆。
煩躁
煩躁
啊！不行了！
完全看不懂啊！
我是一個數學不好的平凡高二生。

第1話 看不見未來目標的每一天

接線公式……學這個到底有什麼用呢？
翻
啊！已經這麼晚了！
18:43
喀啦
接著是今天的股價，
今天的收盤價比昨天跌了170日圓。
爸爸，您回來了喔！
嗯，大概十分鐘前回到家的。

靠近
我可是有好好說「我回來了」喔！
對不起。因為我一邊聽音樂一邊念書。
爸爸以前很常加班，海外出差也很頻繁，
自從兩年前調任到公司管理部門後，工作變得比以前悠閒，每天七點前就到家了，
但工作變得悠閒的爸爸，看起來總是一臉落寞的樣子。
阿姨請我們七點過去他們家喔！
啊！

喀啦啦
晚上好！
打擾了！
汪！汪！
小花，走吧！
肚子餓了
汪！
牠每次都很熱情的歡迎你們呢！
小花，冷靜點。
好乖，好乖！

中倉家的每個成員都有工作，所以身為獨生女的我，
小花真的很喜歡美帆。
時常受到住在附近的辻本夫妻的照顧。
那個……由美子，這個請妳收下。
不用了。
已經說過很多次了……
不行！每個禮拜都過來這邊打擾，還讓你們破費，我可不能都不給錢。
而且香苗也會生氣的……
我知道了。那就多吃點，盡情享用餐點吧！
好！
爸爸的工作穩定下來後，阿姨和姨丈仍舊會邀請我們過來吃午餐和晚餐。

哈哈哈哈
確實有過這件事呢！我那時嚇到腿都軟了。
哇哈哈哈
啊哈哈哈
稍微克制一點。
因為阿姨做的唐揚炸雞超級好吃呀！
呼，肚子好飽喔！
美帆吃了不少喔！
姨丈，我們來玩遊戲吧！
喔，好！
喀啦啦
打擾了！

咦，大家都吃飽了嗎？
剛剛吃完喔！
歡迎
來，請坐。
咚
哇！炸雞！太棒了！
美帆也說了一樣的話呢！
難不成喜歡唐揚炸雞這點也會遺傳嗎？
工作很忙喔！
嗯，因為最近多了不少專案需要處理。
加油！妳可是四井銀行看好的職業婦女代表喔！
我只是比較好使喚而已啦！

孝二的工作最近忙嗎？
沒有，一點兒也不忙。偶爾會加班，但都在七點左右回到家。
他以前不是加班到半夜，就是連假日都得工作。
我那時像個拚命三郎，不過現在的部門不需要那麼拚命了。
這樣會不會有點失落呢？
現在時代也變了，我打算盡力而為，輕鬆過日子就好了！
況且，距離退休也剩不到十年……
……

啊，對了！
美帆，妳過來一下。
我現在正在忙耶……
姨丈，你等我一下喔！
什麼事？
美帆，請妳去參加這個。
一起了解
金錢
及
社會
暑期特別課程
免費
對象：高中生 大學生
日期：7/18、7/25、
8/2、8/9、8/15、8/23
地點：明央大學〇〇校區C棟302教
特別課程？

這所大學好像專為高中生和大學生辦了一堂金錢相關的知識課程喔！
而且免費！
咦？
我們銀行也是這所學校的合作對象，而且課看起來還不錯，所以我先報名登記了。
吼，真麻煩。
反正妳暑假一定很閒，而且到大學聽課，搞不好會激勵妳認真的準備入學考試。
還有……
最後一天家長也需要參加，到時就麻煩爸爸了喔！
讚
啊，好，我知道了。

哇！這所大學……好大間啊！
302教室
302教室……找到了！
應該是坐有放資料的位子吧！
跑來大學聽課這件事，讓人覺得有點緊張。
上課時間快到了。
碰
碰
碰

大家好，午安！
我是明央大學經濟學系的樋口教授，
非常感謝大家參加暑期特別課程。
這個課程的招生對象設定為大學生和高中生，想請問在場的各位，有幾位是高中生呢？
請舉手
有二十人，大約占40%喔？謝謝你們百忙之中抽空來參加。
那麼，從今天開始，你們將和我一起學習「金錢」的知識。
嗯……
咻
咻

我先寫出幾個與金錢有關的名詞。
通貨緊縮 加密資產 國債
人生三大資金
資本主義 不平等差距 etc……
大家能夠說出這些名詞的意思嗎？
雖然有聽過，但不太懂是什麼意思……
應該很多人不知道吧？不過，這個錯不在你們，是我們沒有給予大家了解這些名詞的機會。
金錢涉及我們生活中各個層面，因此需要教授的內容非常廣泛。為了方便大家了解……
這次我把跟金錢相關的各個話題彙整成這本教材。
運用財富
改變我們的未來
文案負責人：樋口彩花
明央大學

當你理解課程的內容後，
你將能更進一步的深入思考
這個世界與自己的未來，
未來的我們能夠比以前，
更明智的過生活。
思考世界與自己的未來……
那麼，我們今天就來聊聊什麼是「金錢」吧！請大家打開課本。
單純照著教授的指示打開課本的我，當時並不知道……
翻
這門課程對我們的未來將會有很大的影響。

1-1 你對「錢」有什麼樣的看法呢？

錢是好東西？還是壞東西？

當你聽到「錢」這個字時，腦中會浮現什麼呢？相信我們從不同的人身上，會得到各種想法與意見。例如，有人會強調錢有多重要，向你大肆宣揚「錢是我們不可或缺的東西」、「不可以浪費錢」；或是告訴你「沒有錢就無法生活」、「一不小心借了錢，生活就會變得艱苦」，讓你知道不重視錢有多可怕，要你了解存錢的重要性；有人覺得只要有錢就能買很多東西，也能擁有幸福；也有人覺得「開口閉口都是錢」是一種很失禮的行為。

當我們出生時，爸爸媽媽會付醫藥費給醫院；有人過世時，則要支付喪葬費用。另外，每天的生活也會花費許多錢。因此可以說，人類從出生到臨死前，無論遇到什麼事情，都離不開「錢」。這樣看來，有錢應當會比沒錢好吧？

每個人對「錢」的看法都不同

有錢就能幸福！電視廣告常這樣說喔！
沒錢就無法過生活。
棒球選手們的年薪和藝人們的年收入都很高耶！我也想變成能賺很多錢的人！
10000

但是我們無法知道錢是否越多越好，因為**錢只不過是一種生存工具**。我們必須思考的關鍵，是如何好好的運用這個工具。像是把菜刀當作製作美味料理的工具，能夠讓人感到幸福；但如果我們將它拿來當作傷害他人的工具，它就會成為致命武器了！

因此，縱使我們無法定論錢的好壞，**我們能夠做的是，探討如何和錢相處以及如何運用錢**。

從現在開始，請一起來了解錢和社會狀態，並且學習讓自己擁有幸福的生活。

賺錢好嗎？
怎麼感覺自己像在做壞事……
我爸爸說，開口談錢很沒格調……
一旦借錢了，生活就會變得困苦……電視劇裡演的情節真可怕！
現今社會，錢就等於全部！每個人都這麼認為吧！
3班
金
亞里沙
千円
五千円
壱万円
10000
日本銀行

1-2 花錢與賺錢

雖然直接幫你「解決」肚子餓的是餐廳員工，但事實上，這背後涵蓋了許多息息相關的人。

請想想看「錢的意義」是什麼？

走在路上的你，感到肚子餓後進入一家餐廳，花了新台幣一百一十元（約五百日圓）點了一份牛丼。如果將狀況說得複雜一點，就是那家餐廳解決了你餓肚子的問題，你給了店家一百一十元的相對報酬。

或許你會覺得「說解決問題未免太誇張了！」但花錢和賺錢之間就是這樣的關係，因為社會的規則就是，當我們遇到**「○○讓人煩惱」、「想做□□」、「想要△△」等問題並獲得解決時，我們會因爲「謝謝對方的幫助」而支付金錢給對方。**一旦意識到這點，你是否覺得花錢是件很重要的事呢？

還有一個重點就是，從經濟學的角度來思考，工作獲得酬勞的人，可以說是「創造和提供價值的人」。我們回頭看一下剛剛所說的餐廳範例。你為了填飽肚子，花了一百一十元買牛丼，而餐廳如果什麼都不做，就不會收到錢。因此，餐廳創造出牛丼，在社會上擁有一百一十元的價值。創造價值的除了餐廳以外，還有畜養牛隻、種植稻米、以及運輸物品等等的人們。也就是說**所有有價值的物品（商品和服務）都是經由人的勞動而創造出來的，而每一個人的工作，在這個社會上也都有其價值存在。**然後，有人為此「道謝」並花錢。這就是所謂的「經濟活動」。因此，你所支付的一百一十元，在變成牛丼上桌之前，就已分發給所有跟這一餐有關聯的人員了。

這就是花錢和賺錢的大原則。如果我們這樣去看待平常花的錢，我們的視野將會更加開闊。

牛丼連鎖餐廳的員工們

烹煮牛丼、將餐點送到你面前的牛丼連鎖餐廳的員工們。

畜牧業者們

感謝全國的酪農業者，讓我們能夠吃到好吃的牛肉。有些餐廳也會使用美國或澳洲的酪農所飼養的牛肉。

物流業者們

將牛丼的食材載上貨車，運送到餐廳。如果沒有這些物流後勤人員，餐廳將無法經營。

其他還有這些人

幫我們維持餐廳整潔的清潔人員、牛丼餐具的製造業者、餐巾紙或擦手巾的製造業者等，各行各業的人們正努力解決你肚子餓的問題。

米農與菜農們

因為米農與菜農的耕作，你才能夠吃到牛丼。你所支付的錢，也會轉到這些農民的身上。

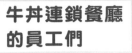

1-3 你買到的不只是「物品」

日常生活中享受到的服務

A同學（國二）
一週的生活

週一

學校

學校由老師、執行及維護各種校務的行政人員、輔導員所組成，他們為學生提供「教育」的服務。

提供方便又令人滿意的服務

你知道「服務」的意思嗎？我們平常很少用到這個詞，所以有的人可能會對它感到陌生。我們先在這個章節認識這個詞吧！

舉例來說，當我們到遊樂中心遊玩的時候，我們會把錢投進遊戲機裡，享受遊戲帶給我們的樂趣。或是去看熱門電影時，我們也會花錢買票，享受電影帶來的感官樂趣。而我們受傷、生病時，會到醫院看診，然後支付診療費用。

這些花費所得的並不是果汁、

圖書館

在地的圖書館，每個人都能自由的借閱書籍和雜誌。我們能夠獲得接觸「知識」及「文化」的服務。

週二

週三

牙醫

醫生與護士提供了治療身體病痛的健康服務。而我們支付診療費來感謝他們。

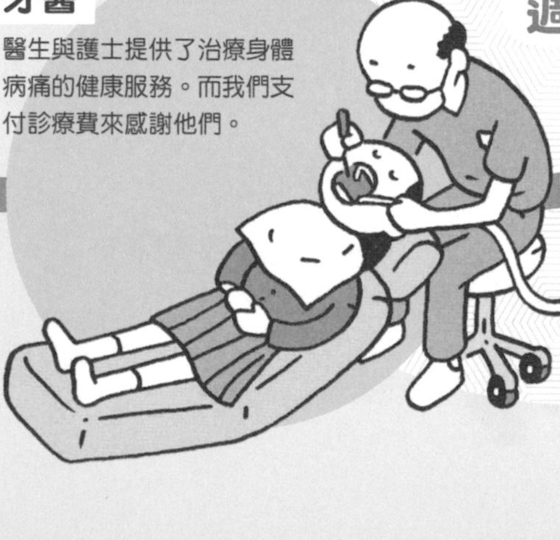

漢堡、汽車或電視等有形的商品，而是滿足、安心和方便等無形的感覺。所以，**無形的、無法具體擁有的物品，就稱爲服務。**服務與商品的界線很模糊，我們若以支付費用的角度來看，兩者的涵義則是一樣的，所以我們有時也會將服務統稱為「商品」。

　日常生活中，我們曾付費享受過哪些服務呢？試著回顧自己的生活，相信你會發現自己其實享受過不少服務喔！

電影院

購買電影票後，就能透過電影屏幕與音響，讓自己沉浸在電影的樂趣之中。你所支付的票價，包含了給電影院以及電影製作公司、導演和演員等的費用。

足球教室

A同學參加的足球教室，也是一種無形的商品。藉由支付月費或課程費用的方式，可以學到運動技巧，並且獲得與其他團隊競爭的機會。類似的服務還有補習班或鋼琴等才藝班。

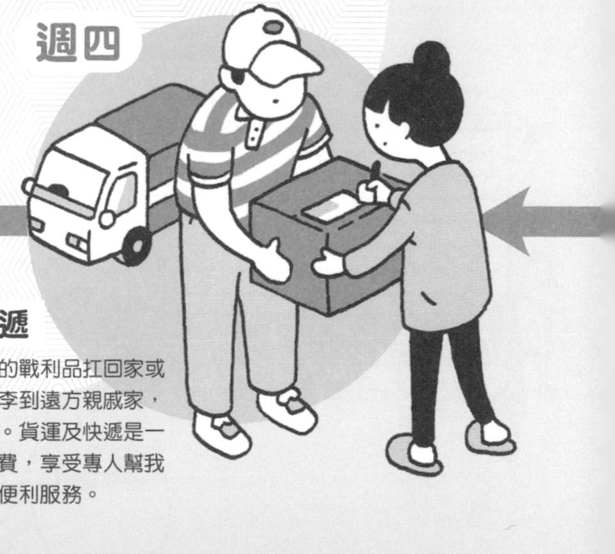

貨運、快遞

將開心購物後的戰利品扛回家或拖著沉重的行李到遠方親戚家，是非常辛苦的。貨運及快遞是一種透過支付運費，享受專人幫我們運送包裹的便利服務。

COLUMN

稅金讓我們能夠享用的服務

即便我們每天上學、向圖書館借書、或是在發生意外時叫救護車，我們也沒有付錢給公立學校的教師、圖書館員和急救護理人員。這些服務的費用，是由國家或地方政府幫我們支付的，而費用的來源則是我們繳納的稅款。因此請記住，公共服務並不是免費的。

1-4

用錢就跟投票一樣？

消費創造社會

「消費」是指使用財物以滿足生活的需求。金錢花掉就沒有了，所以我們把花錢稱為「消費」，而花錢的人稱為「消費者」。

一般來說，年滿十八歲之後就擁有選舉權。擁有選舉權的人，在選舉時，會支持他覺得「可以信任」的人並投票給他；換句話說，就是不會投給「無法信任」的人。

投票
得到足夠的選票時……
得不到足夠的選票時……

萬歲
很遺憾這次落選了
手中的一票能改變世界
市立圖書館
因為那位政治家很努力呀！
變得好方便！

藉由這樣反覆循環的動作，逐漸改變社會狀態的方式，就是「選舉制度」。

我們的消費，也就是購物這件事，跟選舉很相似（但購物沒有年齡限制）。當我們心裡浮現「這個商品好像不錯」、「好想對這項服務表達謝意」等想法，然後去購物時，就等同於用手中的選票來支持提供我們商品與服務的企業。

把錢花在你認為「好的事物」

上，**不要把錢花在你覺得「不好的事物」上，透過反覆循環，讓我們的社會一點一點的改變。**

「咦？之前來這裡時，明明是賣珍珠奶茶的茶飲店，現在怎麼變成冰淇淋店了啊？」、「最近，服裝店好像變多了耶！」相信大家都曾發現過，自己生活的街道風景改變了。而這些變化就是由大家集體消費所決定出來的。所以說，消費是一件非常重要的事。

就算再怎麼好的商品或服務，只要消費者不買單，店家或企業就會面臨倒閉。所以，身為消費者的我們，有很大的能力去改變街道的風景。

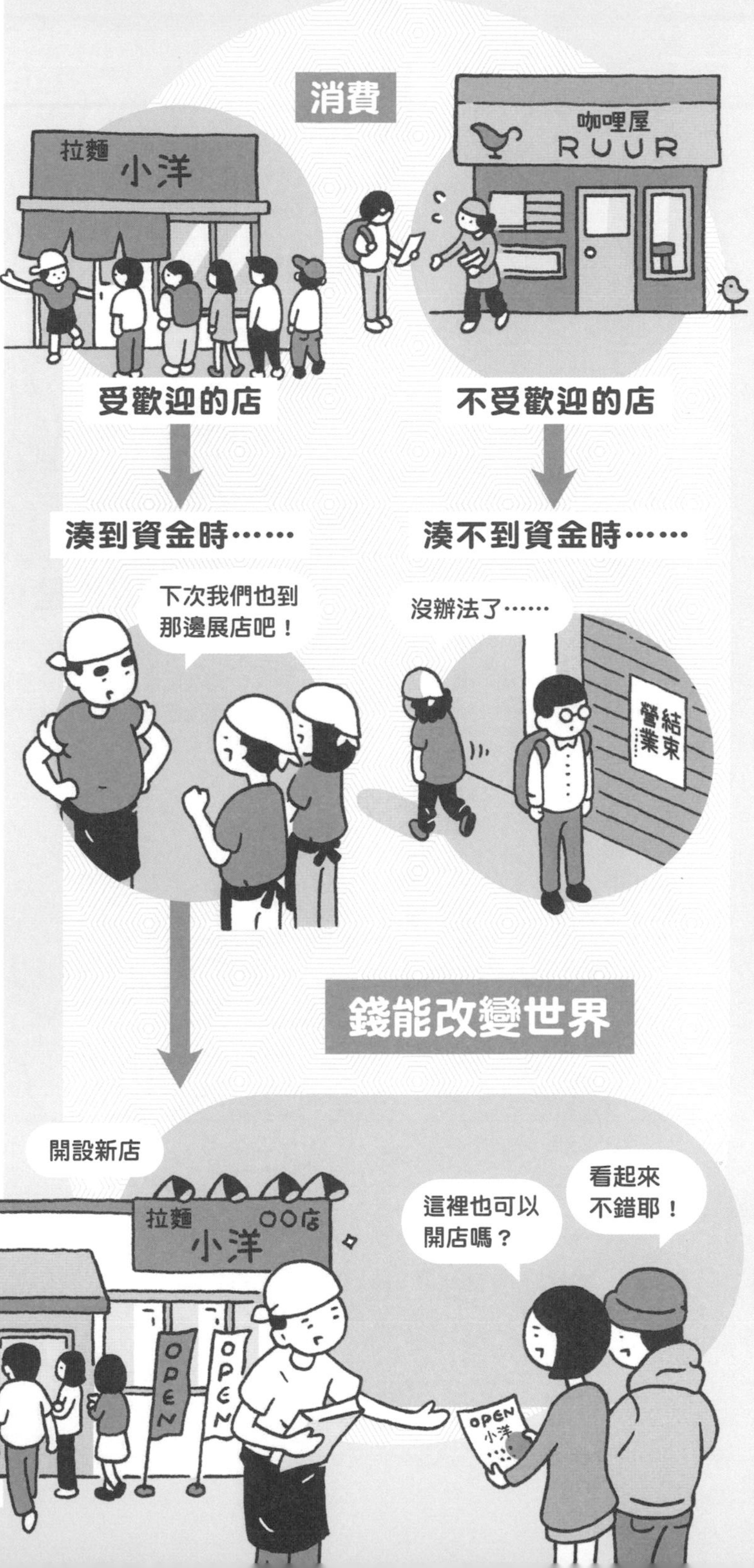
消費
拉麵 小洋
咖哩屋 RUUR
受歡迎的店
不受歡迎的店
湊到資金時……
湊不到資金時……
下次我們也到那邊展店吧！
沒辦法了……
結束營業
錢能改變世界
開設新店
拉麵 小洋 〇〇店
OPEN
這裡也可以開店嗎？
看起來不錯耶！
OPEN 小洋

1-5

貨幣的演變

從「以物易物」到「金本位制」

最早的貨幣交易是以物易物

遠古時代，住在山中或森林裡的人，靠捕獵野豬或鹿維生；住在海邊的人則靠捕撈魚類及貝類維生。那個時期的人們，學會了互相交換自己捕獲的東西，這就是「以物易物」的起源。想要以物換物的人們，打造了一個聚集處，這就是「市場」的起源。

不過，遠古時代並沒有冰箱，所以肉類和魚類不容易保存。而且有時候就算想拿著魚去和對方交換肉，對方也未必會帶著肉前來，以至於「以物易物」有時也會行不通。人們就此衍生出「貨（錢）幣」的概念。

遠古時代是以物易物

沒有貨幣流通的遠古時代，當人們遇到彼此想要的物品時，就會互相拿物品做交換。像是用五條魚交換一塊豬肉，這樣以物易物。

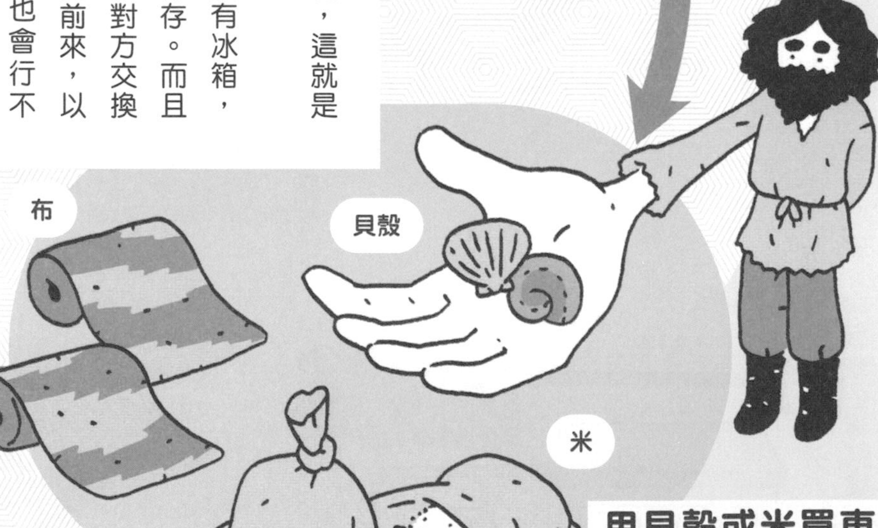

用貝殼或米買東西

遠古時代，「貝類」、「米」、「布」等經久耐用的物品被當作「貨幣」使用。

因為貨幣不會腐爛，隨時隨地都能交換。

例如，古代的中國就把貝殼拿來作為貨幣使用，因為貝殼經久耐用，且不易變形或損壞。另外，像是「財產」的「財」或「買賣」的「買」等國字，裡頭都含有「貝」這個字，也可看出與金錢相關的跡象。那時期的人們帶著貝殼到市場交換他們想要的東西。

隨著時代的變遷，金、銀、銅等金屬也被拿來當作貨幣使用。這些金屬只要加熱就能改變形狀，而且也不會變質，於是就變成了「金幣」、「銀幣」、「銅幣」等貨幣的形式，並且也可拿來兌換物品。

之後，時代更加進步，黃金就變成貨幣的價值基準了。十九世紀後，英國首開先例，率領各國的中央銀行，發行與存放在金庫中的黃金同等幣值的「紙」。這就是紙的貨幣等於「紙幣」的緣由。此外，每個國家的中央銀行發行的紙幣總額等同於銀行持有的黃金總額。這個制度則稱為「金本位制」。

COLUMN

「值」這個字是由「稻」衍生而來的

「值」這個字，我們從「價錢」、「價值」等詞彙中就能看出是一個與錢相關的字。古代的日本將稻米（イネ，日文發音i ne）作為以物易物的價值品，因而衍生出「值」（ネ，日語發音ne）這個字。

金本位制時期

銀行用來維護貨幣的可信度，並且保證貨幣能夠兌換成黃金的制度。19世紀到20世紀初，世界各國紛紛引入這套制度，但前提是，銀行所儲存的黃金必須等同於發行出去的貨幣總額。

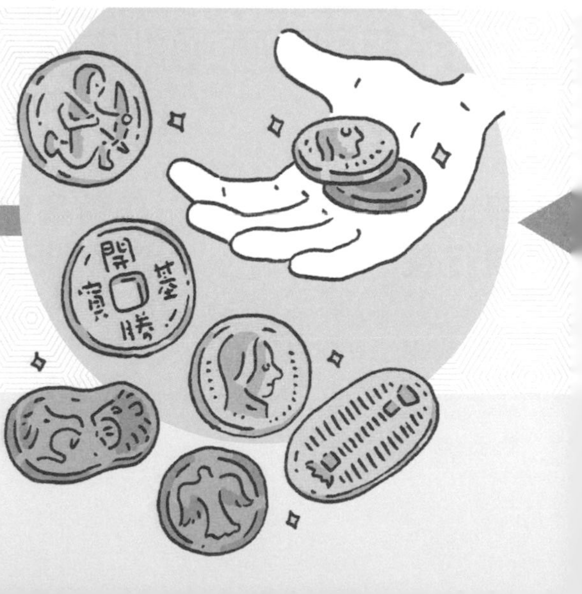

金幣、銀幣、銅幣

將金、銀、銅加工成圓形，變成貨幣的型態。公元前8~7世紀左右，中國和西方國家開始製作貨幣、開啟貨幣流通。隨後，出現了紙製的貨幣（紙幣），並且能夠用來交換同等價值的金幣和銀幣。

1-6

貨幣的演變

信用是貨幣管理制度的關鍵

從金本位制到信用貨幣制度

金本位制在十九世紀達到巔峰，但這個制度隨著社會的發展，也面臨了極限。在1-2章節中，談到了「勞動為社會帶來價值」。許多人努力以商品或服務的形式創造出社會價值，使手中的財富變得越來越多。金本位制雖然只發行與社會擁有的黃金等額的貨幣，卻能夠創造出比黃金更多的價值。

因此，不再與黃金的持有數額有關，**各國開始實施配合經濟狀況來發行貨幣的「信用貨幣制度」**。這意味著「這個國家的人民，人人都創造出許多價值，這些價值相對的也消耗掉了。那麼，國家就必須印製這麼多的貨幣來應付」。而貨幣無法拿來兌換黃金。

在這裡，出現了一個問題。為什麼我們會覺得無法兌換黃金的貨幣是有價值的呢？因為一千日圓的紙鈔、一萬日圓的紙鈔，只是一張印上數字和圖案的紙而已，你思考過為什麼嗎？

原因在於「大家相信那是個有價值的東西」。對國家而言，這些紙鈔是價值一千日圓、一萬日圓的貨幣，每個國民相信這個價值並且使用它。

例如，有個名叫山田（YAMADA）

信用貨幣制度的架構

發行者是國家的中央銀行

每個國家的政府或中央銀行依據法律所制定的貨幣制度發行紙幣。以日本來說，中央銀行由日本銀行擔任。

管理・調整發行量

在金本位制的制度下，紙幣的發行量無法超過銀行持有的黃金量，但是信用貨幣制度並未受限，加上紙幣的發行量能被管控，國家更容易執行貨幣政策。

與黃金的持有量沒有關係

紙幣的發行量不再依據黃金的持有量而定，而是依據中央銀行持有的資產額來發行。這些紙幣無法拿來兌換黃金。

的人，即使他發行了「YAMADA紙鈔」，你應該也不會想要。原因在於「山田這個人創造出來的貨幣無法獲得信任」，所以「YAMADA紙鈔」不管到哪家店都無法使用。**因此貨幣能否代表錢的價值取決於有沒有信用存在**。不過，信用是種無形且不確定的東西，貨幣中包含著這樣的不確定性，對我們而言，事先了解這一點會比較好。

信用決定錢的價值

A國＝發展中國家

經濟發展活躍的A國，所有的人民都拚命工作，創造出許多社會價值，貨幣也依據經濟狀況發行。在經濟穩定與信用萌生的狀態下，A國的貨幣價值將會變高。

B國＝未開發國家

失業者多、經濟發展落後的B國，不僅窮人多，消費也低迷。政府為了改善這樣的狀況，發行的貨幣量遠遠高於國民實際經濟能力可負荷的程度。在這種狀態之下，國家的貨幣就會失去信用，貨幣的價值也會日漸降低。

COLUMN

日本的貨幣擁有多少「信用度」？

日本的貨幣稱為「日圓」。在日本，日圓確實是受到信任的，除了日本國內任何地方都能使用之外，韓國、台灣、夏威夷等日本人所熟悉的海外國家，也有能夠使用日圓的商店。

順帶一提，美國貨幣美元擁有極高的信用度，使得美元成為全世界通用的貨幣。貧窮國家和接受賄賂且不信任國家的政客，喜歡使用美元更勝於自己國家的貨幣，因為他們認為美國比自己的國家更值得信賴。

1-7

貨幣有哪些功能？

貨幣的功能有三種

貨幣的功能大致分為三種。第一個功能是眾所皆知的，貨幣可以用來購物，也就是**可以用來兌換我們想要的物品**。例如當你口渴時，在自動販賣機買一瓶一百日圓的果汁；肚子餓時，在速食店花三百日圓買一個漢堡來吃；為了進修或考試，到書店購買一千五百日圓的參考書等。

說得更廣泛一點，以拉麵店的菜單為例。原味拉麵一碗五百日圓、叉燒拉麵一碗八百日圓，這就表示叉燒拉麵多出來的叉燒分量，比原味拉麵多了三百日圓的價值。因此我們可以將**貨幣看作是衡量物品價值的「量尺」**。

貨幣的功能還有一個，那就是**具有保存價值**。貨幣不像以物易物時期拿來交換的肉或魚類，會出現

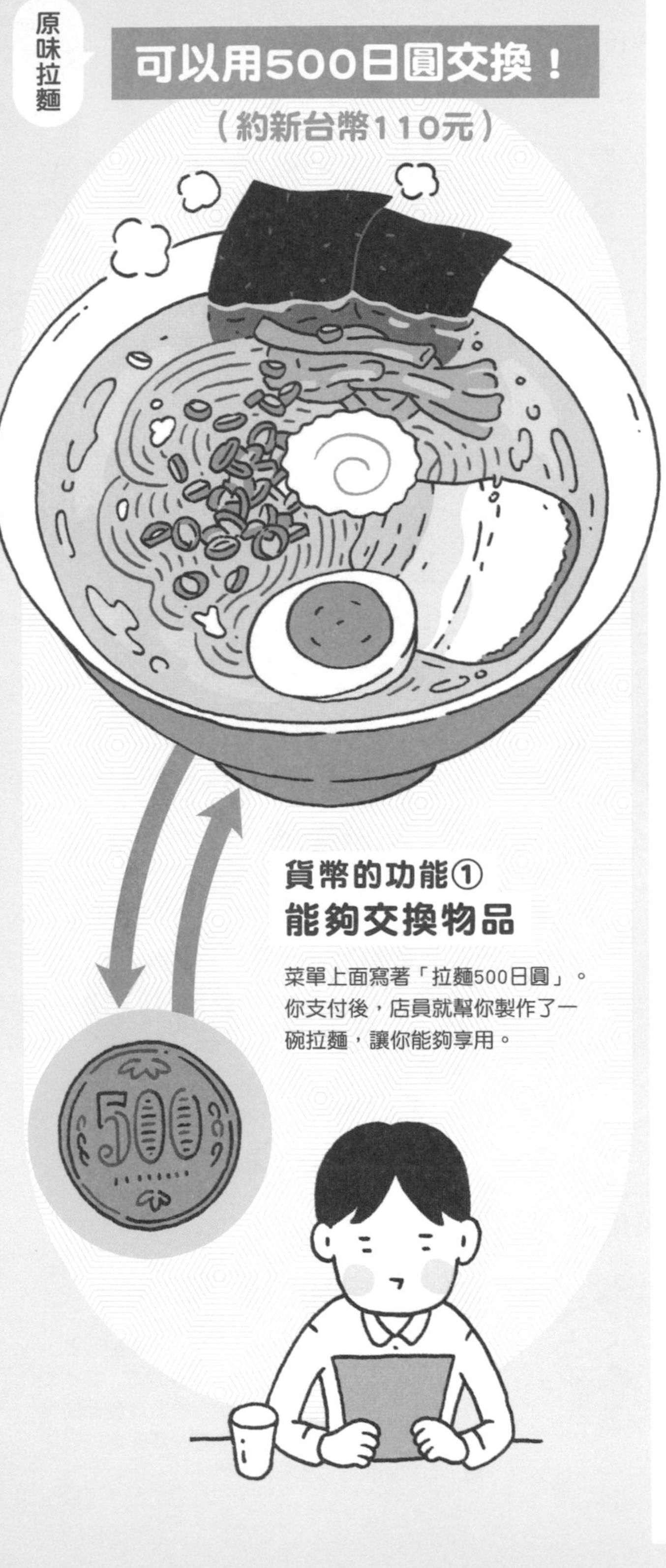

原味拉麵
可以用500日圓交換！
（約新台幣110元）
500

貨幣的功能①
能夠交換物品

菜單上面寫著「拉麵500日圓」。你支付後，店員就幫你製作了一碗拉麵，讓你能夠享用。

腐敗的狀況。不管經過多少年，一百日圓還是一百日圓。

所以，我們可以事先儲備以便遇到緊急情況時可以馬上使用，也就是說我們可以「儲蓄（存錢）」。

當我們知道這三種功能後，對於錢的概念將了解得更清晰。

叉燒拉麵

價值800日圓！

（約新台幣176元）

選擇原味拉麵，把300日圓存起來！

貨幣的功能③ 具有保存價值

結果，你選擇了原味拉麵，將300日圓存起來。存起來的300日圓如果一直沒有花掉，就能一直保存下去。

貨幣的功能② 能夠衡量價值（將價值數字化）

叉燒拉麵與原味拉麵的價格差了300日圓。店家認為叉燒擁有300日圓的價值，所以將叉燒拉麵的價格設定為800日圓。

COLUMN

毀損的紙鈔與硬幣，該如何處理呢？

貨幣可以保值，但由於紙幣與硬幣是有形的物體，因此可能會有破爛或毀損的狀況。在大部分的國家，老舊的貨幣會經由正規管道回收。紙鈔會區分可使用與無法使用，無法使用的紙鈔被回收或焚毀處理；硬幣則會交由造幣廠熔化，變成製造硬幣的材料。

1-8

一起了解「錢」的各種事

學校

許多稅金都用在你的義務教育上。而且學費會依據你想學習的內容及你想上的高中或大學而有所不同。

家人

為了生活，你需要一個會賺錢的人。孩童與全職家庭主婦（主夫）雖然不是養家餬口的人，但他們消費和支撐家庭活動的行為，卻擁有扭轉社會經濟的作用。

社會的滾動來自於「錢」

到這邊，我已經說明了「花錢與賺錢的意義」、「貨幣的演變」以及「貨幣的三大功能」。不過，我想這些關於錢的基本知識，肯定還有很多人不知道。在日本，學校並沒有與金錢相關的課程，大多數成人對於錢的意識也非常薄弱。

很多人應該聽父母或祖父母說過「把錢存在銀行，就令人安心了」這樣的話。這個觀念並沒有錯，只是你知道嗎？在日本，即使把錢長期存在銀行裡，利息依然少之又少。數據顯示，即使我們將一百萬日圓存入銀行一年，利息也只有十日圓左右而已。這樣一來，單純相信「把錢存在銀行就沒問題了」對我們來說好嗎？

身為孩子的你可以……

喜愛的事物

運動、遊戲和念書等各式各樣的興趣都要花錢。這代表著一個人把錢花在什麼樣的事物上，將顯現出他的人品與個性。

朋友

當你和朋友一起遊玩時，也會用到錢。你會發現每個人由家庭環境造就出的金錢價值觀都不一樣。

讀到這裡，你應該已經了解錢是人類創造出來的，社會的運轉來自於錢。了解錢就是了解世界，與世界息息相關的並不只有政治和經濟而已，也包含與你自身相關的事。因此，**透過了解錢的概念，你將能夠深入思考該如何規劃自己的人生。**相對的，你也可以避免陷入不必要的困境。在此，我希望你一定要提高自己的金錢素養，也就是擁有知識且能靈活運用的能力。

成為大人的你可以……

工作

當你有一份工作並且所賺的錢能夠養活自己時，你就成為一名社會人士了。你可以按照自己的意願來生活。

夢想・希望

有夢想的人，可能會為了夢想借一大筆錢或是大膽的花掉自己辛苦所賺的錢。

伴侶

單身生活？還是找到伴侶共同生活？伴侶將會讓我們的生活方式出現很大的轉變，用錢的習慣也會跟著生活方式改變。

疾病

每個人都無法擺脫病痛。為了接受適當的治療讓自己恢復健康，醫療費用是無法避免的。因此，保持健康是享受快樂人生的關鍵。

COLUMN

「經濟」這個詞是怎麼來的呢？

經濟一詞原本是由「經世濟民」這個成語省略而來的。「經世」意指治理社會，而「濟民」則是拯救人民的意思。也就是說，經濟的本意是建立優良的社會，拯救人民於苦難。另外，經濟的英文為「economy」，這個詞是由希臘語中的「oikos（家）」與「nomos（秩序與管理）」合成的「Oeconomicus」變化而來的，即對於家庭相關、生活所需的事物，我們必須建立秩序並且著手經營之意。由此可見，「經世濟民」與「Oeconomicus」意思相近。

1-9 錢是社會的血液

讓錢流通於社會

「經濟」意指從創造商品和服務價值，到推廣、購買這份價值的消費循環。這時，錢就會在「家計」、「企業」、「政府」這三者之間打轉，這三者稱為「經濟主體」，是帶動經濟的要角。

「家計」指的是一個家庭的收入與支出。單一個家庭花費或儲蓄的金額或許影響不大，但日本的生活人口有一億以上，因此家庭經濟將為社會帶來非常大的影響。

「企業」指的是公司，透過製作商品、提供服務等方式來賺錢。

人們透過到企業就職，或接受企業委託的工作，從企業所賺的錢中獲得薪水。

「政府」就是國家。人民和企

山羊麵包
企業
從企業到家計
提供商品・服務
支付薪水
從家計到企業
提供勞動力
購買商品・服務

家計
繳納稅金（所得稅等）
從家計到政府
從政府到家計
提供公共服務

家計指勞動者的收入與支出。我們用從企業等處拿到的薪水，去購買企業所生產的商品和服務。

業繳納稅金給國家和地方政府，政府利用徵收的稅款提供人民公共服務，或提供企業承包工程的機會。

「家計」、「企業」、「政府」的關係如圖所示。當你看到這張圖時，或許會覺得跟自己無關，但事實並非如此。舉個例子，當你向店員購買東西時，你所付出去的錢，會回到販售那個商品的企業（店家）手上，而且商品售價中所含的消費稅會繳納給政府。

正因為每一個人的身上都帶有這樣的消費活動，所以企業才能賺錢，工作的人才能獲得薪水酬勞，社會上的公共服務也才得以經營。

錢很重要。但是，如果每個人都將錢存起來不用，那麼社會的各個環節就無法順利的運轉。就好比人的身體如果沒有血液循環，人就會死亡。相對的，世上的錢如果沒有流通，社會也會變得蕭條。因此，也有人認為錢就像社會的血液一樣，**想要社會變得繁榮，我們就必須讓錢流通於社會。**

山羊麵包
企業支付薪水給貢獻勞力的人。然後許多人購買企業的商品和服務。

繳納稅金（所得稅等）
從企業到政府
從政府到企業
提供公共服務
委託工作
政府

政府和地方政府向家計與企業徵收稅金，並且運用這些稅金提供公共服務給人民及企業。此外，也會委託工作給企業。

1-10 「景氣」與「不景氣」是什麼意思？

「景氣」與「不景氣」就像海浪一樣，高低起伏

你應該有聽過「景氣」與「不景氣」，像是新聞報導中提到的「景氣回溫」，或是從大人們的聊天中聽到的「變不景氣，讓人很困擾」等。當我們聽到「景氣」時，腦中總會不自覺浮現出社會財富充裕、欣欣向榮的畫面。而聽到「不景氣」時，則會覺得社會變得貧困且蕭條。接著請讓我詳細解釋這兩者的意思吧！

市場上商品和服務的銷售量如果大增，製造和販售這些商品及服務的公司就會獲利，勞動者也將獲得更多的報酬。當勞動者的薪資增加後，人們將會買得更多。類似這樣，企業與人們的金錢數量出現成長，**金錢在社會流通的狀態趨於良好時，我們就稱為「景氣」。**

景氣
NO.1
不斷的生產商品
這個成為熱門話題且暢銷的吸塵器大獲好評。製造商在它們的工廠生產越來越多的吸塵器，銷售額也不斷的增長。
商品持續暢銷
家電公司推出高性能的吸塵器。透過廣告等銷售手法的效應，讓這個商品逐漸成為人氣商品，並開始在家電量販店中銷售。

相反的，市場上的商品和服務銷售不出去，企業的獲利跟著變少，勞動者的薪資也無法增加。在這樣的狀態之下，每個人都變得不再購買商品和服務。這種**金錢在社會流通的狀態趨於惡化的現象，我們就稱爲「不景氣」。**

「景氣」與「不景氣」就像海浪一樣，有著起伏不一的特徵。即使商品銷售量大增，經濟或產業變得景氣，某天也會因為消費者不再需要而面臨銷售逐漸下滑的情況。接著，企業的獲利減少，就會變得不景氣；但是，經過一段時間後，轉而購買新商品的人會增加、社會跟著出現變化、創新的商品隨之誕生，又會變得景氣；等到商品無法銷售出去時，會再度變不景氣……像這樣，「景氣」與「不景氣」就像海浪一樣，不斷的起起伏伏。

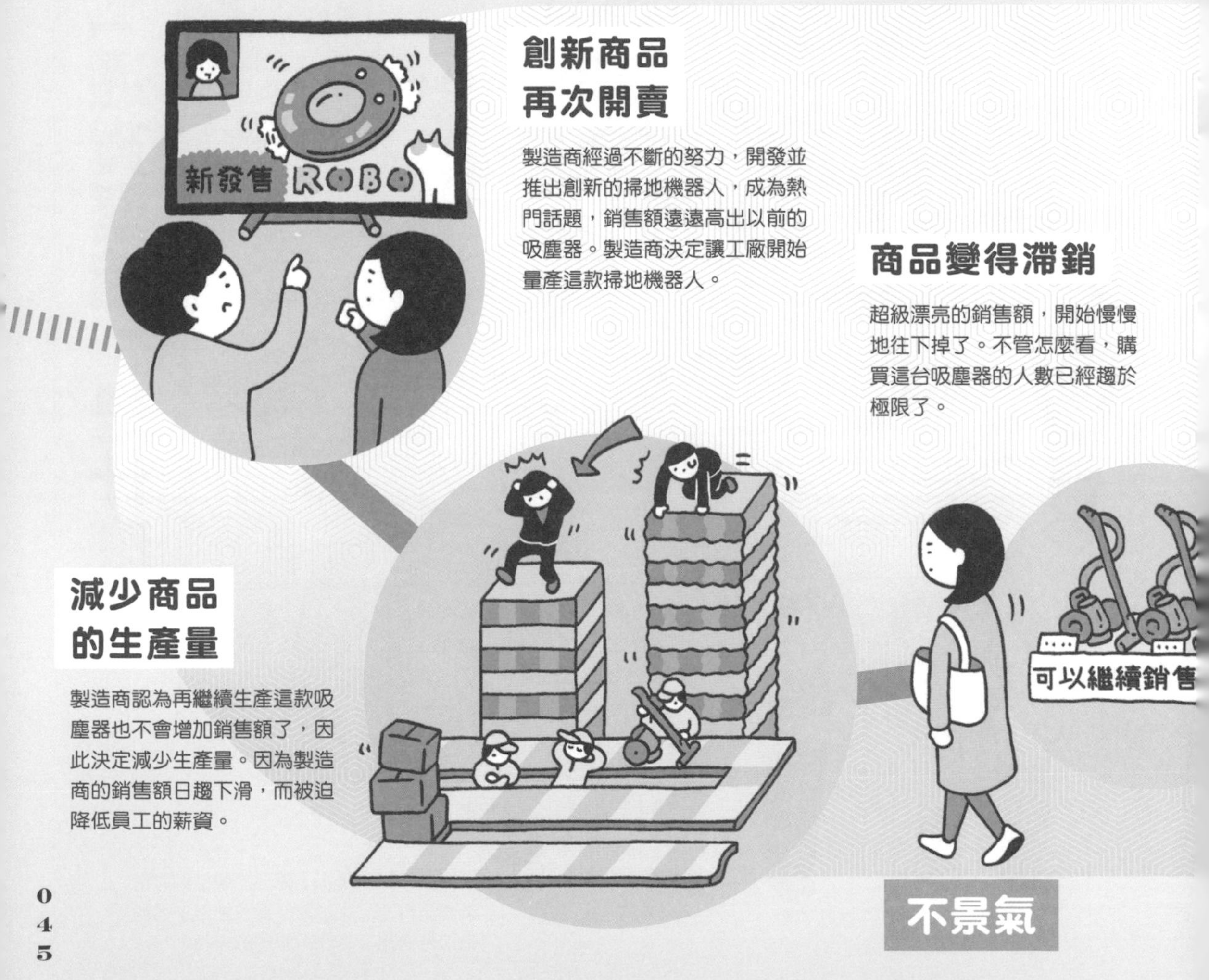
新發售
ROBO
創新商品
再次開賣
製造商經過不斷的努力，開發並推出創新的掃地機器人，成為熱門話題，銷售額遠遠高出以前的吸塵器。製造商決定讓工廠開始量產這款掃地機器人。
商品變得滯銷
超級漂亮的銷售額，開始慢慢地往下掉了。不管怎麼看，購買這台吸塵器的人數已經趨於極限了。
減少商品
的生產量
製造商認為再繼續生產這款吸塵器也不會增加銷售額了，因此決定減少生產量。因為製造商的銷售額日趨下滑，而被迫降低員工的薪資。
可以繼續銷售
不景氣

1-11 「通貨膨脹」與「通貨緊縮」是什麼？

台灣資訊
請見298頁

消費者的購買意願會改變商品的價格

一聊到景氣，時常跟著出現的就是「通貨膨脹」與「通貨緊縮」的話題。這兩種現象與「景氣」、「不景氣」有著密切的關係。首先，一旦變景氣，願意消費的人就會變多。如此一來，大家購買商品或服務的動力就會變大。購物的人變多後，銷售業者就會認為「售價再怎麼高都賣得出去」，進而拉高售價，甚至連材料費和人事費（薪資等跟人相關的費用）也跟著上漲，導致**市場上流通的物品價格越來越高，我們將長時間持續處於這種狀態的社會現象稱爲「通貨膨脹」**（通膨）。

通貨膨脹
就算貴也沒關係！
漲到
120萬日圓了！
100萬日圓的
汽車……
好！買吧！

景氣時，每個人手中的資金就會變得充裕，想要購物的想法（購買意願）就會強烈。

購買意願高的客人，物品的價格就算稍微漲價也會出手購買，導致銷售業者藉由拉高價格，來賺取更多的獲利。

與通貨膨脹相反的現象，則稱為「通貨緊縮」（通縮）。變不景氣後，每個人手上的資金就會跟著變少，大家也會抑制想要購物或享受服務的心情。

而銷售業者在這時迫於無奈，只好降價銷售。或許許多人會覺得降價是好事，但對商品的製造商與銷售商而言，他們的獲利將會變少，相對的，每個勞動者的薪資也會跟著減少。簡單的說，就是生活變得貧苦。到最後，購物及享受服務的人越來越少，**商品與服務的價格也跟著下降，我們將長時間持續處於這種狀態的社會現象，稱爲「通貨緊縮」（通縮）**。日本三十年以來持續維持通貨緊縮的狀態，但自二〇二一年的秋天之後，受到國際情勢變化的影響，逐漸開始出現通貨膨脹的現象了。

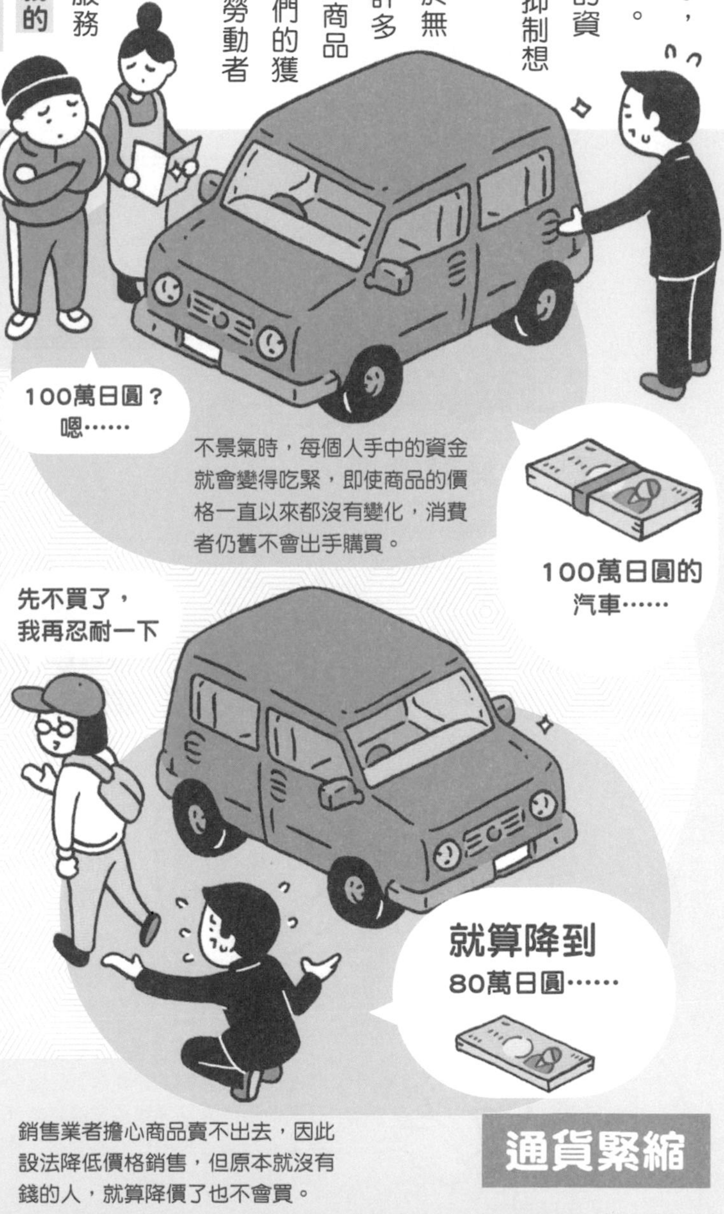
100萬日圓？
嗯……
不景氣時，每個人手中的資金就會變得吃緊，即使商品的價格一直以來都沒有變化，消費者仍舊不會出手購買。
100萬日圓的汽車……
先不買了，
我再忍耐一下
就算降到
80萬日圓……

銷售業者擔心商品賣不出去，因此設法降低價格銷售，但原本就沒有錢的人，就算降價了也不會買。

通貨緊縮

COLUMN

物價及通貨膨脹

物價是物品與服務的價格。景氣時，就會出現物價上漲、企業的銷售額攀升、勞動者薪資跟著成長的通貨膨脹現象。與去年相比的物價上漲百分比，稱為通膨率。日本政府所制定的目標為「2%」。但是，日本的通膨率從2000年到2020年，平均為「0.1019%」，可說是完全沒有達成。

通膨率　　平均 0.1019

2000	-0.69	2007	0.05	2014	2.76
2001	-0.69	2008	1.38	2015	0.80
2002	-0.90	2009	-1.33	2016	-0.12
2003	-0.26	2010	-0.74	2017	0.49
2004	-0.01	2011	-0.28	2018	0.99
2005	-0.29	2012	-0.05	2019	0.47
2006	0.26	2013	0.33	2020	-0.03

世界經濟手冊「日本通貨膨脹率的變化」

1-12 商品抵達我們手中之前的狀態

商品如何流通及金錢的流向

商店裡販賣的商品十分眾多，這些商品經過製造生產、陳列在商店內、最後進入我們手中的流程稱為「流通」。

首先，商品由各行各業的人及企業製造而成。這些業者及企業稱為「生產者」，生產者的工作是開發及製造人們會購買的商品。完成後的商品經由「批發商」即中盤商來批發、運送。他們從生產者那裡購入商品，再將商品出售給商店。

換句話說，批發商的工作就是連接生產者與商店。商店的工作則是把從批發商那邊購入的商品賣給我們（消費者）。這些商店就是「零售商」。透過生產者→中盤商→零售

企劃
SLIME
+
NEKO
玩具製造商
企劃開發一款新型填充玩具。負責推出新的產品或服務。
填充玩具以2000日圓賣給批發商
生產者
批發商
商品
2000日圓的營業額！
紓壓小物
捏捏樂
TSURUNEKO
新發售!!

玩具製造商賣給批發商1個填充玩具可獲取2000日圓的營業額。從這2000日圓中扣掉產品開發及生產的成本、員工的薪資等費用（成本）後，剩下的就是製造商的利潤。

商的流程，我們在商店能夠看到各式各樣的商品。

雖然這個流程看起來理所當然，**但所有從事這些工作的人和企業都必須賺錢，否則，就無法支付每位勞動者的薪資。**

批發商賣給零售商的金額（散裝價）比從生產者進貨的金額（批發價）高，零售商再把付給批發商的金額加上利潤，決定出賣給消費者的價格（零售價）。每件商品的售價與收購價格的差價就是員工薪資、設備成本和企業的利潤。

這是一般商品的流通架構，也有生產者跳過批發商，直接和零售商交易，或是消費者透過網路直接向生產者購買。商品流通的型態也隨著時代變遷而日益改變。

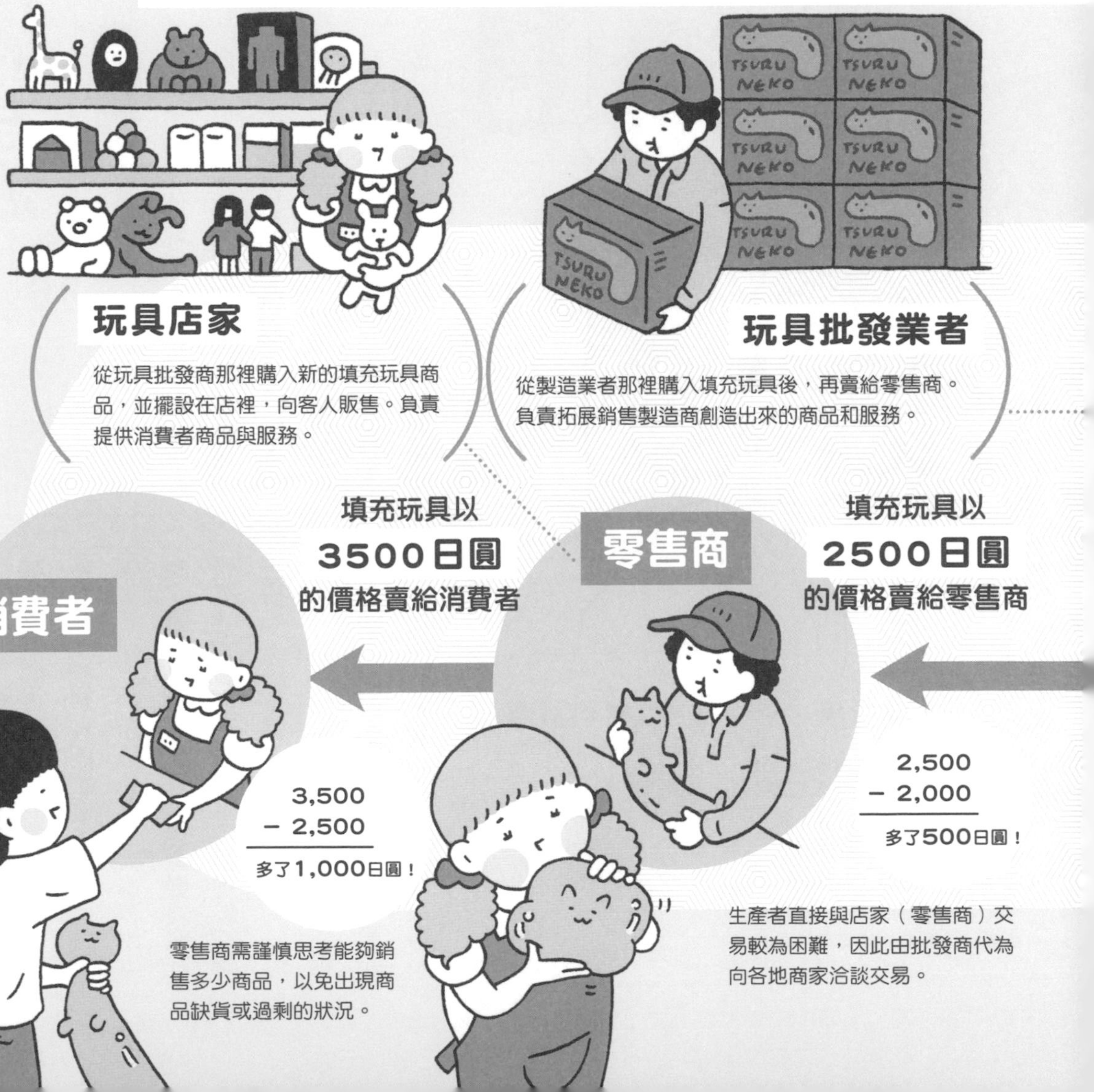
玩具店家
從玩具批發商那裡購入新的填充玩具商品，並擺設在店裡，向客人販售。負責提供消費者商品與服務。
玩具批發業者
從製造業者那裡購入填充玩具後，再賣給零售商。負責拓展銷售製造商創造出來的商品和服務。
TSURU NEKO
消費者
填充玩具以3500日圓的價格賣給消費者
零售商
填充玩具以2500日圓的價格賣給零售商
3,500
− 2,500
多了1,000日圓！
2,500
− 2,000
多了500日圓！
零售商需謹慎思考能夠銷售多少商品，以免出現商品缺貨或過剩的狀況。
生產者直接與店家（零售商）交易較為困難，因此由批發商代為向各地商家洽談交易。

1-13

市場制定價格的方法

制定價格是成本加上利潤

市場上商品的價格（售價）絕對是一層一層加上去的。製作這些商品的業者、店家或企業，會先觀察自己需要花費多少費用（成本），再決定銷售的價格。

創造一個商品，會花費各種費用。以一家連鎖餐廳製作新菜單為例，來思考看看吧。首先，為了製作新菜單的食譜，會產生研究或調查各種料理的費用，加上不斷地製作、試吃也需要花錢，這些就是研究與開發費用；完成新菜單的食譜之後，就得購買所需的食材，也就是材料費用；接著是準備料理的廚師、將餐點端到客人餐桌上的店員薪資等人事費用；為了讓更多客人光顧，也需要負擔在報紙刊登廣告，或利用網路宣傳的廣告費用。

另外，還有餐廳店面的場地租金、開店使用的瓦斯、水、電等的開銷費用（固定費用）。照這樣來看，

決定售價時所需考量的各種費用

1 材料費用

主要的食材、配菜及調味料等都是所需的材料。所以必須準備購買這些材料的費用。

2 人事費用

一家餐廳必須要有廚師、端送餐點的服務生、會計人員等各種工作人員，也必須支付這些員工薪資。餐廳的規模越大，擁有的員工人數就越多，人事費用也會增加。

整體需要花費各種費用，就成了理所當然的事實了。

商品抵達客戶手中所花費的金額稱為成本。商品價格的設定基準為成本加上利潤。即使想獲得較高的利潤，如果價格太過離譜，客人也不會購買；相反的，太過便宜的話獲利就會變少。所以，**銷售業者要做的重點在於計算且設定出「合理並能確實獲得利潤」的價格，然後著手開發生產商品。**

6 利潤（賺錢）

沒有利潤，就無法添購新的器具，或沒辦法展店。利潤是讓買賣持續不間斷的關鍵。

5 廣告宣傳費

印製新菜單的宣傳單或委託網頁設計公司建立宣傳網頁都需要花錢。電視投資播放廣告花的錢則會更多。

4 研究開發費

決定將超級炸蝦飯放入菜單後，就需要調查哪裡購買大蝦比較好。甚至還要請員工試吃及發表感想，或是去競爭對手的店裡勘查、比較。一份新的菜單得花費這麼多成本。

3 固定費用

從餐廳建築物的租金，到電費、瓦斯、水費等，是每個月必須支付的費用。這是業者盡可能想控制的費用。

COLUMN

目標在於利用降低成本來提高利潤！

販售商品及服務的企業正努力藉由降低費用（成本）來提高利潤。這樣的動作我們稱為「Cost Cut」（降低成本）。以連鎖餐廳來看，則利用選擇進貨價格便宜的食材來削減材料費；導入無人收銀台來刪減員工人數、降低人事費；更換電力公司，選擇更便宜的用電方案，來減少每日支出的固定費等的方法，努力拉高利潤。

1-14 供需關係帶動價格變化

價格隨需求與供給的趨勢而改變

前面的章節（1-13）說明過賣方以製造所需的成本（原價）加上獲利（利潤）的方式來決定商品的價格。

但**賣方如果沒有謹慎考慮買方的心情，將無法決定出適當的價格**，因此商品的價格很難單憑賣方的判斷來決定。「需求」與「供給」的概念在這個時候就顯得非常重要。

「需求」指的是某項商品讓人覺得需要，而產生想購買的想法。「供給」則是指賣方將這個商品推廣到市場上或商店裡銷售。理所當然的，當買方出現購買便宜物品的想法時，就會呈現「需求曲線」，相反的，當賣方想辦法拉高價格來賺取利潤時，則形成「供給曲線」。買賣雙方都會為彼此找到合適的價格，因此，我們可以說在賣方評估「這個價格有利潤可圖，可以販售」；買方也認為「這個價格可以買」的狀態下的價格是適當的價格，即是「需求曲線」與「供給曲線」的交會點，也叫做「供需均衡狀態」。

需求與供給會隨著市場的起伏與每個人的心情出現波動。即使是相同的商品，價格也會依據不同狀況出現巨大的變化。例如，某件商品現在的價格是一千元，說不定一年後因為缺貨，價格就上漲到了一千三百元。相反地，人氣下滑，出現商品過剩的狀況時，價格也有可能會下降到八百元。雖然仔細觀察供需狀況，隨時調整價格是件相當困難的事情，但從賣方的角度來看，也有不少人覺得這是一個既有趣又有挑戰性的過程。

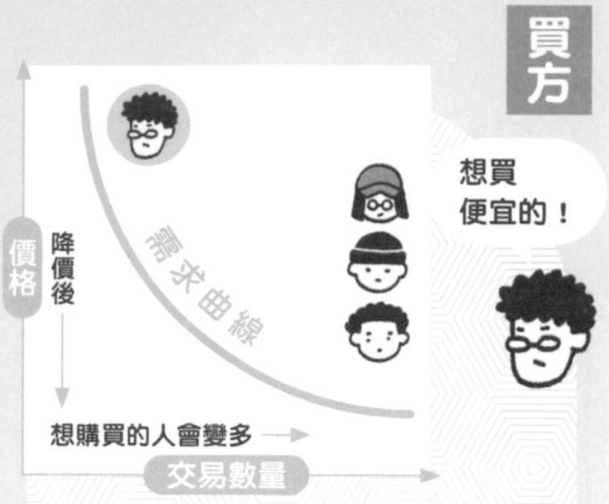
買方
想買
便宜的！
價格
降價後
需求曲線
想購買的人會變多
交易數量

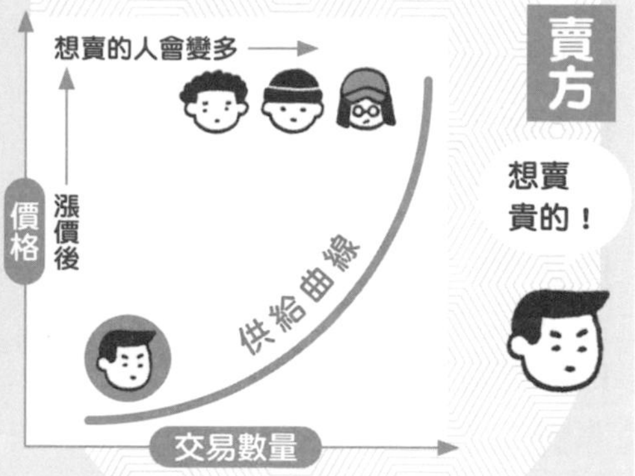
賣方
想賣
貴的！
想賣的人會變多
價格
漲價後
供給曲線
交易數量

適當的價格是這樣決定出來的！

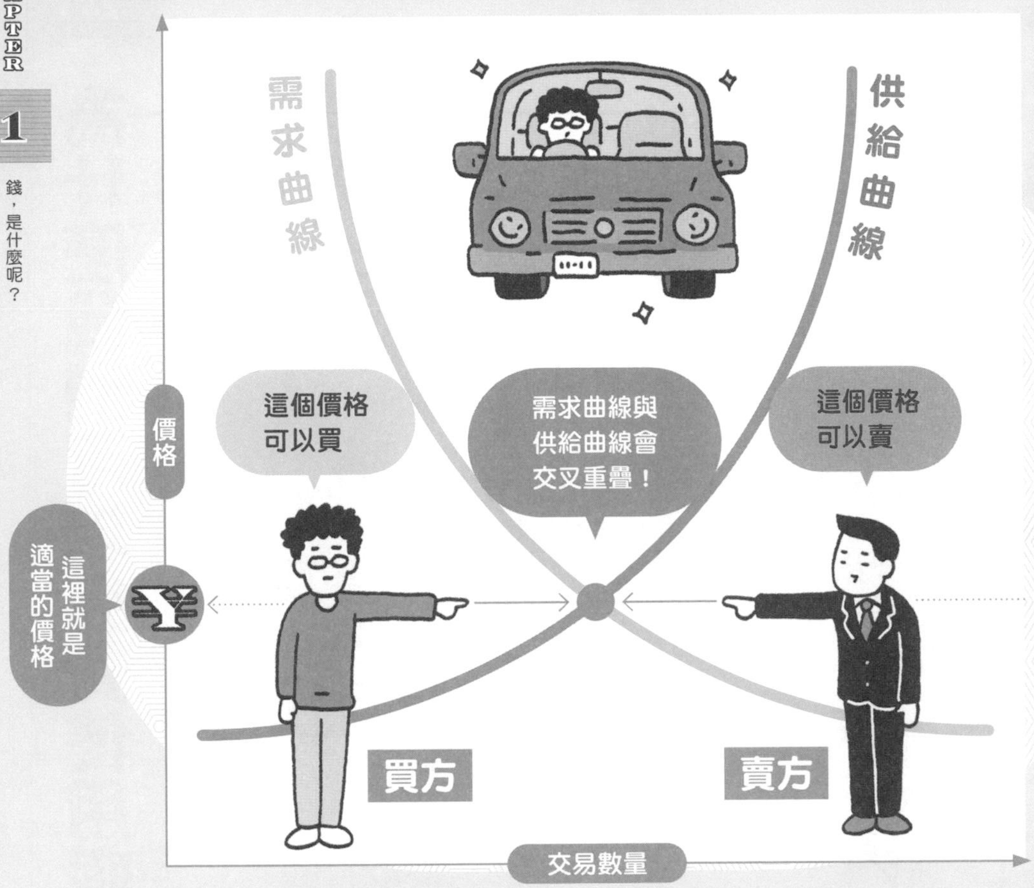
需求曲線
供給曲線
價格
這個價格
可以買
需求曲線與
供給曲線會
交叉重疊！
這個價格
可以賣
這裡就是
適當的價格
¥
買方
賣方
交易數量

COLUMN

價格會不斷波動！

我們以秋刀魚的價格為例，思考看看吧。漁獲量低指的是秋刀魚的捕獲量減少，賣方若不抬高價格就無法獲得利潤。再者，隨著電視等媒體風靡「秋刀魚有益身體」的話題，造成想購買的人增多，這時也會出現價格上漲的現象。

秋刀魚的漁獲量低時

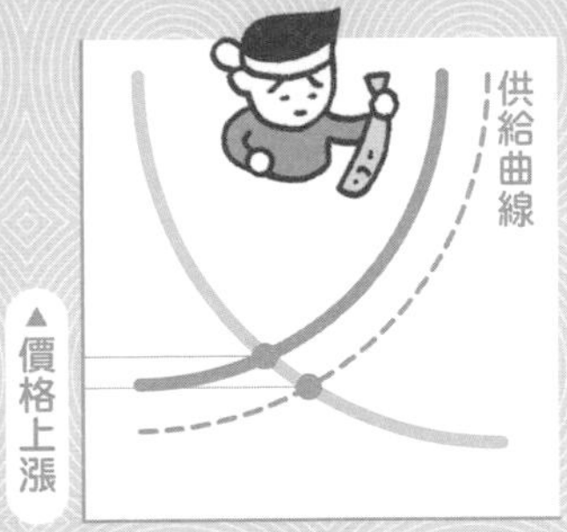
供給曲線
▲價格上漲

當秋刀魚的漁獲量低時，如上圖，供給曲線會出現移動，價格會上漲。

秋刀魚很受歡迎，
想購買的人變多時

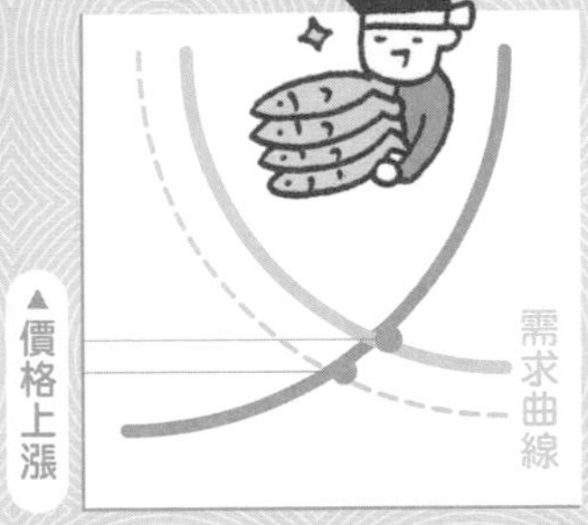
需求曲線
▲價格上漲

當秋刀魚受歡迎後，想購買的人會變多，需求曲線像上圖一樣移動後，價格也會上漲。

1-15 為什麼我們可以免費使用呢？

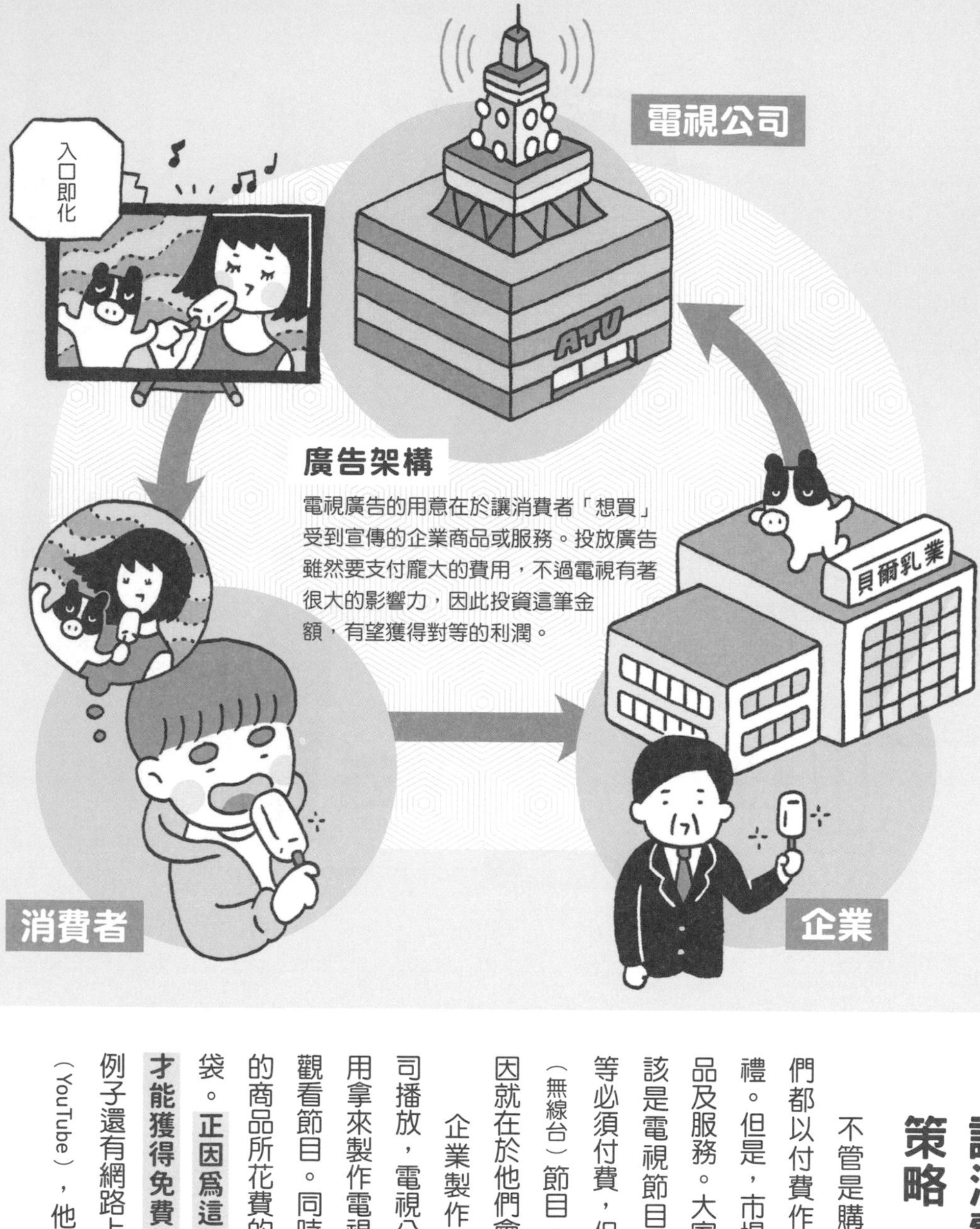
電視公司
入口即化
ATU
廣告架構
電視廣告的用意在於讓消費者「想買」受到宣傳的企業商品或服務。投放廣告雖然要支付龐大的費用，不過電視有著很大的影響力，因此投資這筆金額，有望獲得對等的利潤。
貝爾乳業
消費者
企業

免費服務是一種讓消費者購買的策略

不管是購物還是享受服務，我們都以付費作為獲得這些事物的謝禮。但是，市場上也有免費提供的商品及服務。大家最容易了解的例子應該是電視節目。NHK和衛星節目等必須付費，但其他的無線數位電視（無線台）節目，卻可以免費觀看，原因就在於他們會播放廣告。

企業製作廣告，付費請電視公司播放，電視公司把企業所支付的費用拿來製作電視節目，我們才能免費觀看節目。同時，我們購買廣告宣傳的商品所花費的錢，會流進企業的口袋。**正因爲這些廣告和宣傳，我們才能獲得免費的服務。**其他類似的例子還有網路上免費觀看影片的頻道（YouTube），他們也有播放廣告。

免費服務會喚起購買意願！

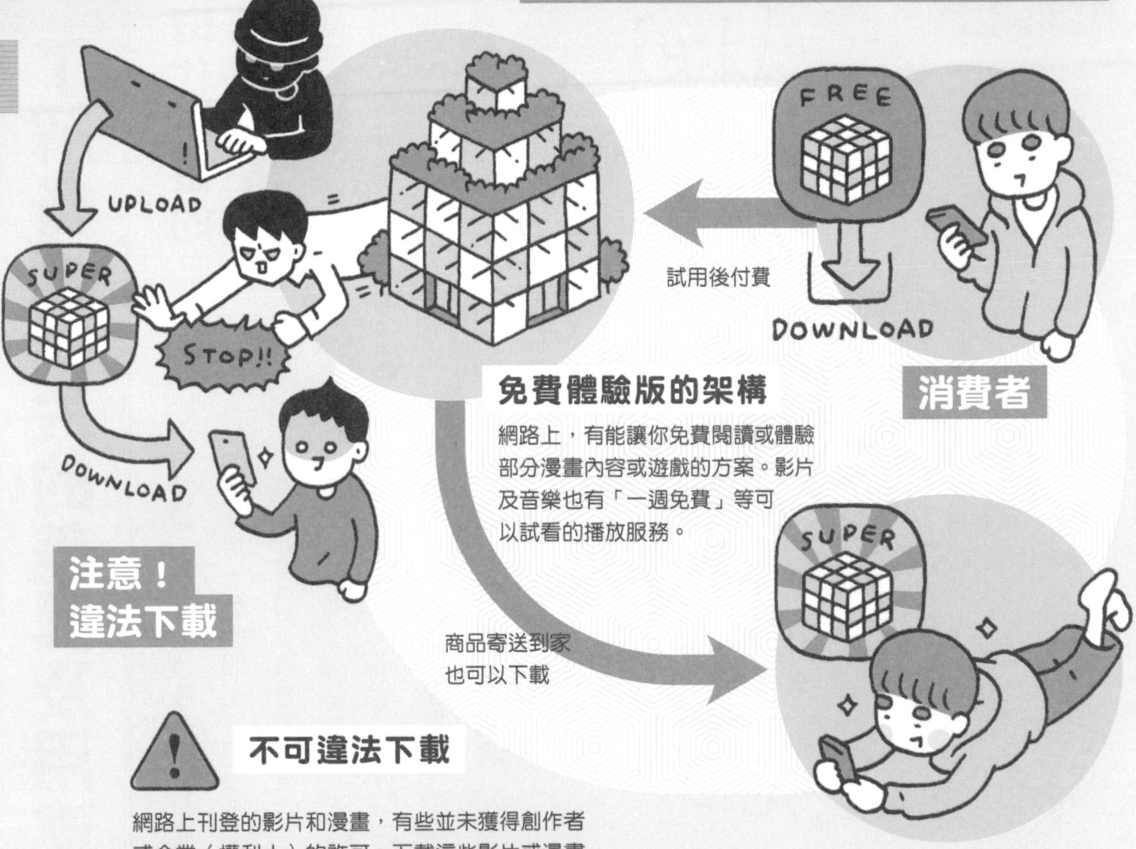
UPLOAD
SUPER
STOP!!
DOWNLOAD
注意！
違法下載
FREE
試用後付費
DOWNLOAD
消費者
免費體驗版的架構
網路上，有能讓你免費閱讀或體驗部分漫畫內容或遊戲的方案。影片及音樂也有「一週免費」等可以試看的播放服務。
SUPER
商品寄送到家
也可以下載

不可違法下載

網路上刊登的影片和漫畫，有些並未獲得創作者或企業（權利人）的許可。下載這些影片或漫畫的行為，則屬於非法下載，並且會受刑事處罰。非法下載的問題在於，資金沒有流向創作者和權利人，進而出現創作者無法創作新作品或無法培育下一代創作者的現象。請你支付適當的報酬（金錢），以感謝和支持自己喜愛的作家或讓自己開心的娛樂業者。

也有人會上網下載遊戲或漫畫。遊戲會提供免費遊玩體驗，漫畫不需付費就可以翻閱前兩集的內容，這些廣告或宣傳手段的目的也都是讓消費者掏錢購買商品。

免費的服務雖然令人開心，但也有必須注意的地方。例如，當找到可以免費下載整套人氣漫畫的網站時，最聰明的方式就是不要去下載，因為這種網站可能是違法的，而且不會付費給漫畫家或出版社。**努力讓作品問世的人卻無法獲得報酬，這樣是不對的。**我們應該遵循的規則是，支付適當的費用給提供合理服務的企業或廠商。

了解各種卡片的差異及用途

取代現金的卡片制度

現今的社會，有許多方便的卡片可以取代現金。首先，帶你了解提款卡與信用卡的差別。

提款卡是從自己的銀行帳戶中領錢，或是把錢存進戶頭時所使用的卡片。我們無法使用這張卡片來購物（有信用卡或簽帳金融卡功能的提款卡則可以購物）。

信用卡是手邊沒有錢也能購物的卡片。而這筆購物的金額隨後會從銀行等金融機構的個人帳戶中扣掉，也就是事後付款。如果我們在扣款日之前將錢匯入帳戶，就不會出現帳款問題。但信用卡也能讓你購買超出預算的物品，因此必須小心使用。

還有類似信用卡功能的簽帳金融卡。簽帳金融卡是在你購物完成的瞬間，就從你的銀行帳戶扣款的卡片。如果你的銀行帳戶沒有錢就沒辦法購物，因此不會有超出預算購物的風險。

電子票證是先儲值（存入錢）的卡片，常見的有悠遊卡、一卡通、icash等。

以上是有代表性的卡片種類，不過，現在流行的是取代卡片、只要拿出手機感應就能購物的手機行動支付（條碼支付）應用程式。有預先儲值的預付款形式，也有綁定信用卡、購物後再從帳戶扣款的形式。

提款卡

可在ATM提領帳戶裡的錢，或是將錢存進帳戶裡。只要到銀行開戶，就能拿到提款卡（也有同時擁有信用卡功能，或是能夠預借現金或貸款的提款卡）。

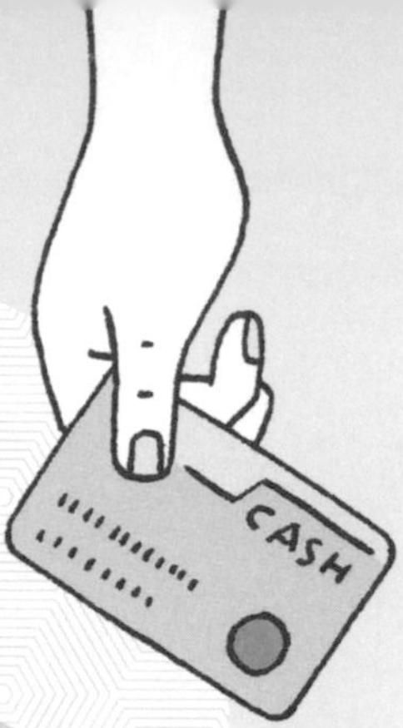

其他種類的卡片

電子票證

CARD

可以儲值錢並且購物的卡片。透過車站的自動售票機或商店的收銀台、信用卡等系統儲值。

・常見的卡片種類：
悠遊卡、一卡通。

預付卡

PREPAID

事先登記金額，當你在商店購物時，會從卡片裡面扣款。有一次使用型及可儲值型。與電子票證區分較不明確。

・常見的預付卡種類
QUO卡、圖書館卡、
亞馬遜禮卷等。

簽帳金融卡

debit

購物後，立刻會從個人帳戶中扣除款項。各家銀行都有發行，有些也會綁定信用卡使用。

手機行動支付
（條碼支付）

將條碼顯示在手機螢幕上，並將手機放到專用的讀碼機上掃描付款。可事先儲值，也可綁定信用卡或銀行帳戶，將手機行動支付當作卡片來使用。

付款
6000日圓

信用卡

CREDIT

只要在商店（信用卡公司合作的店家）出示就能購物的卡片。先由信用卡公司墊付，之後再從自己的帳戶中扣除。有分期付款、每月定額付款的「固定限額還款」等付款方式。原則上持卡人須滿18歲，並且擁有固定的收入。

・常見的信用卡種類
VISA、萬事達卡（MASTER CARD）、美國運通卡（AMERICAN EXPRESS）、JCB等。

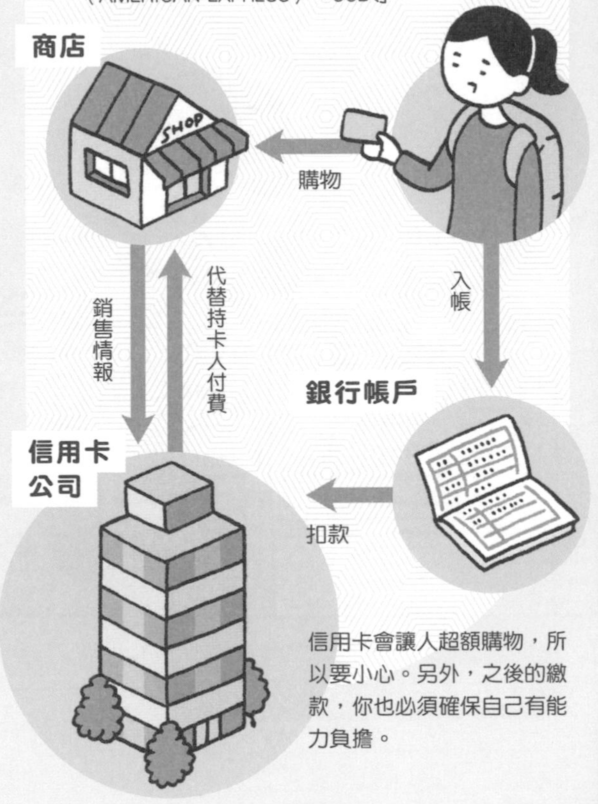
商店
SHOP
購物
入帳
銀行帳戶
扣款
銷售情報
代替持卡人付費
信用卡公司

信用卡會讓人超額購物，所以要小心。另外，之後的繳款，你也必須確保自己有能力負擔。

卡片種類	信用卡	簽帳金融卡	預付卡	電子票證
付款時機	購物後 從銀行帳戶扣款	購物時 從銀行帳戶扣款	先儲值再購物	先儲值再購物

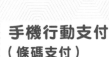

1-17 電子支付的演變過程

現金好？還是電子支付好？

電子支付的意思是指「不使用現金」。我們使用信用卡、電子票證、手機行動支付等方式付款時，並不會使用現金。二〇二〇年，受到新冠肺炎疫情的影響，人們開始重視衛生問題，因此，日本也有許多人開始使用電子支付。

即便如此，和其他國家相比，日本使用電子支付系統付款的比率仍較低。原因是許多日本人執著現金，以及許多老年人不放心用手機行動支付。不過，日本政府正不斷向國民宣導電子支付。事實上，超市和超商裡電子支付的櫃檯逐漸增多，新聞也曾報導過，用電子支付系統捐錢給寺廟及神社。

台灣資訊
請見298頁

現金
nanaco
QR
儲值卡
信用卡
交通系IC

使用電子支付時

優點

- 付款方便
- 身邊沒有現金也能輕鬆購物
- 卡片遺失或遭盜刷時，有補償制度
- 購物會有紀錄，方便理財
- 可以累積點數或航空里程數

缺點

- 不習慣電子支付的方法（老年人居多）
- 讓人擔憂個人隱私洩漏及詐欺風險
- 遇到災害時無法使用
- 實際用錢的感覺薄弱
- 有些商店不接受電子支付

毫無疑問，電子支付在未來絕對會更加普及。

但是，不管是現金支付還是電子支付，重要的是錢的價值不會改變。當你購買一萬元的物品時，不管是用現金還是用信用卡，都一樣是支付一萬元，改變的只是付款的方式和時間點而已。電子支付雖然具有不用隨身攜帶現金、可以快速支付帳單等優點，但是因為我們不會察覺自己正在用錢，所以也存在著超額支出的風險。**「電子支付並不是一種讓人買東西不用付款的魔法機制」**，因此請謹慎使用。

COLUMN

日本使用電子支付的狀況

日本電子支付的使用比率逐年上升。經濟產業省於2022年6月發表指出2021年的比率為32.5%。可是，韓國為94.7%、中國為77.3%（資料來源：電子支付推進協議會提出的2021電子支付藍圖數據）。現況是日本國內的電子支付化，落後於其他主要國家。日本期望未來電子支付的使用率能達到世界最高水準的80%左右，相信今後電子支付的使用率也會持續上升。

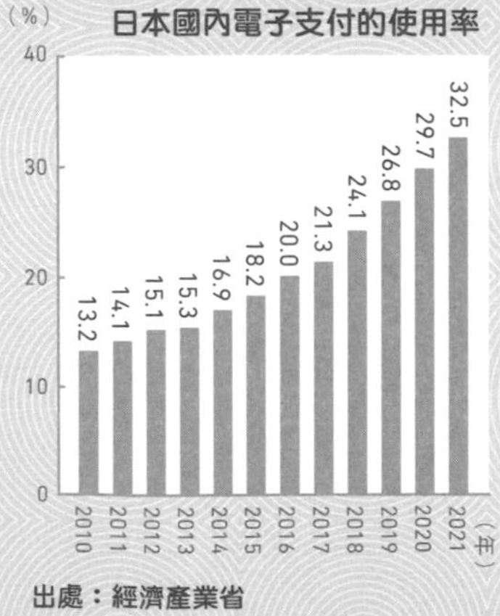
（%）
日本國內電子支付的使用率
40
30
20
10
0
13.2
14.1
15.1
15.3
16.9
18.2
20.0
21.3
24.1
26.8
29.7
32.5
2010
2011
2012
2013
2014
2015
2016
2017
2018
2019
2020
2021
（年）

出處：經濟產業省

QR
交通系IC

使用現金時

優點

- 只能使用手頭上握有的錢，因此可以防止過度花錢
- 看得到、摸得到，讓人放心
- 遇到不接受電子支付的商店也能購物

缺點

- 讓人擔心遭竊盜或遺失等問題
- 付錢時很花時間
- 無法累積點數或航空里程數

1-18 什麼是虛擬貨幣（加密貨幣）？

虛擬貨幣是一種全新的制度

前一個章節（1-17）介紹的電子支付指的是，沒有使用現金但銀行帳號內的數字會增多或減少。錢本來就是人類創造出來的，所以會隨著使用者的使用方式而改變。

二〇〇九年左右，社會上出現了虛擬貨幣這種與過去完全不同的金錢制度。（二〇一八年，日本金融廳公布將「虛擬貨幣」的稱呼改為「加密資產」。台灣稱為「加密貨幣」。為了讓讀者們容易了解，本書將以「虛擬貨幣」來說明）。雖然錢以日幣、美元、歐元、英鎊等各種種類存在於每個國家，但有著「受國家信任」的共通點。1-6章節中說明過，大家公認「貨幣可以當作錢使用」是因為貨幣獲得國家承認。可是，虛擬貨幣並沒有獲得國家的認可，為什麼大家會相信虛擬貨幣是錢呢？

虛擬貨幣運用每個使用者都能夠管理的區塊鏈技術。「誰支付給誰？支付了多少錢？」這樣的情報，全部都能透過網路確認，也有固定的發行量和發行時間，是一種不容易造假的機制。**換句話說，因為虛擬貨幣具有每個人相互監控且無法耍詐的透明化優點，許多人將它視為金錢。**

虛擬貨幣與日幣或美元等只能在制定貨幣的國家使用的貨幣不同，網路上，全球各國的人都能用虛擬貨幣來交易。進行海外匯款時，不需透過銀行辦理，手續費也很便宜，因此推動普及。我們也可以透過網路上的交易公司，將虛擬貨幣兌換成日幣或美元。（雖然也曾發生過交易公司遭駭客入侵，虛擬貨幣被盜取的案件）。另外不只網路，實際上有些商店也可使用虛擬貨幣購物。

COLUMN

比特幣的使用起源於「兩片披薩」

虛擬貨幣的代表幣為比特幣。全球第一個在現實世界中使用比特幣的例子是2010年5月22日，「用一萬比特幣換兩片披薩」的交易事件。兩片披薩的價格約25美元（＝約2500日圓），當時一塊比特幣的價值＝0.0025美元（＝約0.25日圓）。2021年11月，則出現一塊比特幣＝67000美元（＝約777萬日圓）的最高紀錄，比特幣的幣值經過了11年，已經翻漲了超過2600萬倍。從這個例子中我們能夠了解，比特幣幣值動盪，並且不適合拿來交換物品。因此，幣值是否穩定將是虛擬貨幣能否成為一般貨幣的關鍵。

虛擬貨幣的制度

虛擬貨幣的使用者，透過區塊鏈技術連結，並進行交易。交易情報皆受密碼管控，而破解密碼（承認交易）的作業稱為「挖礦（採掘）」，透過支付報酬給解碼者，可以發行新的虛擬貨幣。虛擬貨幣的幣值波動非常劇烈，像是短時間內上漲獲利，或是下跌虧損。現在，大家普遍熟悉的虛擬貨幣是「比特幣」，其他流通的虛擬貨幣還有「以太幣」、「瑞波幣」等。目前全球使用的虛擬貨幣約有6000多種。

現階段，我們很難判斷未來會不會有更多人使用虛擬貨幣，甚至將它視為一般貨幣。但是，不管在日本還是在美國和歐洲等其他國家，不用換幣就能使用確實非常方便。這樣的嶄新技術，有時候一下子就會傳遍全世界了。希望大家隨時保持敏銳度和好奇心，別「置身事外」。

虛擬貨幣能夠做的事

- 可以買賣虛擬貨幣
- 不需透過銀行
- 可付款給接受虛擬貨幣的商店
- 成為投資對象

【總結】

錢是我們生活必需的工具。
錢本身沒有好壞之分，
重要的是我們必須了解如何花錢。 1-1

人們在生活遇到問題時，會花錢解決。
當你幫助別人的時候，也會得到錢。 1-2

人們所做的工作
將創造出社會價值。 1-2

無形的、無法擁有的東西稱為服務。
我們花錢購買的不只有商品，還有服務。 1-3

消費與投票一樣。
每個人的消費都擁有改變社會的力量。 1-4

貨幣出現，是為了解決以物易物的不便。
起初由貝類和米替代物品，
後來變成使用金或銀等金屬製成的貨幣。 1-5

目前，與黃金的持有量無關，貨幣發行演變成
配合國家經濟狀況的信用貨幣制度。 1-6

因為擁有國家認可的信用度，
所以貨幣能夠當錢使用。
貨幣有不確定性。 1-6

貨幣具有「可兌換」、「可衡量價值」、
「具有保存價值」這三種功能。 1-7

錢就像血液一樣，在「家計」、「企業」、
「政府」這三個經濟主體之間流動。 1-9

金錢在社會流通的狀態良好時叫做「景氣」，
狀態不好時叫做「不景氣」。 1-10

「景氣」與「不景氣」
反覆循環。 1-10

商品與服務價格持續上漲的狀態
稱為「通貨膨脹」，
持續下跌則是「通貨緊縮」。
「通膨」、「通縮」也與
「景氣」、「不景氣」息息相關。 1-11

商品送達到消費者手上之前，
會經過一個流通系統，並以將每個環節
所需的利潤相加後得出的價格出售給消費者。 1-12

商品售價制定的原則是成本加上利潤。
定價必須是可持續獲利的金額。 1-13

供需關係
帶動價格變化。 1-14

免費使用的服務，
是讓消費者掏錢購買商品的策略之一。
不要使用非法的免費服務。 1-15

社會上流通的卡片有許多種類，
如信用卡、電子票證。
請理解它們付款的時間皆有所不同。 1-16

電子支付系統未來仍會持續普及。
掌握其中的優缺點。 1-17

虛擬貨幣（加密貨幣）是一種
不需要國家信用認證的全新貨幣制度。
吸引人的特點在於，不需兌換貨幣就能流通
全世界。雖然被普遍使用，但問題也很多。 1-18

CHAPTER

2

金錢與社會結構

那麼，第一堂課就上到這裡。
啪
有任何問題，歡迎來研究室找我，或是寫信給我。
有空的時候，請記得看課本複習喔！
原來，大學的課程是這種感覺啊！
第2話
自我意識萌芽
能來上這堂課，真是太好了！
一起去吃飯吧！
不好意思，我今天要打工
大學生看起來就像大人一樣，不知道兩年後的自己能不能變成那樣……
差不多該回家了。

列車即將發車
回家的路上
有種說不上來的開心。
因為聆聽了大學課程，獲得非常有挑戰性的體驗，我的內心感到興奮不已。
透過學習金錢概念，自己彷彿也能了解世界是如何運作的。
與學校念書不同的還有，能讓自己獲得現實生活中的「學習成就感」。
嗶嗶
扣款 264圓
餘額 5245圓
謝謝搭乘
上完這堂課後，我也能從不同的角度看這個扣款畫面了。畫面顯示的意思是乘車抵達最近的車站所需支付的服務費。
回到家後，我發現雖然只有短短的幾個小時，自己卻成長了許多。

我回來了！
歡迎回家。晚餐快好了喔！
我要吃！
媽媽呢？
她說要跟大學的朋友聚餐。
看起來好好吃喔！
櫻花蝦佐紫蘇日式義大利麵
我開動啦！

對了，美帆，妳說妳今天去哪裡了？
大學喔！
去聽有關金錢知識的課程。
啊，今天是上課日啊！
感覺怎麼樣？
嗯，怎麼說呢……
我覺得非常棒！
咦？
像「工作在社會中創造出價值，付錢代表感謝」、
或是「消費就像選舉投票，會改變城市的面貌」等。

這些事情聽起來似乎理所當然，但是教授告訴了我們在生活中經常忽略的事情。
原來如此。
翻
這個是今天拿到的課本，爸爸您要看看嗎？
改變我們的未來
文案負責人：樋口彩花
明央大學
好啊！
那我去房間念書了喔！
翻
翻
這份……資料做得好詳細呀！
嗯？
這個教授的名字，好眼熟……

20:30
呼！
稍微喘口氣吧！
咚
咚
嗯？
這個是？
升學
升學意願調查表
翻
啊！這個
記得好像是
下學期開學時要交。

這張升學意願調查表，請大家暑假過後提交。
升學意願調查表
上面有家長簽名欄位。請大家好好跟家人商量喔！
高中畢業後的規劃，對你往後的人生發展會產生很大的影響。
繼續升學也好，就業也好，請大家利用暑假的時間，好好思考自己的未來。
老師雖然這麼說，但我仍然不知道要如何好好規劃自己的未來。
沙沙沙
總之，先選擇升學吧！

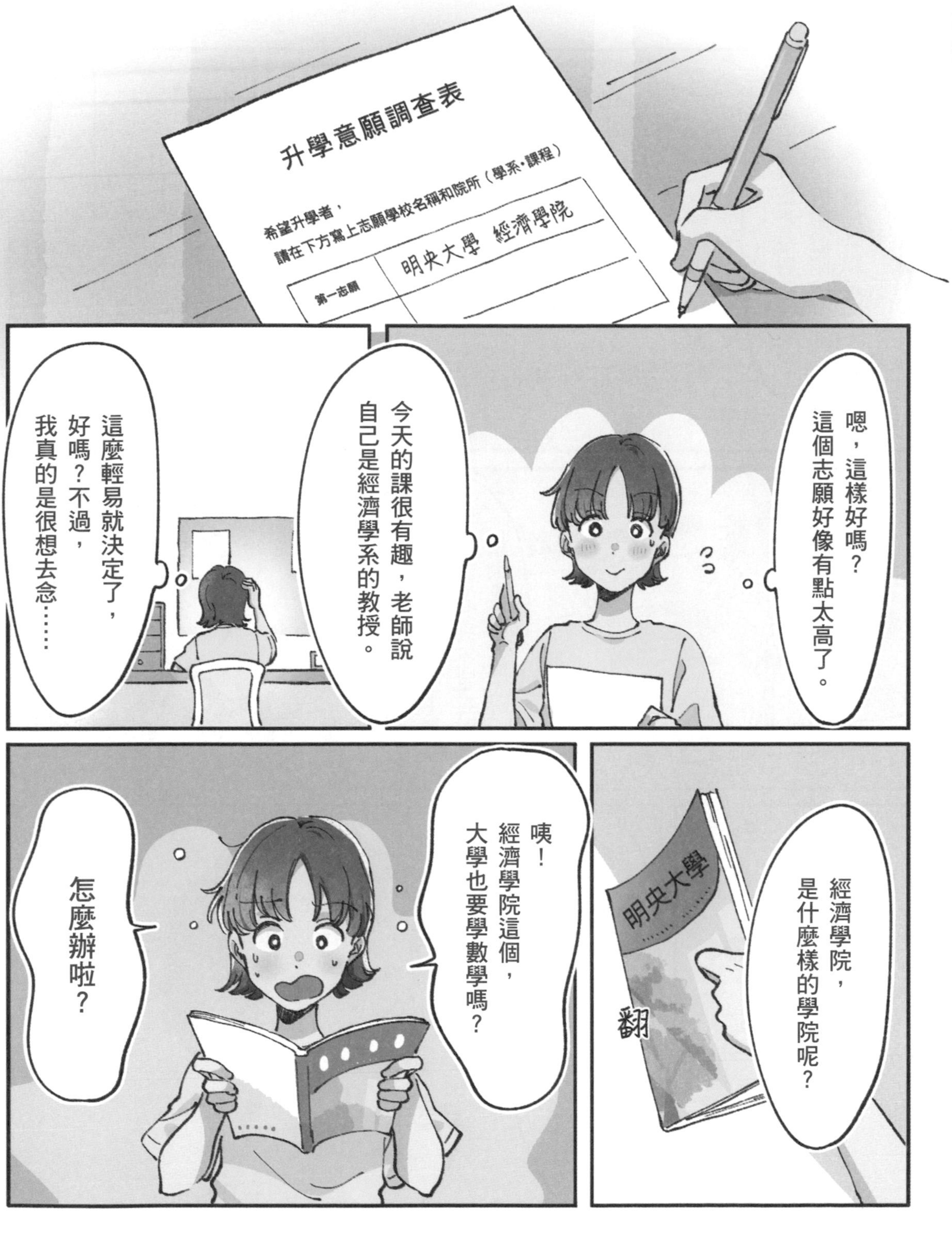
升學意願調查表
希望升學者，
請在下方寫上志願學校名稱和院所（學系・課程）
第一志願
明央大學 經濟學院
嗯，這樣好嗎？這個志願好像有點太高了。
今天的課很有趣，老師說自己是經濟學系的教授。
這麼輕易就決定了，好嗎？不過，我真的是很想去念……
明央大學
翻
經濟學院，是什麼樣的學院呢？
咦！經濟學院這個，大學也要學數學嗎？
怎麼辦啦？

隔週
今天是我們金錢知識課程的第二堂課。
這堂課我們會觀看新聞，我先向大家說明相關的重要知識及名詞用語。
裡面也有很多內容是你們在國中或高中學過的，所以我說不定會點名請大家解釋喔！
騷動
騷動
騷動
開玩笑的！
哈哈哈
不過，這些都是我希望你們出社會前能夠知道的內容，所以請大家確實的理解喔！
咻
咻

銀行　日銀　國債　股份有限公司
股東　日圓升值　日圓貶值
…
這是今天上課要討論的內容。
謝謝
我們的社會與金錢密切連結在一起。所以，擁有金錢概念就等於了解社會的結構。
讓我們一起來好好的認識這個世界吧！

2-1

了解金錢＝了解世界

學習金錢概念，就是學習社會知識

觀看新聞時，我們時常會聽到「銀行的利息……」、「年金給付的年齡逐漸往上……」等話語。相信許多人並未將這些情報放在心上，並且認為「跟自己沒關係」、「內容艱深，聽也聽不懂」。

但是，工作的酬勞薪資會匯款到我們銀行的帳戶、將所賺的錢存到利息較高的銀行、年滿二十歲後（台灣年滿二十五歲）加入年金制度、繳納稅金、年老後領取

2023
政府的預算是如何決定的呢？
貨幣升值、貶值只跟出國旅遊有關嗎？
銀行
日銀
股價

退休金等，這些情報與我們的生活有著非常緊密的關係。

一旦抱著「我不清楚」的想法迴避重要訊息，有可能得不償失。

其他像是，去醫院看病要出示健保卡，在日本買東西要支付消費稅等，你是否思考過這些事情的關聯性呢？對每天聽到的話語保持好奇，並且逐步去了解這些事物的真實情況，將能幫助我們更加聰慧的過生活。

學習「金錢概念」就是了解自我以及我們所生活的社會。讓自己往前跨越一步吧！

景氣
什麼是年金制度？
TAX
薪資所得繳納的稅金，
是如何運作的呢？
社會保障
貨幣升值

政府

2-2 銀行的獲利方式有哪些？

銀行將存款借貸給需要用錢的人，從中獲利

很多人都知道，把錢存入銀行能夠從這筆存款中賺取利息。雖然很感謝銀行幫我們增加戶頭裡的錢，但是銀行這麼做真的能夠獲利嗎？我們先來看看，銀行如何增加自己的盈利吧！

把錢存入銀行叫做「存款」。存款經過一段時間後，會增加一筆「利錢」（利息）。存錢如同我們把錢借給銀行，收到借款的銀行為了表達謝意而給我們利息。

除此以外，銀行也會把錢借給

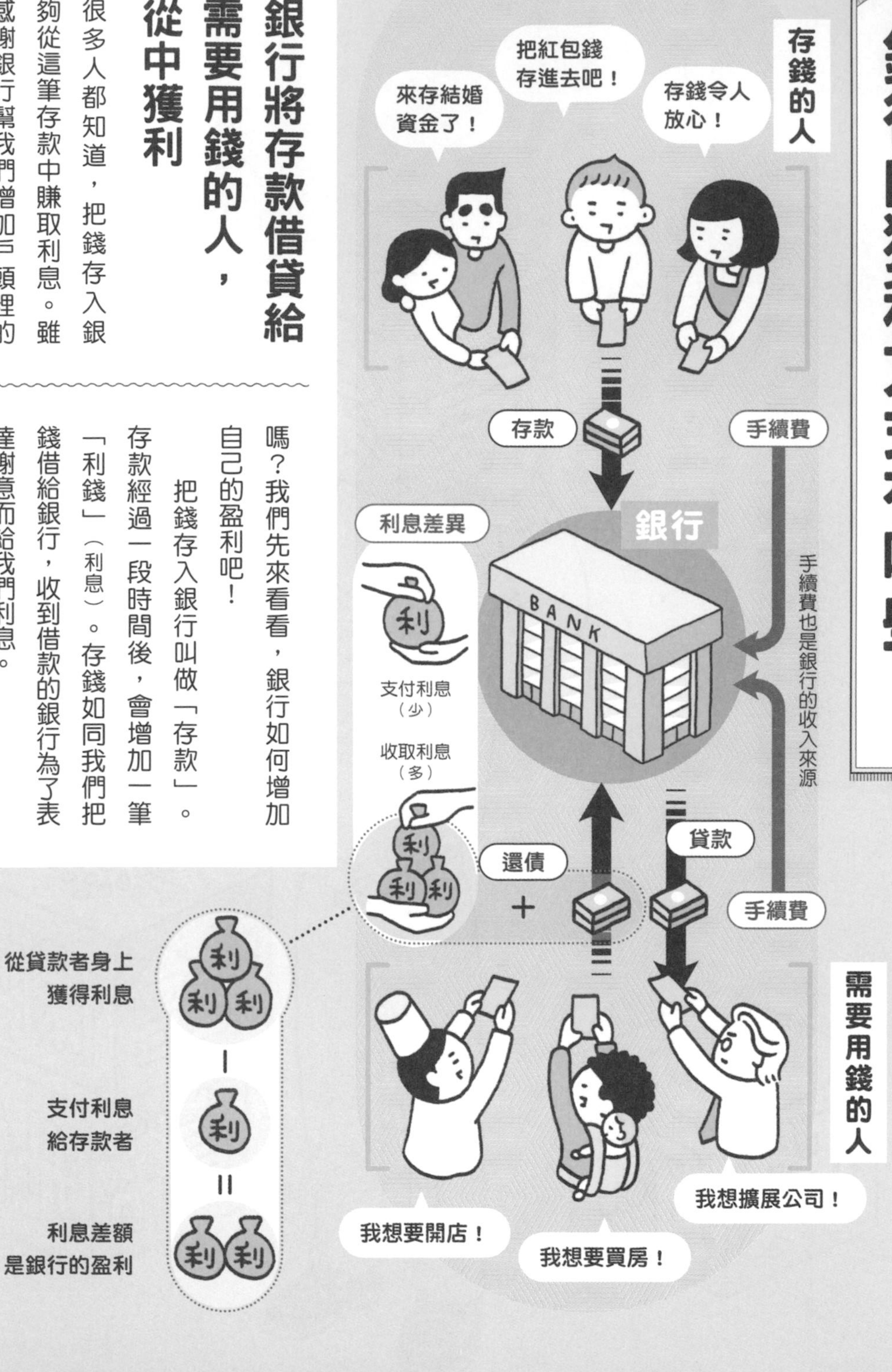
存錢的人
來存結婚資金了！
把紅包錢存進去吧！
存錢令人放心！
存款
手續費
銀行
BANK
手續費也是銀行的收入來源
利息差異
利
支付利息（少）
收取利息（多）
還債
＋
貸款
手續費
需要用錢的人
我想要開店！
我想要買房！
我想擴展公司！
從貸款者身上獲得利息
支付利息給存款者
利息差額是銀行的盈利
－
＝

需要用錢的人，這個動作稱為「貸款」。這時，銀行就從貸款者身上獲取利息。

換句話說，就是銀行支付利息給存錢到銀行的人（存款者）；向借錢的人收取利息。

兩者的利率雖然是一樣的，但這些金額之間卻有差異。因此，**銀行給存款者較低的利息，從貸款者那裡收取較高的利息，從高低差額中獲取盈利。**

另外，當我們使用銀行的服務時，會產生各種手續費。例如，在銀行櫃檯以外，使用具有存款交易功能的ATM（自動提存款機）時，會產生使用或轉帳的手續費；銀行出售國債等金融商品時，也會收取手續費。**銀行藉由這些手續費來獲取盈利。**

來試算一下利息吧！

存款利率（利率）指的是存款於一年內所賺取的利息百分比。我們來算算看，將100萬日圓存到利率2%的銀行內，一年後存款額會變成多少？

利息計算公式

存款金額 100萬日圓 × 利率（2%）$\frac{2}{100}$ × 存款年數 1年 ＝ 利息 2萬日圓

一年後的存款金額變成102萬日圓。（利息需要繳稅，轉入帳戶的金額會扣除該筆稅額。）

利息的計算方法有「單利」和「複利」

利息有「單利」和「複利」兩種計算方法。原本的存款金額叫做本金。結合上面的例子，我們一起來看看，本金100萬日圓搭配2%的利息，五年後存款的利息差異吧。

單利 ＝「本金」加上利息

單利是本金中每年都產生一樣的利息額。以一年2%的利率來看，等於每年會產生2萬日圓的利息。

本金	第1年	第2年	第3年	第4年	第5年
					110萬日圓
					2萬日圓
				2萬日圓	2萬日圓
			2萬日圓	2萬日圓	2萬日圓
		2萬日圓	2萬日圓	2萬日圓	2萬日圓
	2萬日圓	2萬日圓	2萬日圓	2萬日圓	2萬日圓
100萬日圓	100萬日圓	100萬日圓	100萬日圓	100萬日圓	100萬日圓

複利 ＝「本金＋利息」再加上利息

複利的計算方法是將第一年賺取的利息併入第二年的本金內，再計算該年度的利息。利息也會跟著逐年增加的本金額提升。

本金	第1年	第2年	第3年	第4年	第5年
					110萬4,081日圓
	2萬日圓	2萬400日圓	2萬808日圓	2萬1,224日圓	2萬1,649日圓
100萬日圓	100萬日圓	102萬日圓	104萬400元日圓	106萬1,208日圓	108萬2,432日圓

複利額隨著時間變長而增多

阿爾伯特・愛因斯坦曾說過，複利是「人類最偉大的發明」。

就上面的例子來說，5年的存款額，單利與複利的差額為4,081日圓。如果將存款年數設定為50年，單利為200萬日圓；複利則為269萬1,588日圓，相較之下就出現69萬1,588日圓的差額了。若再以利息4%、100萬日圓、存款年數50年的設定來看，單利會到達300萬日圓，複利則有710萬6,683日圓，兩者之間的差額居然超過410萬日圓。由此可見，利率越高、期限越長，複利的效益就越大。換句話說，如果是借款的情況，就得注意了。

2-3 銀行有什麼功能呢？

銀行的目標是振興社會，提高經濟效率

我們生活的社會中，企業需要倚靠錢來維持公司的營運，大多數的企業會跟銀行往來，並且在需要資金時向銀行借錢。銀行雖然藉由貸款來獲取盈利，但並不是無條件借出款項的。他們會審查、謹慎評估企業的營運狀態、未來性及包含利息在內的款項是否能確實償還，然後才會發放貸款。

得到貸款的企業，則將這筆錢當作「資金」，拿來開發商品、整修設備或擴展事業，以便自己在「還債（歸還借款）」的同時也能持續獲得盈利。等到公司逐漸成長，就能雇用更多員工和支付更多薪資。相對的，收入增加的員工們，家計也會變得更寬裕，進而能購買許多東西。這樣一來，錢就會帶動社會運轉。

假如銀行沒有開放貸款，那這

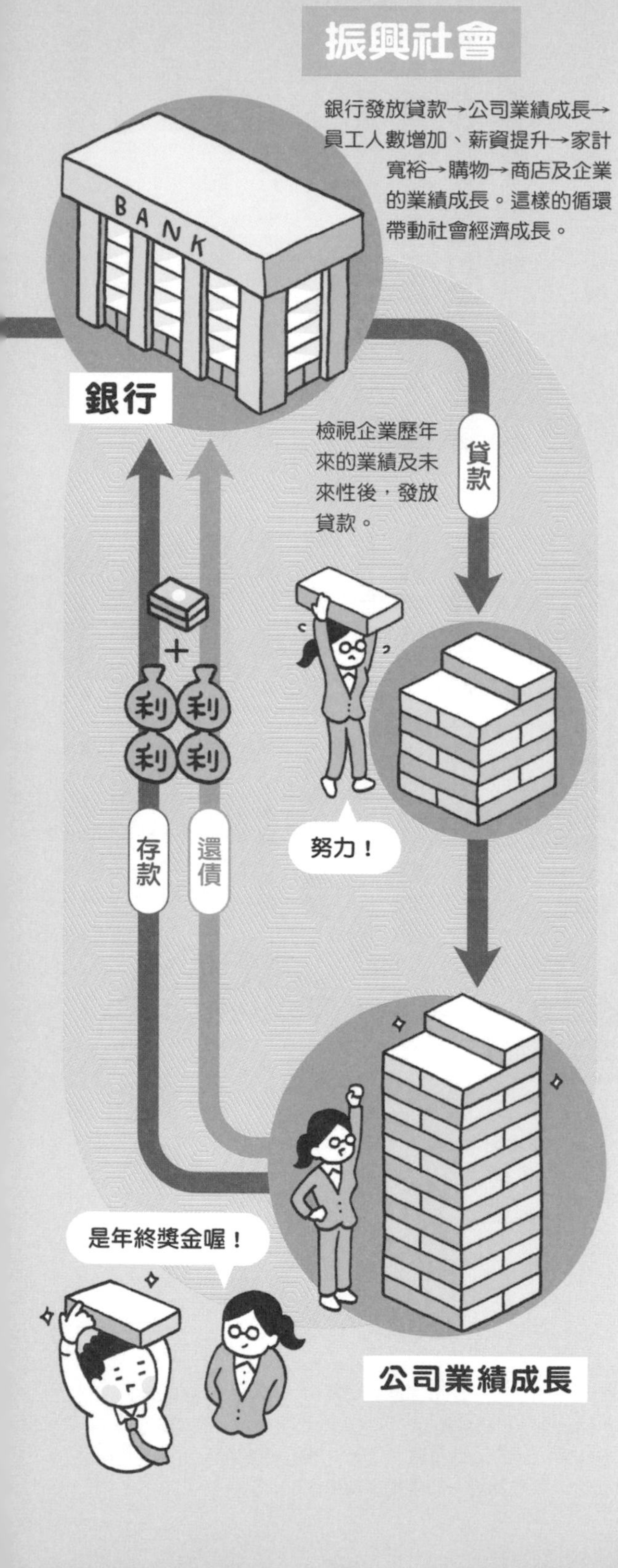

振興社會
銀行發放貸款→公司業績成長→員工人數增加、薪資提升→家計寬裕→購物→商店及企業的業績成長。這樣的循環帶動社會經濟成長。
BANK
銀行
檢視企業歷年來的業績及未來性後，發放貸款。
貸款
努力！
利
存款
還債
是年終獎金喔！
公司業績成長

促進經濟活動

網路的普及化提高了經濟效率，銀行的功用也跟著改變了。

一連串的金錢流向就不會成立了。換句話說，**銀行發放貸款，不只是提升自己的盈利，還帶動了社會經濟。**另外，銀行還會透過提供順利流通資金的服務，來**提升經濟效率**。例如，企業將薪資轉入員工開立的銀行帳戶中，轉入帳戶的薪資為存款，受到安全的保管，不用擔心錢會因為火災或竊盜而損失。還有，購物時可以不用直接拿現金交易，而是透過帳戶結帳（付款）；還能申請每個月自動從帳戶中扣除公共事業費（電費、瓦斯費、水費），或是轉帳到對方帳戶的轉帳代繳服務。這些沒有使用現金的金錢交易就叫做「匯兌」。

ATM
薪資匯款

有的公司可能是當面給現金，但薪資轉帳的支薪方式已經成為主流。

提領存款

除了銀行櫃檯以外，ATM或網路銀行都可以確認存款。超商等銀行以外的地方都有設置ATM，能夠提領現金。

付款

轉帳付款

可以轉帳支付商品款項，也可以申請自動從帳戶中扣除公共事業費等其他款項。

貸款

屬於個人從銀行借錢，包含利息在內少額償還的制度。貸款能夠幫助我們購買房子或車子等金額龐大的物品。

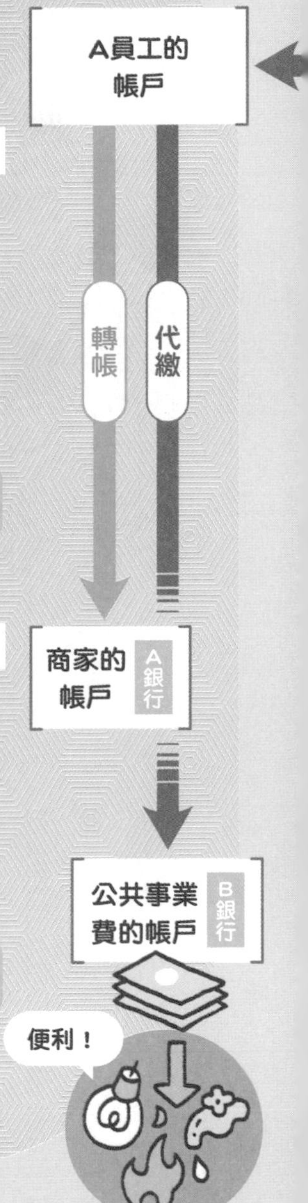
A員工的帳戶
轉帳
代繳
商家的帳戶
A銀行
公共事業費的帳戶
B銀行
便利！

2-4 銀行會倒閉嗎？

銀行有一套創造金錢的制度

運用匯集的存款來發放貸款的銀行，會不會因為過度發放貸款而耗盡存款呢？直接從結論切入說明，由於大多數的存款挪用至貸款中，銀行並沒有足夠的錢能讓所有的儲戶一次提領全部的存款。

看到這裡，是不是嚇了一跳？是不是想趕快把錢領出來呢？請你先等一下。銀行裡頭有一個完善的存款保護機制，甚至還有一個允許他們盡量放貸給許多人的機制。首先，保護存款的機制是一種法定制度，叫做「Pay Off（存款保險）」。**在這個制度下，日本銀行如果倒閉，那麼無論存款金額多寡，每人最多只能從一家銀行獲得本息一千萬日圓的限額理賠。**所以，當你的存款小於一千萬日圓時，大可放心；但是大於一千萬日圓時，多找幾家銀行，分散存款可能會比較好。

（編註：台灣稱為「中央存款保險制度」，保障每個存款人在國內同一家金融機構的存款本金及利息，合計可以受到最高新台幣三百萬元的保障。）

另一方面，貸款中有一個制度，叫做「創造信用」，意指用存款產生更多存款，看起來就像是銀行創造金錢的借貸制度，並且透過這樣的制度來增加社會上流通的金錢量。左頁說明了這個制度，請試著閱讀看看。**銀行以少量的資金發放出大量貸款，然後再回收加入利息後的貸款。**所以，社會安定時，銀行就不會倒閉。但是，當不景氣、借錢的人越來越少，或是許多公司行號和個人帳戶借錢不還甚至破產時，銀行營運就會變得嚴苛，並且面臨倒閉。

銀行創造金錢嗎！？

A先生存了1000萬日圓。銀行將這筆1000萬日圓拿來做為貸款。圖中顯示的「存款準備金」是銀行貸款時，必須預留下來的錢。這裡，存款準備金以存款的10%做計算（存款準備金的比率則稱為「存款準備率」）。

A先生的存款

A先生　1,000萬日圓 = 900萬日圓 + 100萬日圓 → 存款準備金

貸款

銀行從A先生1000萬日圓的存款中，留下10%的存款準備金，也就是100萬日圓，然後將剩下的900萬日圓借給B小姐。將900萬日圓轉入B小姐的存款帳戶後，B小姐的存款就會增加900萬日圓。明明是向銀行借錢，但看起來卻像B小姐把錢存在銀行裡了。銀行還可以再次將這筆900萬日圓變成貸款。而銀行可以這樣做的原因在於銀行應該能夠在還款期限前，從B小姐那裏收到900萬日圓（和利息）。

B小姐　900萬日圓 = 810萬日圓 + 90萬日圓 → 存款準備金

貸款

銀行從B小姐900萬日圓的存款中，留下10%，也就是90萬日圓作為存款準備金。剩下的810萬日圓則借給C先生。

C先生　810萬日圓 = 729萬日圓 + 81萬日圓 → 存款準備金

貸款

這是「信用創造」。在這個例子中，銀行如果持續將A先生原有的1000萬日圓存款借貸出去，那麼存款將可以增加到1億日圓，其中超出原本存款9倍的9000萬日圓就是銀行所生出來的錢（存款）。這筆最終必須歸還給存款戶的9000萬日圓，不會以現金的形式存在。

銀行透過信用創造來增加資金，並借貸給許多人。也就是說，借錢的人越多，社會上流通的錢就越多。當然，一旦發放出的貸款沒有歸還，這個制度就無法發揮作用。因此銀行會仔細審查申請貸款的對象，並且留意避免貸款人逃債。

預先準備應付無法還款的狀況

銀行在發放貸款前，會要求貸款人拿出「擔保品」，以防範無法還款的狀況。

以物擔保

用土地或建築物等有價品做擔保。如果無法還款，銀行就會把這些物件賣掉換錢，拿來做為還款。

以人擔保

由有還債能力的人（保證人）出面做擔保。當借款人無法還款時，銀行會要求保證人還款。

2-5 日銀是什麼樣的銀行？

日銀是日本的中央銀行，並且負責三種工作

「日銀」是「日本銀行」的簡稱。我們時常從新聞聽到「日銀公開發表○○」、「日銀總裁提出了○○的見解」等消息，這家銀行到底是做什麼的呢？

日本銀行是日本的中央銀行。世界各國都有中央銀行，並且是由該國政府設立的一個獨立機構。中央銀行很特殊，它不同於一般的銀行（民營銀行），不能讓我們存錢或借錢。

日本銀行主要負責三種工作。

首先是**「發券銀行」**。日本紙鈔正式名稱叫做「日本銀行券」。由日本銀行發行，透過金融機關，

台灣資訊
請見298頁

日本銀行券
10000
發券銀行
日本紙鈔即是日本銀行所發行的「日本銀行券」。如果你仔細觀察紙鈔，就會看到上面印著「日本銀行券」的字樣。銀行也會確認市面上沒有假鈔或是損壞的紙鈔流通。
想辦法製造30億張！
2021年度日銀發行了9億張一萬日圓、4億1,000萬張五千日圓、0張兩千日圓、16億9,000萬張一千日圓的紙鈔，總計12兆7,400億日圓的幣額。
政府的銀行
將稅收和社會保險費等國家資金（國庫資金）當作「政府存款」保管，以及用來支付國民年金、公共事業等款項。
日銀不是政府機關
日本銀行不屬於政府機關或企業。日本銀行獨立於政府，並且以公平和專業的判斷執行各種貨幣政策。

提供給社會使用。

再來是「政府的銀行」。保管「國庫資金」，例如稅收和社會保險費等國家（政府）資金；以及支付學校和道路等公共事業、年金、醫療保險等的費用。

最後是「銀行的銀行」。跟我們到銀行開戶一樣，銀行會到日本銀行開立存款帳戶，而這個帳戶用於銀行彼此間的金錢交易。

除之以外，日本銀行會將資金借給銀行，如同我們跟銀行貸款一樣。日本銀行可以說是為了銀行而存在的銀行。

COLUMN

什麼是「金融機構」？

「金融」的意思是在需要資金的人和有能力把錢出借的人之間，融通（流通）金錢。在這兩者之間居中協調的就是金融機構。

使用存款的金融機構

普通銀行

一般稱為「銀行」。如都市銀行、地方銀行、第二銀行以及最近增加的網路銀行。

信用金庫

主要處理當地的中小企業和居民的資金。

郵政銀行

郵局長期以來都屬於國營事業，也有經營存款業務。日本的郵局於2007年10月民營化，現在隸屬於日本郵政集團，並以郵貯銀行的名義持續營運。

不使用存款的金融機構

保險公司

從許多人那裏收取保險費，在保戶遭遇疾病或災害時支付保險金。透過投資債券和股票的方式增加資金，進行資產管理，並事先準備好保險理賠金。

證券公司

股票買賣交易的仲介公司。有時候會用自家公司的資金來買賣股票。

非銀行金融機構

專門從事貸款業務的金融機構。如信用銷售公司、信用卡公司以及消費金融公司等。

銀行的銀行

日銀會保留一部分的銀行存款（如同在2-4中說明過的準備金），並且發放貸款給有需要的銀行。這時，增加的利率稱為政策利率。再者，銀行之間的金融交易，透過該帳戶存入及提領存款的方式來結算。

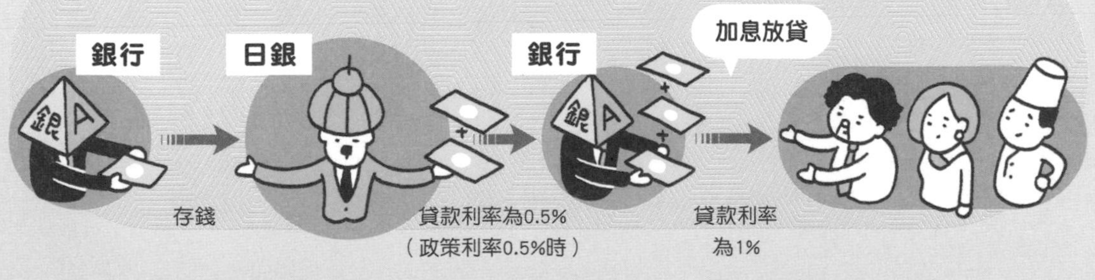
銀行
日銀
銀行
加息放貸
存錢
貸款利率為0.5%
（政策利率0.5%時）
貸款利率
為1%

2-6

政府如何決定國幣的使用方法？

台灣資訊
請見299頁

國民繳納稅金，稅金用在國民身上

國家收入叫做「歲入」。歲入來自於國民繳納的稅金和國民向國家借的錢（國債），二〇二二年度（當時）的日本歲入是一百零七兆五千九百六十四億日圓。稅金的項目大多數是個人所得稅、企業繳納的法人稅，以及商品價格中的消費稅。

國家支出則叫做「歲出」。政府基本上不會儲蓄，因此歲入與歲出的金額會一樣，也就是，政府會把進帳的金額用完。

政府會根據一整年的歲入額，提出並檢討明年度應執行的政策與所需建設，然後決定預算。**由政府官員、內閣和國會議員一起思考、討論及決定如何運用從國民那裡徵收的錢**。參與重要稅金運用檢討會的政治家，是我們透過選舉所選出的代表。如果不小心選到每次開會都在睡覺，或是為一己私利而貪汙的人，那納稅人的錢就白白浪費了。因此，當你有權投票時，請好好觀察候選人並投下手中神聖的一票。

政府根據編列好的預算，將這筆錢用於下個年度的政策執行、設施建設和維護等，其中也包括了議員以及政府機關工作人員、公立學校等公務員的薪資。

3000 + 稅
消費稅
XO社
法人稅
賦稅署
所得稅

國家的收入（歲入）

國家一般會計歲入額（2022年度當初預算）
107兆5,964億日圓

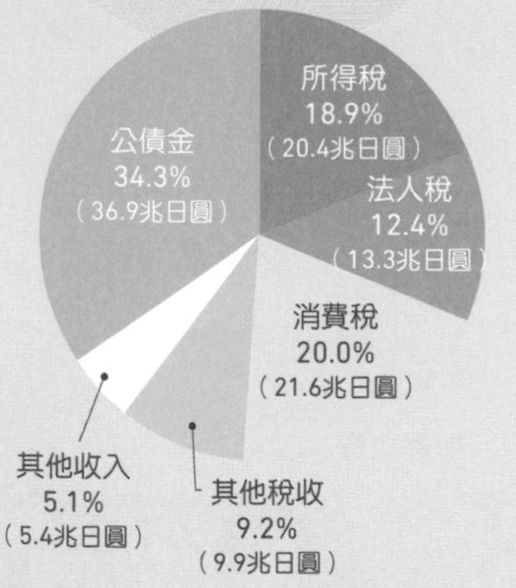
所得稅
18.9%
（20.4兆日圓）
法人稅
12.4%
（13.3兆日圓）
消費稅
20.0%
（21.6兆日圓）
其他稅收
9.2%
（9.9兆日圓）
其他收入
5.1%
（5.4兆日圓）
公債金
34.3%
（36.9兆日圓）

出處：國稅廳官網「稅務學習小角落」
http://www.nta.go.jp/taxes/kids/hatten/page0.3htm
*圓餅圖中的金額，不到1000億日圓以四捨五入計。

編製預算

文
要求
環
衛

政府各部編制概算要求

管理政府的各行政機關（部/會）計算出1年所需的大致預算，提交給財務部。

財
財

財政部調整

財政部檢討並評估預算請求，向內閣提出「財務部草案」報告。

草案

內閣制定政府草案

內閣根據財務部的報告，制定「政府草案」提交給眾議院。

審議預算案

眾議院將預算法案提交給預算委員會後，舉行「公開聽證會」（聽取專家意見的會議）審議預算。

預算

預算成立

該法案在眾議院通過後，將會在參議院以同樣的方式審議，參議院審核通過後，預算案就會成立。

國家的支出（歲出）

國家一般會計歲出額（2022年度當初預算）
107兆5,964億日圓

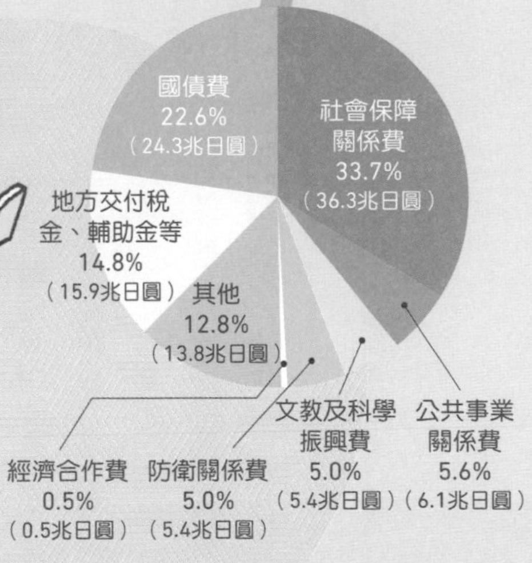
國債費
22.6%
（24.3兆日圓）
社會保障
關係費
33.7%
（36.3兆日圓）
地方交付稅
金、輔助金等
14.8%
（15.9兆日圓）
其他
12.8%
（13.8兆日圓）
經濟合作費
0.5%
（0.5兆日圓）
防衛關係費
5.0%
（5.4兆日圓）
文教及科學
振興費
5.0%
（5.4兆日圓）
公共事業
關係費
5.6%
（6.1兆日圓）

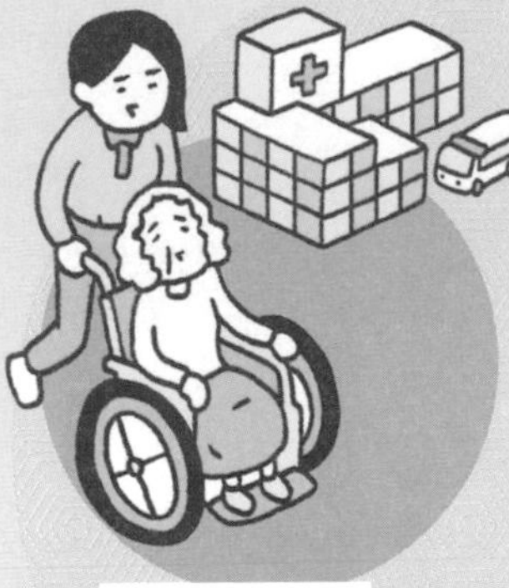

社會保障

用於醫療、國民年金、福祉、照護、生活保障等社會保障相關的費用。

國語
數A

教育

用於改建校舍或教科書等學校教育、發展科學技術。

出處：國稅廳官網「稅務學習小角落」
http://www.nta.go.jp/taxes/kids/hatten/page0.3htm
*圓餅圖中的金額，不到1000億日圓以四捨五入計。

2-7

什麼是「社會保障制度」？

社會保障是一種社會全體幫忙解決「困難」的制度

匯集錢，提供給有困難的人
社會保險費
社會保險費
政府
企業
個人
國民年金
7成醫療費
3成醫療費（自費）

當你感冒到醫院看診時，醫院會要求你「出示健保卡」。健保卡就是我們加入健康保險的證據。**如果我們加入健康保險，實際產生的醫藥費，有七成由社會保障制度負擔**，我們自己所負擔的只有三成。只是小感冒就要花很多錢的話，將會讓人無法到醫院看病了，社會保障就是防止這種況狀發生的一套制度。另外，政府的年金制度是指國民到達一定的年齡時（原則上為六十五歲以上）能夠拿到錢。一旦沒有收入，內心就會感到不安，且無法舒適的生活。因此，年金制度可以說是當有人遇到困難時，能夠獲得幫助的制度。我們繳納稅款及社會保險費給國家和地方政府，繳款額一定不低，但**正因爲我們有繳納稅額，才能在遇到困難時，獲得這個制度的幫助。**

台灣資訊
請見299頁

社會保障制度的分類如左圖所示，社會保險占大多數，其他如社會福利、公共援助、醫療保健。公共衛生則是由稅收資助的制度。

日本的「醫療保險」是每個國民皆投保的公共醫療保險，即生病或受傷時，「任何人」、「隨時」、「隨地」都能使用保險接受治療的「全民保險」制度，並且也獲得全球各地的高度重視。社會整體透過共同承擔（分擔・共享）風險（可能發生的危險），不僅能夠減低患者自付醫療費用的負擔，還能讓每個人享受優質且先進的醫療服務。此外，「年金保險」也是一種將現行勞動世代者繳納的保險費發放給高齡者的「世代之間相互扶持」的制度。

＊原則上，自費負擔為三成。不過，孩童或老年人的負擔更輕。

社會保障制度

社會保險

該制度的目的是當國民的生活遭遇困難時，提供資金協助他們穩定生活。這是每個國民都必須加入的保險制度。

年金保險

除了給付人生晚年的「老人年金」之外，還有因病或受傷變成殘疾時的「傷殘年金」和家庭支柱倒下時的「遺族年金」。所有20歲至60歲的公民都必須加入國民年金並繳納保險費。另外，上班族和公務員還有投保「厚生年金」並繳納保險費。（會添加到國民年金內）。投保的種類、保險費及繳納保費的方式依職業類別而有所不同。相對的，受到的保險理賠金額也會不同。（→p.140）

＊上班族、公務員等扶養的配偶（妻子或丈夫）可免除繳納國民年金保險費。

醫療保險

這是預防疾病和傷害的保險。醫療費的自費額維持在較低的範圍內。保險種類、保費和繳納方式依據職業類別和年齡而有所不同，例如上班族和公務員投保「健康保險」、非上班族和非公務員的人投保「國民健康保險」、75歲以上的人則是投保「後期高齡者醫療制度」。（→p.128）

雇用保險

公司員工投保後，當該員工遭遇失業或接受教育訓練時，提供失業救濟金的制度。勞工與雇主（公司等）繳納的保險費比例，依據職業類別而有所不同。

照護保險

由整個社會提供援助給因高齡或其他原因成為照護需求者的制度。

勞災保險

公司員工投保後，當該員工於工作中或通勤時發生疾病和傷害時，提供保險給付的制度。保險費由雇主（公司等）全額繳納。

由稅收資助的制度

社會福利

提供身心障礙者或單親家庭者公共支援的制度。

公共援助

對於生活困苦的國民，給予最低限度的保障，幫助他們自力更生的制度。還有生活保護制度。

醫療保健・公共衛生

該制度旨在讓人民擁有健康、衛生的生活。如實施疫苗接種、汙水系統維護及保護動物活動等。

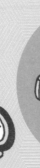

2-8

什麼是「國債」？

台灣資訊
請見299頁

國債是國家借的款，貸方是國民

國家（政府）有許多必須執行的政策，並且需要很多錢。因此，政府會從人民那裡徵收稅金，當徵收稅金後還不夠時，就會發行「國債」。國債就是國家發行的「債券」，發行時機是需借錢時。所以債券屬於可等同於貨幣價值的憑證。換句話說，發行國債就是國家藉由借錢來籌集所需的資金。

那麼，由誰借錢給政府呢？政府大部分的貸款來自於國內的銀行等金融機構（個人也可以從金融機構那裡購買國債）。銀行裡的錢是國民的存款，因此，也可說是國民借錢給政府。購買國債者需持有國債兩年到四十年不等，政府定期支付利息，期滿後會依照購買當時的價格返還。債券類似定期存款，但可以買賣。

請看一下2-6國家收入（歲入）的圓餅圖（→p.84）。圓餅圖內的「公債金」即是國債發行後得到的資金，約占歲入的35%；也就是國家的收入中有3.5成是債務。**尤其是為了彌補財政赤字而發行的國債，持續五十多年之久，所累積的金額就像滾雪球一樣，不斷增長。**

政府為什麼需要借錢呢？政府會把國債中獲得的資金，用來建設和維護道路、橋梁等公共設施（公共事業）。這些公共設施都是我們生活之中不可欠缺的東西，每個人都有機會使用到，而且即使過了十幾年仍舊可以使用。

公共設施是未來的財產，政府的資金來源不可能僅靠當代人的稅收。因此，就會像上面的圖示那樣，**以「建設債券」的形式借錢，然後再逐步償還包含下一代在內的債務。**

國債的種類

國債經國會決定使用目的與範圍後發行。依據使用目的區分成下面這幾個種類，但並不表示是以種類來販售。

建設國債

為了籌集整修道路或建設水庫等公共工程資金而發行的國債。

借換國債

為了籌集國債期滿時的返還金而發行的國債。想要延期還款時，這張國債會再以轉貸的方式來換錢。

特例國債（赤字國債）

當政府預估建設國債的收入不足時，為了籌集公共建設資金以外的財政資源而發行的國債。

使用公債金執行的公共事業

政府利用透過國債拿到的錢來整修或建設道路、公園和橋梁等公共工程。

國債是可以買賣的定期存款！？

國債在固定的期限內不能當作現金使用、利率固定，這些特點類似於定期存款，不過國債卻可以買賣。加上是由國家發行的債券，比較安全。

附帶利息

分為固定型和變動型。一般每年支付兩次。

期滿後可贖回現金

從兩年期滿到四十年期滿，期滿類型眾多。

個人也可以買國債

「個人國債」最低1萬日圓就能購買（台灣為最低新台幣10萬元），利率略高於定期存款，但是10年期滿的是變動型利率，所以利率有可能會上漲。不過就算利率下跌，也不用擔心，因為利率的下限是固定的（最低利率）。主要的特色是自發行日起1年後可以贖回現金。

商品	變動10年	固定5年	固定3年
利率型態	變動利率	固定利率	固定利率
滿期	10年	5年	3年
利率＊	0.17%	0.05%	0.05%
最低利率	0.05%		
購入單位	最低1萬日圓，以1萬日圓為單位計算		
發行月	每月（年12回）		

＊2022年11月發行的利率。

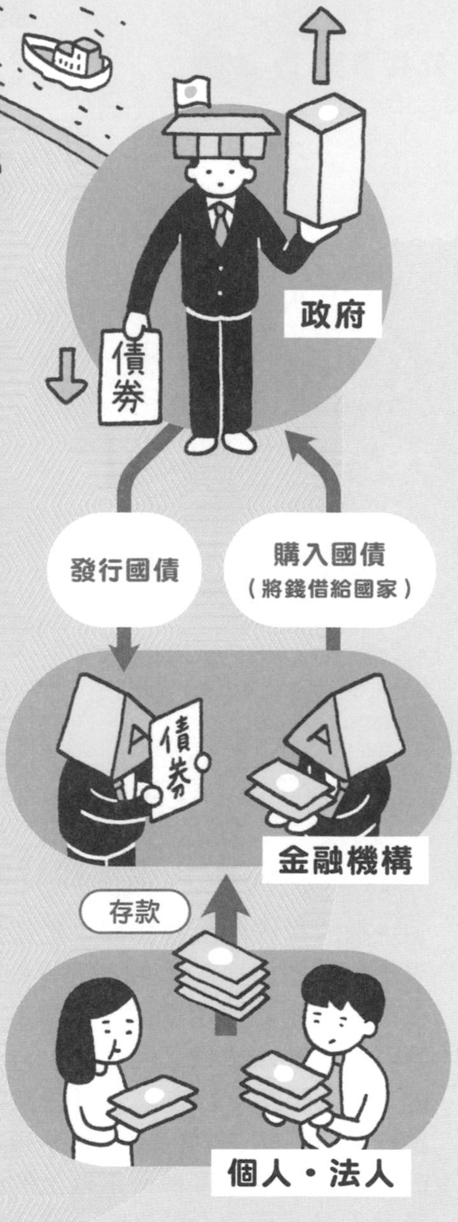
政府
債券
發行國債
購入國債
（將錢借給國家）
金融機構
債券
存款
個人・法人

2-9 發行國債的用意

發行國債將增加社會流通的貨幣量

政府發行國債後，社會流通的貨幣量將隨之增加，原因有兩個。第一個是國債所借的錢投資到公共事業上，將讓停滯不動的錢開始在社會上流通。發行國債時向銀行等機構借來的錢，有可能是銀行內部長期沒有流通的錢。政府將這筆借款，委託建設公司修造道路或建設工程，相對的，受委託的建設公司也能賺錢，或是雇用新人。加上員工收到薪資，回饋到市場購物，那麼流通到社會上的錢就會越來越多。**政府透過運用借款的動作，讓沉睡在銀行裡的錢開始流通。**

第二個原因是，**日銀收購國債，讓新的紙幣流通到社會上。**就如2-5所說明的，發行紙幣的責任不在政府，而在日銀；發行的紙幣，無法憑空捏造，而是以兌換同等價值國債的形式，讓紙幣流通到社會上。紙幣依照以下的流程發行，並且廣為流通使用。

台灣資訊
請見299頁

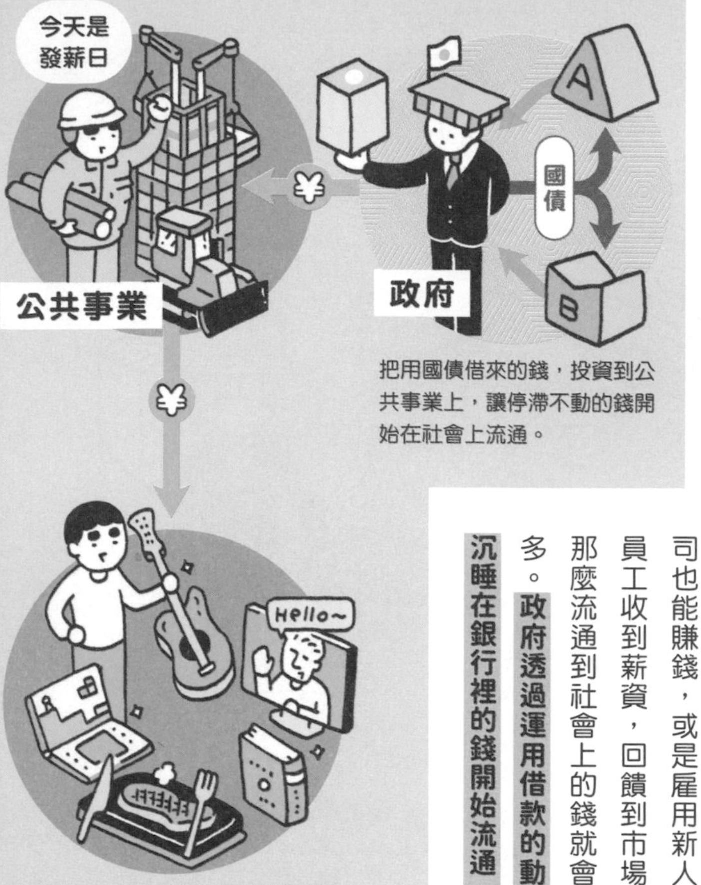

把用國債借來的錢，投資到公共事業上，讓停滯不動的錢開始在社會上流通。

承接公共工程案件的公司賺到錢，員工花掉他們的薪水，流通到社會上的錢就會越來越多。

COLUMN

GDP與國債發行額

GDP指的是國內生產總額，也就是日本國內新產出的價值總額。1-2中提到過勞動創造出價值這點。而這個價值的總額就是GDP，也就是顯示國內經濟狀況的數值。2021年，日本的GDP約537兆日圓；包含國債等債務在內，政府的總債務餘額約為1400兆日圓。日本是唯一一個借款超過國內年產值兩倍以上的已開發國家，這並不是一個健全的狀態，必須藉由改善經濟形勢、增加稅收等政策來改善。

紙幣發行・流通的制度

❶日本銀行向銀行等金融機構呼籲「我們會買下政府發行的國債，因此請賣出債券。」

❷回應這項呼籲的金融機構，會將手上持有的國債賣給日本銀行。

❸日本銀行發行新紙幣，並用這些紙幣付款給金融機構。

❹發行的紙幣則透過金融機構流通到社會上。

你或許會認為，政府只要不斷地發行國債，就可以增加社會上流通的錢。但是社會上流通的錢如果過多，貨幣的價值就會下降，出現惡性通貨膨脹的問題。國債雖然有某種程度的必要性，但政府也應當思考當國家的借款變得過於龐大時會出現的問題。

COLUMN

惡性通貨膨脹

惡性通貨膨脹的意思是3年內物價指數累積上漲超過100%。用這樣的例子說明比較容易理解，現在100日圓可買到的麵包，3年後得花200日圓以上才買得到；一棟3000萬日圓的房子，3年後會超過6000萬日圓。社會的經濟狀況一旦變成這樣，我們一輩子拚命工作所存的積蓄，價值將會大幅下降，我們的生活也會變得很辛苦。

非洲的辛巴威在2000年初期，為了解決財政赤字，大量發行自己的國家貨幣「辛巴威幣」，結果導致不尋常的惡性通貨膨脹，最終在2015年廢除。1945年，太平洋戰爭結束後，日本也經歷了5年之久的惡性通貨膨脹。由此可見，發行國債（＝發行紙幣）時，政府必須非常小心，以避免引發惡性通貨膨脹。

2-10

什麼是「景氣對策」？

國家用「財政」、日銀用「金融」，兩者運用各自擅長的領域來執行「景氣對策」

我們每天都在從事經濟活動。經濟活動就是製造物品（生產）、獲得有效的銷售（分配）、然後買來使用（消費）。當這個活動有活力時，我們稱為「景氣佳（景氣、繁榮）」；沒有活力時，則叫做「景氣不佳（不景氣、蕭條）」。經濟要是能一直保持活力就好了，可事實並非如此，因為景氣是種時好時壞、反覆波動的現象。

景氣說起來就如同「氣」這個字，受人們心情的影響很大。

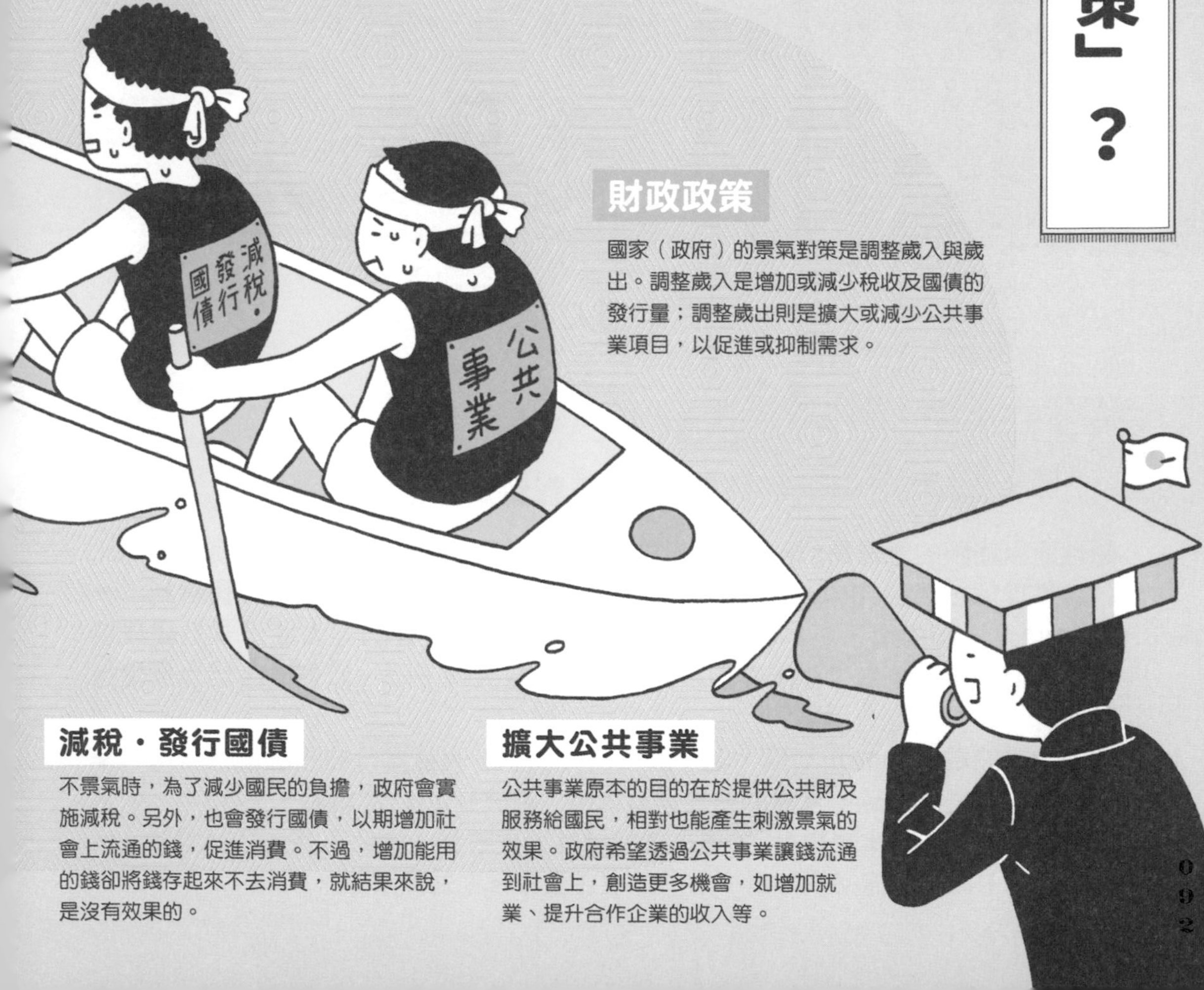

財政政策

國家（政府）的景氣對策是調整歲入與歲出。調整歲入是增加或減少稅收及國債的發行量；調整歲出則是擴大或減少公共事業項目，以促進或抑制需求。

減稅・發行國債

不景氣時，為了減少國民的負擔，政府會實施減稅。另外，也會發行國債，以期增加社會上流通的錢，促進消費。不過，增加能用的錢卻將錢存起來不去消費，就結果來說，是沒有效果的。

擴大公共事業

公共事業原本的目的在於提供公共財及服務給國民，相對也能產生刺激景氣的效果。政府希望透過公共事業讓錢流通到社會上，創造更多機會，如增加就業、提升合作企業的收入等。

當我們「工作不順利」、「身上沒有錢」、「擔心未來」時，大家就不會花錢，經濟就會變不景氣；當我們「工作順利」、「手頭資金增加」、「對未來有信心」時，就會開始花錢，經濟也會跟著變景氣。

國家（政府）和日銀採取措施來提升景氣。國家（政府）實施的景氣對策稱為「財政政策」，主要是調整歲入與歲出；日銀實施的景氣對策稱為「金融政策」，主要是從金融活動中，調整流通到社會上的貨幣量。舉例來說，景氣對策就像是一臺振興國家經濟的發電機。

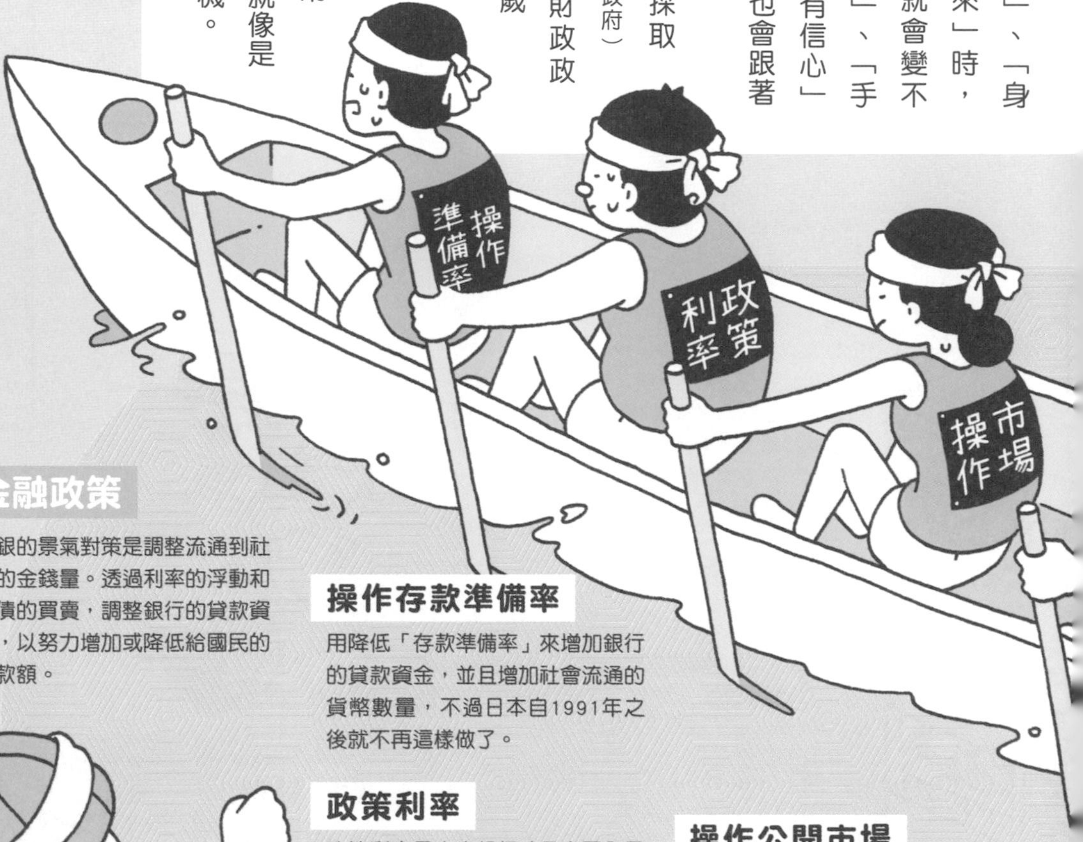

金融政策

日銀的景氣對策是調整流通到社會的金錢量。透過利率的浮動和國債的買賣，調整銀行的貸款資金，以努力增加或降低給國民的貸款額。

操作存款準備率

用降低「存款準備率」來增加銀行的貸款資金，並且增加社會流通的貨幣數量，不過日本自1991年之後就不再這樣做了。

政策利率

政策利率是中央銀行（日本國內是日本銀行）設定的目標利率，並且藉以引導市場達到設定的利率。當政策利率上升時，私人銀行的存款利率也會跟著上升，企業和個人將會停止借貸並開始存錢。這樣的結果是降低消費力。相反的，當政策利率下降時，企業和個人容易借錢，從而帶動消費、促進經濟。不過，2022年時的政策利率已趨近於零，並且形成難以利用政策利率帶動景氣的狀態。

操作公開市場

買賣國債是日銀操作社會流通貨幣量的方法。不景氣時，日銀會向銀行收買國債，並且發行同等數量的新貨幣（紙幣）來支付這筆金額。這個動作稱為「購進債券（買入操作）」。換句話說，當日銀認為流通到社會的貨幣量過多時，會把國債賣給銀行，並且收取同等數量的金額，這個動作就稱為「售出債券（賣出操作）」。這樣的操作方式已經成為現行財政政策的主流方法。

2-11

企業的職責是什麼？

企業的職責非常重要

到這裡，我們已經知道政府、日銀、銀行的職責了。接下來，我們要來看看眾多企業在社會上擔任的重要職責。

第一個職責是1-2說明過的，那就是**創造價值並回饋社會**。讓消費者對產出的產品與服務支付等值的錢，使錢在社會上流通。如果一家公司無法創造價值，那麼就不會產生資金流動。

第二個職責是**用人**。企業需要人幫忙工作，在企業工作的人則倚靠薪水生活、安心地度過每一天。人們的收入穩定了，對生活與未來的不安感減少了，才會放心花錢。

這樣一來，消費就會變多，經

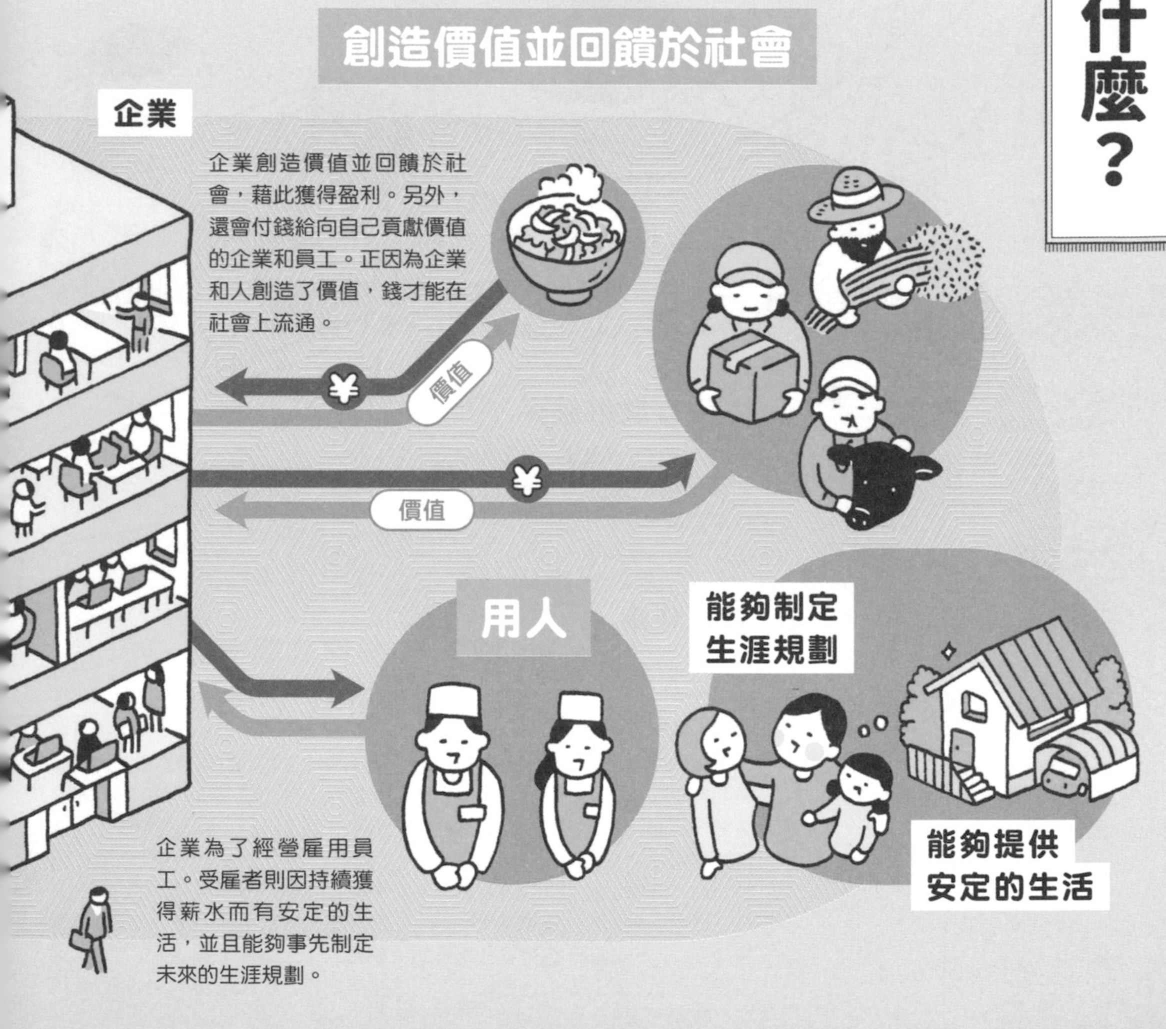

創造價值並回饋於社會
企業
企業創造價值並回饋於社會，藉此獲得盈利。另外，還會付錢給向自己貢獻價值的企業和員工。正因為企業和人創造了價值，錢才能在社會上流通。
¥
價值
¥
價值
用人
能夠制定生涯規劃
能夠提供安定的生活
企業為了經營雇用員工。受雇者則因持續獲得薪水而有安定的生活，並且能夠事先制定未來的生涯規劃。

濟也會變景氣。就算不是企業雇用的勞動者，也有可能從企業獲得工作及等值的報酬。正因為有企業存在，錢才能流到人們的手中。

第三個職責是**繳納稅金及社會保險費**。企業依據業績繳納法人稅，以及雇用勞工的保險費等稅款，因此我們可以說企業支撐著國家的營運。

「創業」指的是創造新的事業或公司。美國等國家將創業成功者視為英雄，原因就在於企業可以振興且豐裕社會。

COLUMN

什麼是「法人」？

企業又稱為「法人」。法人指的是法律上認定與人民擁有相同「法律主體」的組織。區分為將盈利分配給員工和股東的「營利法人」，以及不分配盈利的「非營利法人」（非營利法人有社團法人、財團法人、NPO法人、學校法人、醫療法人等）。法人組織原本不是人民，但是在獲得法人人格之後，就等同於人民，能夠租用辦公室或是開立銀行帳戶。

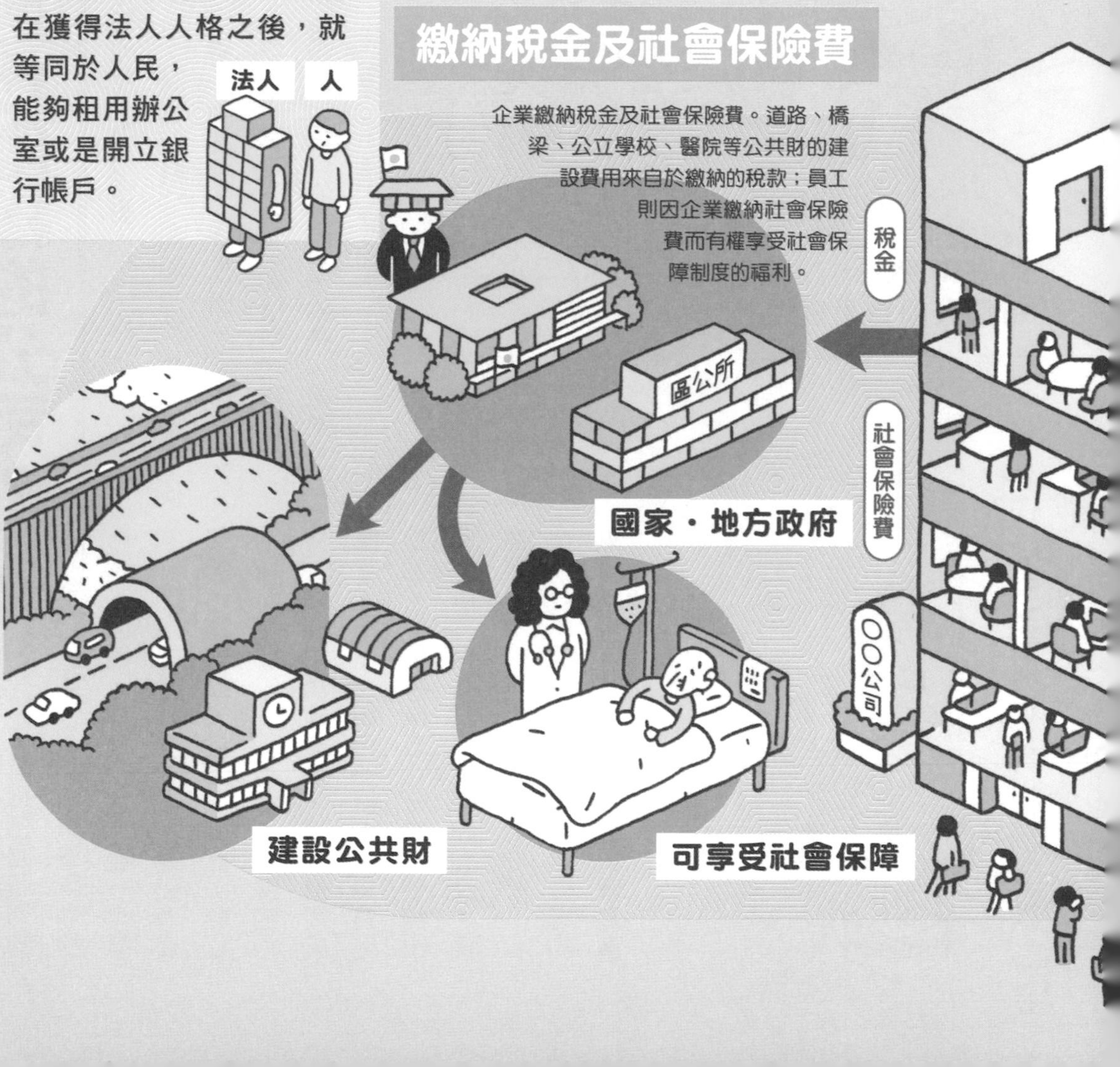
法人
人
繳納稅金及社會保險費
企業繳納稅金及社會保險費。道路、橋梁、公立學校、醫院等公共財的建設費用來自於繳納的稅款；員工則因企業繳納社會保險費而有權享受社會保障制度的福利。
稅金
社會保險費
區公所
國家・地方政府
○○公司
建設公共財
可享受社會保障

2-12

股份有限公司是什麼樣的公司？

股份有限公司帶來社會發展

你的身邊應該有許多成年人是上班族。公司有各種型態，最為人知的是「股份有限公司」。

股份有限公司起源於十七世紀初、由荷蘭人創建的「東印度公司」。它是一家從印度和東南亞各國進口香料的公司。當時，如果航海成功並且帶回亞洲的辛香料，就能賺取巨額的利潤。但是，打造船隻需要一大筆錢，加上如果沉船，或是遭到海盜襲擊，就會損失慘重。因此，發行「股份（股票）」，從贊成事業的人身上慢慢地籌集資金，就算航海失敗了，每個人的損失也只有一點點。如果事業成功，就會依照出資者所持有的股份來分配利潤。這就是「股份有限公司」的起源。

容易募資，是股份有限公司的架構優勢。當我們想為社會做點事

股份有限公司的特色

創業

創辦一家公司時，需要有好的構想與資金。如果手上沒有資金，那就必須籌集資金。

籌募資金

發行股票，向認同構想的人籌集資金。

分享成功

企業經營成功時，會將股利分配給股東，大家一起分享盈利。

如果失敗了，每個人都有小損失

企業經營失敗時，投資的股東將損失自己持有的股份。

COLUMN

股東可以做的事及好處

出售股份

股東可以在股票市場上出售手中的股票。藉由逢低買進、逢高賣出的差額來獲取利潤。

紅利（可拿到持有股份所配比的錢）

股東可能會收到定期股利。當持股的公司業績表現良好時，則有可能收到大幅高於銀行利率的股利；相反，如果業績表現差，也有可能無法獲得股利。股利獲得與否取決於股票是不是人氣股。

股東利益

有些公司會提供自家品牌的產品或折價券給股東。裏頭的優惠會隨手中股票的熱門度而有所不同。

出席股東大會

股東可以出席股東大會，聽取上市公司的經營方針並提出意見。

情、想賺錢時，如果所需的費用全部都要自己準備好，將會讓人裹足不前。但是，集合大家的資金，分配所得的利潤，這個方法就算失敗了，每個人的損失也只有一點點。**正因爲有著容易挑戰的架構，才會出現許多股份有限公司，進而帶動社會發展。**

購買股票，持有股份的人，叫做「股東」。對股份有限公司而言，沒有股東就不會有公司，因此股東的存在非常重要。另外，股份有限公司對股東也會釋出好處，股東可以獲得公司部份利潤的「股利」，或是像經營階層一樣提出意見。

容易募資

企業沒有足夠的儲備資金時，能夠向認同者籌集資金，這點讓人能夠輕鬆踏出經營公司的第一步。

促進社會發展

社會經濟因擁有許多充滿活力的股份有限公司而活絡。

2-13

什麼是「股價」？

供需關係決定股價

在證券交易所裡面，任何人都能買賣的企業股票稱為「上市」；上市的企業則稱為「上市公司」。看起來隨時會倒閉的公司上市後，購買股票的人就會虧錢，所以上市會受到非常嚴格的審查。

日本國內的股份有限公司約有兩百二十五萬間，其中上市公司約有三千八百間，僅有0.2%（二〇二二年十一月迄）。一般來說，我們無法購買未上市公司的股票，但也有些家喻戶曉的知名企業並沒有上市。

只要在證券公司辦理帳戶，任何人都能買賣上市股票。證券交易所在二〇二一年間，約有七百六十五兆日圓的股票交易額，相當於國家當初預算一百零七兆日圓的七倍之多。由此，我們可以知道**大量資金在股票市**

企業業績和活動帶來股價波動

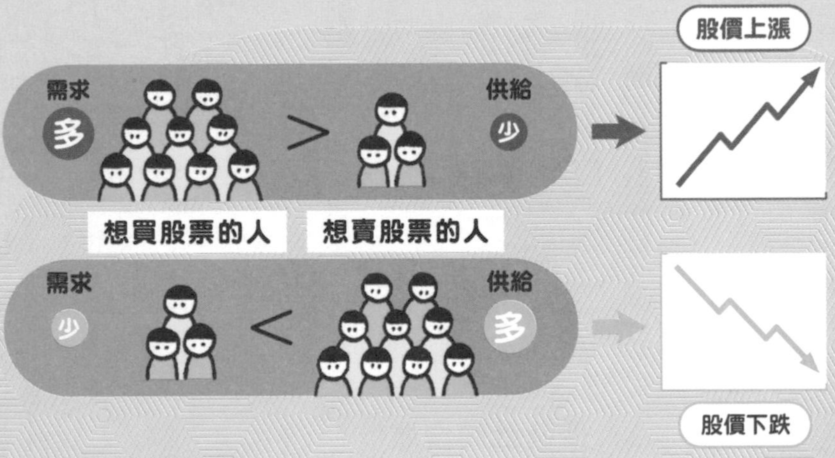
股價上漲
需求
多
供給
少
想買股票的人
想賣股票的人
需求
少
供給
多
股價下跌

股價隨供需平衡而波動。未來有成長性且有吸引力的上市股票，買股者的需求會變多，股價就會上漲。

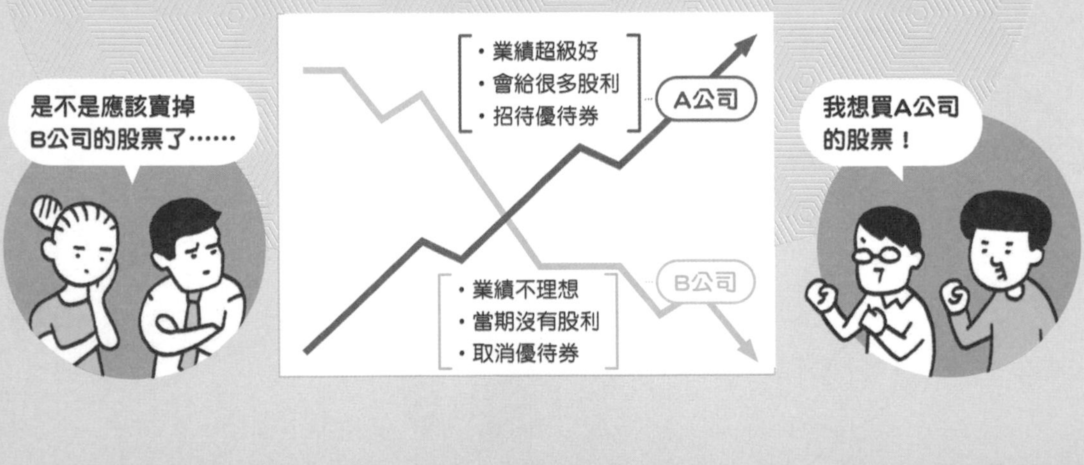
是不是應該賣掉B公司的股票了……
・業績超級好
・會給很多股利
・招待優待券
A公司
・業績不理想
・當期沒有股利
・取消優待券
B公司
我想買A公司的股票！

場中流動。

股價是股票的價錢。股價會不斷的波動，當想買股票的人（需求）多於出售股票的數量（供給）時，股價就會上漲；如果買的人少，股價就會下跌。令人抱有「這家業績不錯，股價未來可能會上漲」、「因為可以拿到高額股利，所以想購入持股」等想法的公司的股票供不應求，股價也很高。

另一方面，除了公司本身的魅力以外，股價也時常隨地震、颱風等天災，以及海外的戰爭與衝突、恐怖攻擊事件、國內外的政治局勢等其他因素而波動。此外，二〇一九年開始流行的新冠病毒疫情，也為股價帶來很大的影響。

COLUMN

投資就是預測每個人的偏好

投資股票的人稱為投資者。許多投資者投資股票時，會採取逢低買進、逢高賣出的方式，從中賺取差價。相信你也會購買自己認為「可能會上漲」的公司上市的股票。著名經濟學家凱因斯曾比喻過，專業投資者所做的投資，就像一場選美比賽。雖然這個比喻不適合現代，但我們可以想像這場投票的規則是「包括你自己的那一票，從10張照片中預測出1位美女。如果預測正確，就會獲得獎品」。這麼一來，每個人不會選出自己喜歡的，而是選擇大眾可能會喜歡的人。股價不僅取決於企業的品牌知名度和期望，也反映出大眾投資者們的心理。

與業績無關的因素也會帶來巨大的變化

股價會隨著海外的戰爭、衝突、國內外政治局勢、天災等狀況出現很大的變化。就算沒有實際影響，光是出現近期可能會影響公司業績的揣測，股價就會出現波動了。

2-14 股份有限公司與股東（投資者）的關係

股份有限公司為什麼在意股價？

股份有限公司在證券交易所上市時，會發行新的股票讓許多人購買，藉此籌集資金。不過，不管之後的股價是上升還是下跌，公司的資金量都不會改變。那為什麼上市公司還要拉高股價呢？

我將原因整理在左頁。股份有限公司不是創業者或社長的東西，公司的股票一旦被大量買斷了，經營權也會移轉到買者的手上，所以**提高股價能相對地降低公司遭到收購的機率**。另外，提高股價後，招攬優秀的人才或調度資金也會變得較為容易。

購買股票就跟人氣投票一樣。

些不一樣的方法
糟了！股價下跌了……
得降低成本，產出利潤
太慢了！
必須來做點新的事業，拿出成長戰略才行
股價如果再往下掉，我就要買斷和收購了！

上市公司

上市公司為了防止股價下跌或遭到收購，會隨時掌握股市趨勢，並思考相對應的措施。股價一旦下跌，為此煩惱的股東們就會要求上市公司持續獲利，間接造成企業無法長期經營的弊端。

股東按照持股比例享有的權利

股東擁有的權利有「企業營運獲利時，獲得股息紅利」、「企業破產時，可分配旗下子公司財產」、「股東大會可投票決議及參與經營」。股東參與經營的權利比重依手中持股的比例而異。

持股比例	1%	10%以上	超過50%	66.7%以上（2/3以上）
股東權利	以股東身分提出建議的權利	請求解散公司的權利	股東大會上可阻止決議和解僱董事、決定股利配比等	決定拋售事業和更改公司章程等的權利

提出建議的權利
獲得紅利的權利
參與經營的權利
分配剩餘財產的權利
股東

股價高=受歡迎的公司，不僅社會地位受肯定，營運也穩定。

股票上市後，企業在籌集資金變得容易的同時，也會出現被收購的風險。另外，為了防止股價下跌，企業必須對投資者展現吸引力，而這種力求短期獲利的型態，將使企業難以長久經營下去。**有些公司不受股東（投資者）的動向影響，堅持貫徹自己的經營理念，抱著花五年、十年長期培育事業的想法，退出股票市場或者沒有上市。**了解了一家公司和股東之間存在著一層這樣的關係後，我們觀看世界的角度應該會有些微的改變。

銀行
我們銀行下次可能無法貸款了
趕快推出一款人氣商品
手上的股票應該可以賣了吧……
投資者（股東）
投資集團

上市公司想拉高股價的理由

- 股價過低，有可能面臨股票或公司遭到買斷和收購的情況
- 容易向銀行借錢
- 發行新股時，容易調度資金
- 容易招募到優秀的人才

非上市公司

我們向銀行借錢就夠了
一旦上市，會很辛苦喔！

非上市公司的缺點是無法從股票中獲得大量的資金。不過，如果經營管理得當，銀行也會給予長期放貸，而且也不需要看股東們的臉色。

COLUMN

什麼是「日經平均指數」？

「日經平均指數」是日本經濟新聞社從東京證券交易所上市的公司中挑選出225家公司的平均股價指數，也稱作「日經指數」、「日經225」，扮演著日本經濟溫度計的角色。與前一天相比，若日經指數呈現上漲的狀態，就意味著日本的經濟已復甦；出現下跌的狀況時，情況正好相反。日經指數的交易計算及發布的時間為平日9點到15點，每5秒計算一次。也有一種說法表示，企業相關的新聞報導最好避開9點至15點，以免影響股價。

日經平均指數
現在值
28,600.41
-204.44(0.71%)

2-15 什麼是貨幣升值與貨幣貶值？

貨幣升值是貨幣的價值變高，貨幣貶值是貨幣的價值變低

相信你應該有聽過新聞報導提到「今日的匯兌牌價一美元為一百四十日圓」等內容。將「日圓」視為貨幣（支付時所使用的貨幣）的國家只有日本，美國的貨幣稱為「美元」，EU（歐洲聯盟）的貨幣稱為「歐元」，各國及各地域使用的貨幣有所不同。當這些貨幣進行交換時，就需要「匯兌牌價（匯率）」。匯率是隨時變動的，並且決定本國貨幣能夠兌換多少外國貨幣。

你有聽過「日圓升值（美元貶值）」、「日圓貶值（美元升值）」這些詞嗎？你知道「一美元＝兩百日圓」跟「一美元＝一百日圓」，這兩者哪個是日圓升值，哪個是日圓貶值嗎？「一美元＝兩百日圓」的情況是兩個一百日圓硬幣可以和一張美元紙鈔互換；而「一美元＝一百日圓」時，則是一個一百日圓硬幣可以換一張一美元的紙鈔，兩百日圓則可以換兩張一美元的紙鈔（＝兩美元）。也就是說，「一美元＝一百日圓」時，日圓的價值比較高（美元的價值低），而「一美元＝兩百日圓」時，日圓的價值低（美元的價值比較高），即是我們所說的日圓貶值（美元升值）。

貨幣升值或貶值與國外貿易狀況息息相關。我們來看一下上面與美國進行貿易的交易圖。當貨幣升值時，我們可以便宜地買到進口商品，這時出口品在當地的價格就會變貴，面臨難以銷售的情況（如果當地的價格維持不變，那麼企業的利潤就會減少）。貨幣貶值時，進口品的價格會變貴，而出口品在當地的價格會變便宜（如果當地的價格維持不變，那麼企業的利潤就會增加）。我們以貿易的觀點來說，較容易理解，即**「貨幣升值＝有利進口，不利出口」**、**「貨幣貶值＝不利進口，有利出口」**。

COLUMN

各國的匯兌交易價

2022年12月1日

1美元	137.1日圓
1歐元	142.9日圓
1英鎊	165.7日圓
1瑞士法郎	145.3日圓
1澳幣	93.2日圓
1人民幣	19.5日圓
1紐西蘭幣	86.6日圓
1南非鍰	8.0日圓

各國貨幣在匯兌交易的金融市場中，相互兌換時所出現的兌換比率，稱為匯兌牌價（匯率），它是即時且持續變動的。

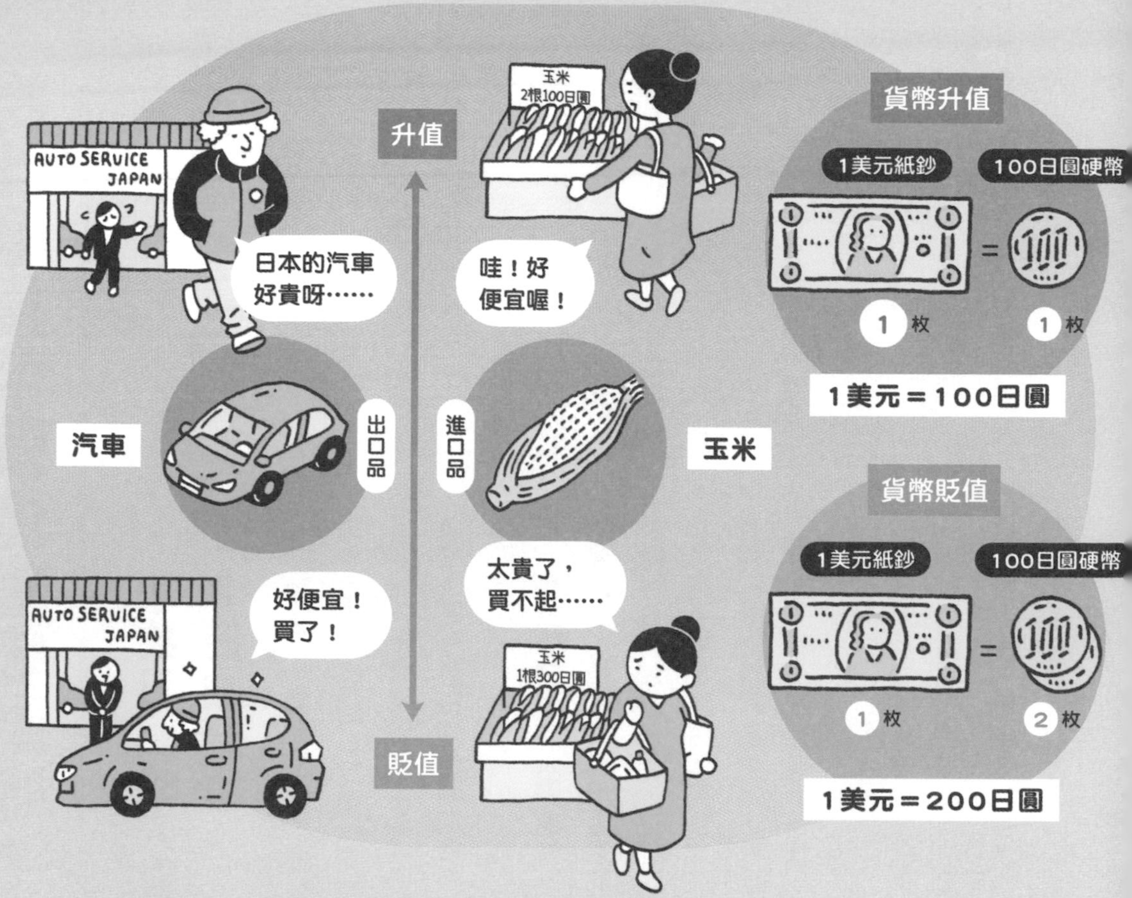
升值
貶值
AUTO SERVICE JAPAN
日本的汽車好貴呀……
汽車
出口品
好便宜！買了！
玉米 2根100日圓
哇！好便宜喔！
進口品
玉米
太貴了，買不起……
玉米 1根300日圓
貨幣升值
1美元紙鈔
100日圓硬幣
1 枚
1 枚
1美元＝100日圓
貨幣貶值
1美元紙鈔
100日圓硬幣
1 枚
2 枚
1美元＝200日圓

中國
人民幣
EU
歐元
美國
美元
日本
日圓

各國的貨幣

全球各大主要國家的貨幣。美元是全世界共通的主流貨幣，也是交易量最大的。

＊有的會記載為「元」。

加拿大
C$
加拿大幣
澳洲
A$
澳幣
韓國
韓圓
瑞士
SFr
瑞士法郎
英國
£
英鎊

2-16 為什麼貨幣價值會變動呢？

貿易

在日本使用
美元時，
需兌換成
日圓
出口增加後
日圓升值

我們以某家日本公司出口汽車，賣給美國貿易商的例子來思考，意思就是車子與錢（美元）相互交換。日本公司會將美元兌換成日圓，以利在國內推展業務。當出口旺盛時，就能得到美元，然後兌換許多日圓，日圓就會因此而升值；相反地，進口旺盛時，日圓就會被兌換成其他的貨幣，形成貶值的現象。

出口
美元

想要日圓的人變多＝日圓升值

「昨天一美元兌換一百四十日圓，今天一美元可以兌換一百四十一日圓」，匯兌牌價就像這樣會隨時波動。為什麼日圓的價值會忽高忽低呢？

當想要日圓的人變多時，日圓就會升值；想兌換其他貨幣的人變多時，日圓就會貶值。以日圓與美元為例，當手上持有許多美元的人覺得「美元跟日圓相比，我寧願擁有日圓」、「不兌換成日圓不行」時，就會形成日圓升值（美元貶值）的狀況；反過來，當手上持有許多日圓的人覺得「我想要的是美元不是日圓」、「應該要兌換成美元才對」時，日圓就會貶值（美元升值）。

投資客的買賣

購買日本
股票時，
必須使用
日圓
海外來的
投資增加後
日圓升值

當美國的投資客出現「想買日本企業股」、「想買日本債券」的想法時，無法用美元購買，因此會先將美元兌換成日圓後再購買。當這類人變多時，日圓就會升值。相反地，當日本企業的股票或日本債券遭到拋售時，日圓就會貶值。近幾年，投資者對匯率波動的影響遠大於貿易帶來的影響。

股票
股票
日圓

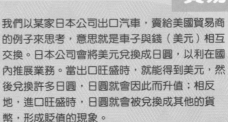

企業全球化

海外企業進駐日本開啟新事業時，著手購買土地、蓋大樓或是整備道具等，都會使用到日圓。當這樣的現象變多時，海外貨幣就必須兌換成日圓，也就會變成我們所說的日圓升值。相反地，日本企業進駐海外時，日圓就必須兌換成那個國家的貨幣，這時就會出現日圓貶值的現象。企業的全球化也是導致匯率波動的主要原因之一。

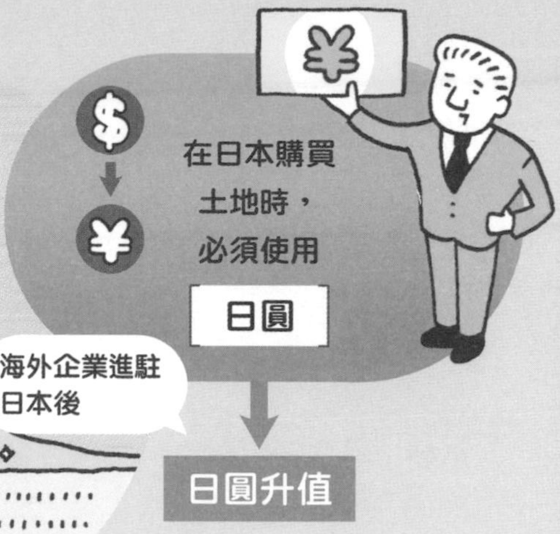
在日本購買
土地時，
必須使用
日圓
海外企業進駐
日本後
日圓升值

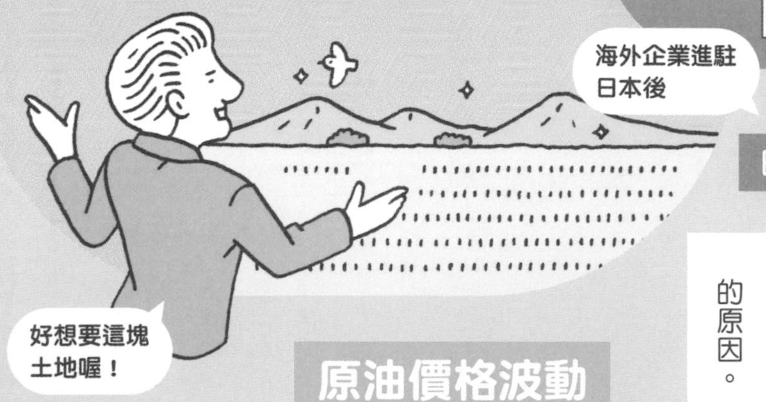
好想要這塊
土地喔！

那麼，什麼時候會出現想要持有日圓，或想要兌換日圓的情況呢？在這裡，在這裡我舉了四個例子。

當出現這些跨國交易時，日圓或其他國家貨幣的必要性就會隨著需求而改變，這就是匯兌牌價波動的原因。

原油價格波動

原油基本上只能用美元購買。原油價格一旦上漲，就會需要更多的美元，因此日圓會跟著貶值。相反地，原油價格下跌時，日圓就會升值。日本由於進口大量原油，原油價格變動對匯率的影響會比較大。原油價格的高低取決於供需關係，當全球景氣狀況好時，就會有更多人想要原油這樣的能源，其價格也會跟著上漲。

COLUMN

什麼是「原油」？

從油田直接冒出來，未經提煉的石油，稱為原油。原油是石油、汽油等燃料的來源。而石油是塑膠、合成橡膠、尼龍和聚酯等合成纖維及合成洗劑的原料。當原油價格上漲時，除了電費一定會跟著漲以外，其他製造各種產品的原材料價格也會跟著上漲。這樣的現象一旦反映到商品上，商品就會跟著漲價。

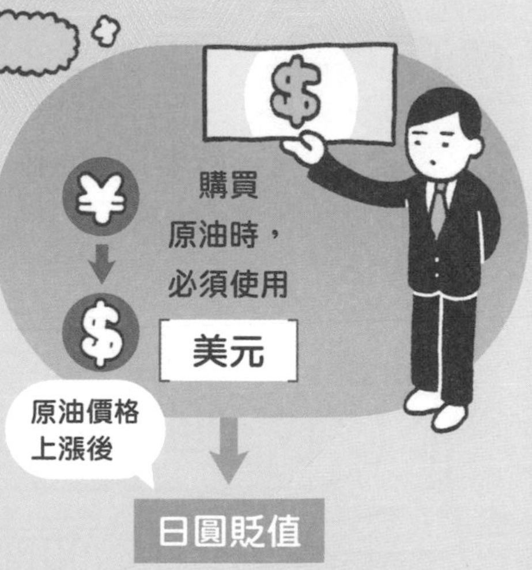
購買
原油時，
必須使用
美元
原油價格
上漲後
日圓貶值

2-17 貨幣升值與貨幣貶值，哪一個好呢？

貨幣無論是升值還是貶值，皆有利弊

許多人或許都抱著「貿易與投資跟自己沒關係。貨幣升值還是貶值這種事，只有出國旅行時才會關心」的想法。可是，匯率跟我們的生活息息相關。

家電、服裝、肉類、水果等海外產品遍布我們的生活，就算是國產製的商品，也會包括海外製的材料或零件。如今，全球化影響已深入我們的日常生活，事實上，大多數的物品在到我們手中之前，早已經歷過「日圓交換其他貨幣」了。

根據農林水產省發表的資訊，

日圓貶值
帶來的影響
小麥
玉米
家畜
牛奶
飼料
優格
肉類
小麥粉
食用油
麵包
每一種都好貴……

日本糧食自給率

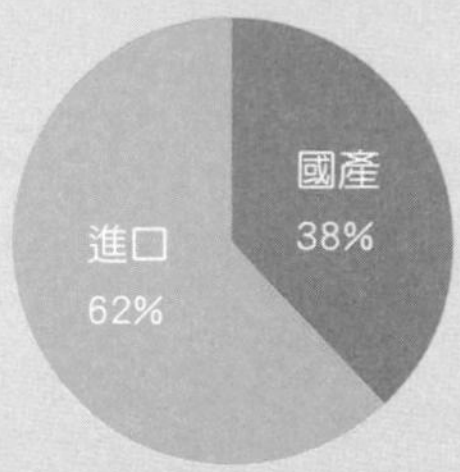
國產
38%
進口
62%

台灣資訊
請見300頁

糧食自給率是顯示國內生產可以滿足本國糧食消費程度的數值。日本農林水產省公布2030年的糧食自給率目標將提高到45%。

日圓升值帶來的影響

日本的糧食自給率為38%（以二〇二一年度的基礎卡路里來概算），意味著日本的糧食有62%是仰賴海外進口的。因此當日圓貶值時，我們在超市等地方購買的食物，大部分都會漲價，生活也會因此變得不好過。不過，即使如此，也無法肯定地說日圓升值會比較好。

在日本，有的企業靠著出口汽車來賺錢，這些企業的業績遇到日圓升值時會往下掉。當大企業處於業績低迷的狀態時，就會連帶導致許多相關人員的收入減少，進而使得日本整體的經濟趨向惡化。**貨幣升值或貶值，兩者過猶不及，因此無法斷定哪一種狀況比較好。**但是，在我們調查日圓升值或貶值對我們的生活造成的影響之後，就能體會到日本與世界其他地區的牽絆是非常耐人尋味的喔！

業績好差……
日圓升值時，出口品的價格會上漲，海外銷售將變困難。例如，汽車的銷售量下滑時，下游零件製造工廠的訂單就會減少，對工廠員工的生活也帶來重大影響。
暫時不能下訂單了！
真傷腦筋啊！

COLUMN

與日本進出口貿易的十大國家

近年來，日本的出口成績表現亮眼，其中最大的出口國為美國和中國。而中國為日本的最大進口國，自2002年以來一直穩坐第一名的寶座。

出口

第1名	中國（人民幣）
第2名	美國（美元）
第3名	台灣（新台幣）
第4名	韓國（韓圓）
第5名	香港（港幣）
第6名	泰國（泰銖）
第7名	德國（歐元）
第8名	新加坡（新加坡幣）
第9名	越南（越南盾）
第10名	馬來西亞（馬來西亞令吉）

進口

第1名	中國（人民幣）
第2名	美國（美元）
第3名	澳洲（澳幣）
第4名	台灣（新台幣）
第5名	韓國（韓圓）
第6名	沙烏地阿拉伯（沙烏地里亞爾）
第7名	阿拉伯聯合大公國（阿聯迪拉姆）
第8名	泰國（泰銖）
第9名	德國（歐元）
第10名	越南（越南盾）

＊資料來源：2021年 日本貿易振興機構（JETRO）

2-18

日本貿易與能源自給率

日本進出口品的比率

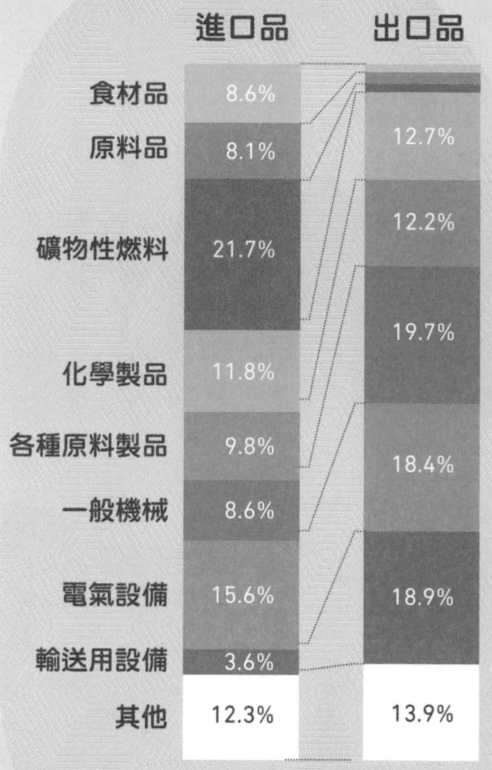

2021年日本出口總額約85.9兆日圓，進口總額約為91.3兆日圓。日本大量進口礦物性燃料（化石燃料）作為能源使用。

＊資料來源：財務省貿易統計數據

台灣資訊
請見300頁

能源倚賴進口的日本

我們從二〇二一年日本的進口數字可以看到，出口額約八十五點九兆日圓，進口額約九十一點三兆日圓，形成進口額比出口額多的貿易逆差。日本主要的出口品項為汽車、半導體等電子零件，而原油及石油、液化天然氣則為主要的進口品項。

進口品項中占最大宗的是礦物燃料，這些燃料就是化石燃料。化石燃料就是天然氣、煤礦、石油等，由動植物的屍體歷經長時間變化而來的燃料。火力發電廠即是透過燃燒化石燃料所釋放出來的能源來發電。

COLUMN

使用「日圓」讓人放心？

1950年到2020年，日本的出口額遠超進口額，貿易順差約為237兆日圓，這也意味著日本人大量在海外勞動。透過管理海外資金的方式，截至2021年底，日本所擁有的海外資產額約有411兆日圓，這筆資金稱為對外淨資產。2021年之前，日本連續31年蟬聯第一。

在天災、戰爭或金融動盪等經濟危機時期，時常可見社會發起「緊急時搶日圓」的活動。投資客則抱著「兌換日圓較為安全」、「日本會將自己擁有的海外資產兌換成日圓，因此購買日圓的人會增加，日圓的價值也應該會上漲」等的想法來購買日圓。日本的「貨幣」受到全球信任的原因就在於，日本人以前付出了許多心力協助海外國家發展，並且擁有大量的海外資產。

能源自給率是指一個國家利用國內資源，能夠獲得多少自給自足的能源。日本的能源自給率為11.2％（二〇二〇年），與其他國家相比非常低。由此可知，我們的日常生活，依賴著進口能源資源。

依賴他國進口能源的現狀對日本來說並不有利。此外，日本的電力以燃燒化石燃料的火力發電為主，但火力發電所產生的溫室氣體效應，也對環境造成了負面影響。因此在我們著手提高能源自給率的同時，也必須思考如何減少對環境的負面衝擊。

倚賴其他國家提供能源後……

生活費用不穩定

2022年，由於原油價格飆升加上日圓貶值，導致電費及各種商品的價格跟著上漲。商品及服務成本上漲，形成通貨膨脹，對消費者的生活造成極大的壓力，這並不是種樂觀的情況。

如何提升能源自給率？

增加可再生能源？

重啟或新設核能發電廠？

2011年東日本大地震，地震後引發的海嘯流入了福島第一核能發電廠中，造成核能發電機跳機，並且釋放出大量放射性物質的嚴重事故。此後，日本國內的核能發電廠陸續關閉，雖然2015年之後逐步恢復運行，不過截至2022年，仍有許多核能發電廠尚未恢復運行。如果重啟或新建核能發電廠，日本的能源自給率應該能夠回復。雖然核能發電廠的優點是不會排放導致地球暖化的二氧化碳，但是，一旦發生事故，就會變成很嚴重的問題；如何處理殘留廢棄物也是一大問題。因此日本國民之間，出現了應該重啟核能發電廠及不應該倚賴核能發電的兩派意見。

太陽能發電及風力發電稱為綠能，這類再生能源對環境的負面影響較小。不過，初期安裝時設備成本高，發電所需的成本也高，加上受氣候影響導致發電量低，身為島國的日本無法從其他國家獲得電力等原因，無法順利推動再生能源的發展。

【總結】

學習金錢概念就是
了解自我以及周圍的社會生活。 2-1

銀行將錢存起來或是借給需要用錢的人。
收取比存款更高的貸款利息
是銀行的獲利來源。 2-2

複利的金額
會隨時間增長而增多。 2-2

銀行透過放貸，帶動全球貨幣流通，
並且振興社會經濟。 2-3

銀行保護存款機制的目的是用來
確保銀行破產時，
每人最多可獲得1000萬日圓的保障。 2-4

有一種機制稱為創造信用，
也就是當銀行放貸時，社會流通的錢會變多。 2-4

日本銀行（日銀）是一家特殊的銀行。
日銀擔任的職責有發行紙鈔的「發券銀行」、
儲蓄或支付政府資金的「政府銀行」、
從銀行接收資金，並將其借貸給另一家銀行的
「銀行中的銀行」，這三種。 2-5

國家運用資金的方法由代表國家的
國會議員討論後決定。 2-6

社會保障制度是一種由社會全體
幫助遭遇困難的群眾的機制。
每個國民都需投保公共醫療保險。 2-7

國債是政府的借款。
國債是用來建設及維護公共設施、調整稅收
不足的資金、以及調度借入國債的償還金。 2-8

發行國債的用意有「滾動銀行長期停滯的
資金」、「日銀發行紙幣的作業」。 2-9

GDP指的是一個國家內部生產和消費的
附加價值總額，也是顯示國民花了多少錢的
經濟指標。日本在2021年的GDP約為
537兆日圓，債務總額約1,400兆日圓。
與GDP相比，日本的國債比率位居世界首位。 2-9

景氣對策有政府負責增稅・減稅等的
財政政策，以及日銀負責公開市場操作等
的金融政策。 2-10

企業的職責是「創造價值」、「創造就業」、
「繳納稅款及社會保險費」，並且造福社會。 2-11

股份有限公司是一種透過分擔風險及利潤，
輕鬆應對挑戰的機制，
有助於促進社會經濟發展。 2-12

供需關係決定股票的價格。決定股價的並不只
有業績，其他的因素也有很大的影響。 2-13

上市公司不得不採取措施
來防止股價下跌。 2-14

「1美元＝200日圓」和
「1美元＝100日圓」相比，
「1美元＝100日圓」就是日圓升值
（日圓的價值比較高）。 2-15

貨幣升值＝有利進口，不利出口、
貨幣貶值＝不利進口，有利出口 2-15

想要日圓和使用日圓的人數增加，
日圓就會升值，情況相反時，日圓就會貶值。 2-16

全球化與我們的日常生活有著密切的關係，
貨幣的升值與貶值也影響著我們的生活。
不管哪一種，都不樂見出現極端的變化。 2-17

日本的能源自給率很低，
我們必須思考對策。 2-18

CHAPTER

3

金錢與我們的生活

週六到姨丈家吃午餐。
這天，第三堂課從下午開始，所以我直接從姨丈家前往大學上課。
第3話
手中收到的那張牌
妳在讀什麼？一臉很難的樣子。
這是大學課程的教材喔！
大學？啊，是上次說的金錢課程啊！
運用財富
改變我們的未來
文案負責人：樋口 彩花
明央大學
我來看看，國債、股票、社會保障……哇！這個不簡單耶！
運用財富
改變我們的未來
不過，這本教材的內容既簡單又好懂喔！

教授說今天也會談到退休金的問題。
像「退休後，手邊要有兩千萬日圓才夠生活」這類話題，之前很熱門。
嗯，自從我上這門課後，對於這樣的新聞也有了更多的了解。
瞄……
原來如此呀！
13:30
還有一點時間，我可以帶小花去散散步嗎？
喔，好喔！
那我先出門啦！
曾經還是個小不點的美帆，轉眼間，居然長大了呀……

你跑太快了啦！
♪
小花！
嘿，美帆！
小花牠……覺得自己的地位比我高
美帆，妳有養狗嗎？
我家沒有養，牠是姨丈家的狗。
我算幫忙照顧的？
啊，好久不見，雪乃！
這位是浦田雪乃，國中時一起參加籃球社團的同學。
雪乃現在在做什麼呢？
我在那邊的超商打工剛下班，正準備回家。
咦？

我們畢業之後就沒見過面了。難得遇到，一起聊聊天吧！
好呀！
川山公園
原來是這樣。
妳放棄打籃球了嗎？
受傷休息過後，不知怎麼的就不太想打了，然後就這樣……
呵呵呵
我高中時沒有參加任何社團，我也沒那樣的天賦，所以打籃球就只有國中而已。
雪乃呢？妳還有在打籃球嗎？
咦！妳明明打得比我還好。

感覺時間過得好快喔！前一陣子明明還是國中生的我們，現在已經是高二生了。
真的！
暑假過後，我必須交升學意願調查表。
雪乃，升學的事妳已經決定好了嗎？
……
嗯……我正在思考……
嗯？

我家只剩媽媽一個人，所以我自己必須趕快獨立，因此我打算
高中畢業後就開始工作。
就算要上大學，也必須倚靠獎學金才行，因為家裡還有個弟弟要照顧……
雪乃家原來是這樣的情況，什麼都不知道的我，居然這麼隨意的聊起升學的事……
話題好像變沉重了呢！
盪
盪
不過，我並沒有因為這樣覺得難過喔！

「你只能接受手中收到的那張牌，無論那張牌代表著什麼意思。」
如何？
這是史奴比中的臺詞喔。
這句話講得不錯吧！
每個人出生和生活的環境都不同，就算我們覺得遺憾或是羨慕別人，也不能改變什麼。所以不管之後是就職還是升學，
我都會積極的考慮看看的。
點頭

我差不多該回家啦！
嗯，我也是。
保持聯絡喔！
OK！我也會打給妳！
我意識到抱著「總之先升學吧！」這個念頭的自己，真的非常幸運。
之後上的第三次課的主題是，關於每個人的生活方式和金錢概念。
手中收到的牌啊……

3-1

比較一下生活費用吧！

生活費用會隨居住地區與生活方式不同而有所差異

生活費用就是我們每天日常生活中所花費的錢。例如：我們的住宅或公寓的租金、每天的伙食費、電費、醫療費等，每個人生活上無法避免的花費，以及購買喜愛物品的購物費、和朋友聚會的交際費、手機通話費等，能夠為我們的生活帶來便利與樂趣的花費。

我們來看看住在東京市中心的A先生和住在郊區的B先生兩人的生活費用。他們在同時期到同一家公司就職，不過A先生位於東京市中心的總公司，B先生則隸屬於郊區的分公司。兩個人的實際收入一樣是新台幣五萬五千元（約二十五萬日圓），但生活費的使用方法卻完全不一樣。

最大的差異是房子的租金。住

住在市中心的A先生

A先生的生活費

實際收入	250,000
房租	85,000
伙食費	28,000
水電費	8,000
電信費	9,800
交際費	15,000
休閒娛樂費	13,000
生活用品消耗費	11,000
醫療保健費	4,000
交通費	15,000
衣・鞋等治裝費	12,000
其他	18,000
1個月的生活費	218,800

（幣別：日圓）

休假日待在家裡觀賞電影

休假日利用網路服務，在家享受觀賞電影的樂趣。每個月定額付費，就能無限觀看，所以有時候一天會看三部電影。

偶爾跟朋友聚會

有時也會跟求學時期的朋友們一起去居酒屋聚會，不會去太貴的店，主要是和朋友一起輕鬆愉快的聊聊天。

到高級超市購物

A先生時常到高級超市購物，雖然也想到價格較為便宜的超市購買，但礙於工作繁忙，實在沒辦法去。

在市中心套房公寓大廈的A先生，租金為一萬八千七百元（約八萬五千日圓）；住在郊區一般公寓的B先生，租金是九千九百元（約四萬五千日圓）。兩人的房租就差了八千八百元（約四萬日圓）。**市中心的物價比郊區高，因此，A先生每天購物所花的錢就會比B先生多。**另外，兩人花在交際應酬、興趣、娛樂上的錢也不一樣。例如，A先生偶爾會跟求學時期的朋友們一起吃飯，假日則待在家裡觀賞線上電影；B先生則時常追星，參加偶像的演唱會，即使再遠也會不辭辛勞的跑去支持。還有，通勤時B先生是開車上班，因此交通的花費會比A先生高。A先生住的市中心雖然房租和物價都很高，但整體看起來，B先生的花費比A先生還多。

像這樣，**生活費會依據一個人居住的地區及花錢的方式等因素，出現很大的變化。**假如我們住在租金便宜的地區，不把錢花在交際應酬或娛樂上，或許無法享受有趣的生活，卻能抑制生活開銷並存錢。所以花錢花到超過自己所賺的薪水實在不是一件好事。希望大家都能留意自己生活開銷的方式，**在有限的收入範圍內，享受滿意又舒適的生活。**

外食比自煮頻繁

不會煮飯的B先生，多以外食為主。因此伙食的花費會比A先生高出很多。

長途跋涉去參加偶像演唱會

最喜愛參加偶像的演唱會，如果演唱會在住家地區，B先生一定到場支持。有時也會坐好幾個小時的電車到距離很遠的地方參加演唱會。

開車上班

為了上班及假日出遊，買了一台中古車，油錢及停車費也不少。

住在郊區的B先生

B先生的生活費

實際收入	250,000
房租	45,000
伙食費	40,000
水電費	10,000
電信費	12,800
交際費	20,000

休閒娛樂費	35,000
生活用品消耗費	8,000
醫療保健費	4,000
交通費	30,000
衣・鞋等治裝費	8,000
其他	15,000
1個月的生活費	227,800

（幣別：日圓）

3-2

生活費用因家庭及年齡而異

生活費用在我們一生中不斷變化

比較了A先生與B先生單身生活的費用，接著來看兩人生活和超過兩人的家庭生活需要多少生活費用吧。根據總務省（類似台灣的內政部）的統計（二〇一九年），每人每月的平均生活費約為新台幣三萬五千元（約十六萬日圓），兩個人的生活費約為五萬七千元（約二十六萬日圓），四個人的生活費則約為七萬五千元（約三十四萬日圓）。兩人生活的費用約為一人生活的1.6倍；四人生活時為一人生活的2.1倍。兩人和四人的生活費並沒有變成一人生活費的兩倍或四倍。原因是家庭成員變多後，雖然房租和水電費些微變高，但也因為大家住在一起，人均負擔相對變少。

當然，這些都是平均數值，實際上，**每個家庭的生活費會因居住的地區、收入以及生活模式而有些許差異**。

另外，**生活費用因年齡差異也有所不同**。二十多歲時，薪資還不多，不會花太多錢。加上許多人在這個時期還沒有生小孩，生活費也不高。到了四十至五十歲時，就會遇到子女教育費等開銷，這時候的平均生活費用則會偏高。

六十歲以後，子女皆已邁入社

占比較高的為伙食費及房租。房租是每個月固定需要支出的費用，金額因居住地區不同有很大的差異。最理想的租金費用是實際收入的三分之一。以實際收入20萬日圓為例，房租若沒有控制在6萬至7萬日圓之間，其他的費用都會受到影響。

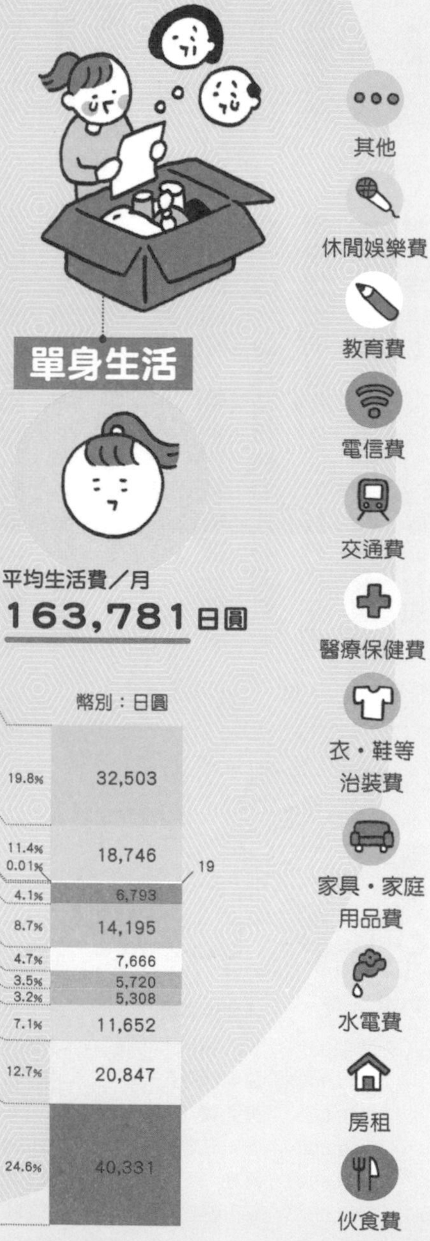
單身生活
平均生活費／月
163,781日圓
幣別：日圓
19.8% 32,503
11.4% 18,746
0.01% 19
4.1% 6,793
8.7% 14,195
4.7% 7,666
3.5% 5,720
3.2% 5,308
7.1% 11,652
12.7% 20,847
24.6% 40,331
其他
休閒娛樂費
教育費
電信費
交通費
醫療保健費
衣・鞋等治裝費
家具・家庭用品費
水電費
房租
伙食費

會工作，教育費的開銷變少，整體的生活費用也會跟著下降。不過，隨著年齡的增加，我們的身體會變得越來越虛弱，生病的風險也會跟著增加。因此到醫院看診，或是接受長照服務的負擔將逐漸加重。

與單身生活、兩人生活相比，四人生活之中，有孩子的家庭生活占大多數，因此教育費和交通費、休閒娛樂費等的費用負擔就會加重。另外，以總務省的調查來看，家庭成員達到四人之前，平均的生活費用會持續增加。但家庭成員一旦超過四人，生活成本則會呈現不太增加的傾向。

四人生活

平均生活費／月

338,650日圓

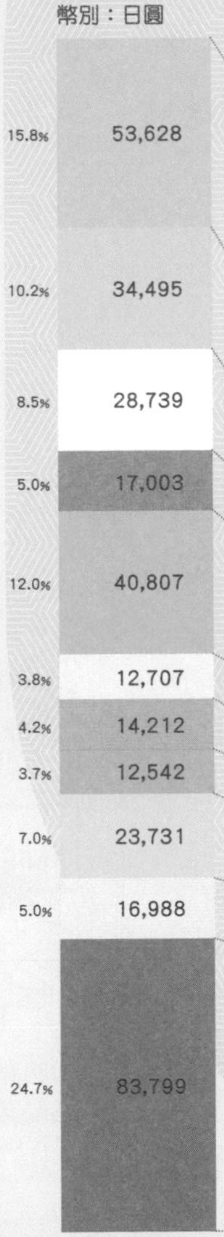
幣別：日圓
15.8% 53,628
10.2% 34,495
8.5% 28,739
5.0% 17,003
12.0% 40,807
3.8% 12,707
4.2% 14,212
3.7% 12,542
7.0% 23,731
5.0% 16,988
24.7% 83,799

我們可以看到夫妻或親子、兄弟姊妹、朋友等許多兩人共同生活的組合。如果兩個人都有工作，那麼租金和水電費等就能各自分擔一半，也能減少負擔。

兩人生活

平均生活費／月

256,632日圓

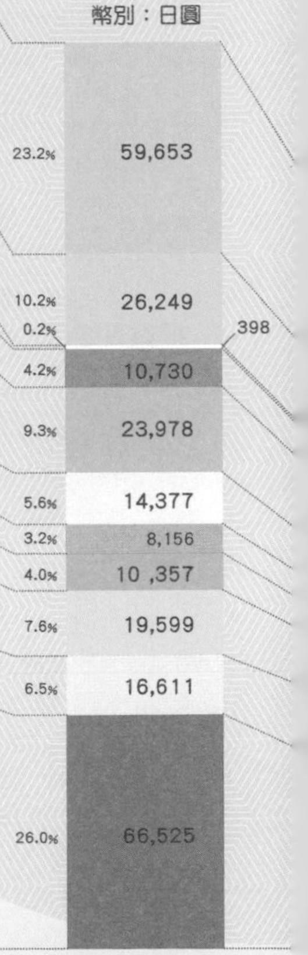
幣別：日圓
23.2% 59,653
10.2% 26,249
0.2% 398
4.2% 10,730
9.3% 23,978
5.6% 14,377
3.2% 8,156
4.0% 10 ,357
7.6% 19,599
6.5% 16,611
26.0% 66,525

COLUMN

各年齡層的生活費變化

生活費用負擔最重的時期是40歲到50歲之間。或許有不少人認為過了60歲，成為高齡者之後，不需要花太多錢也能過日子。但是若以總務省的數據來看，70歲之後，生活費用減少的人少之又少，每個月約需20萬日圓生活費用的狀況也沒有改變。

各年齡層的平均生活費

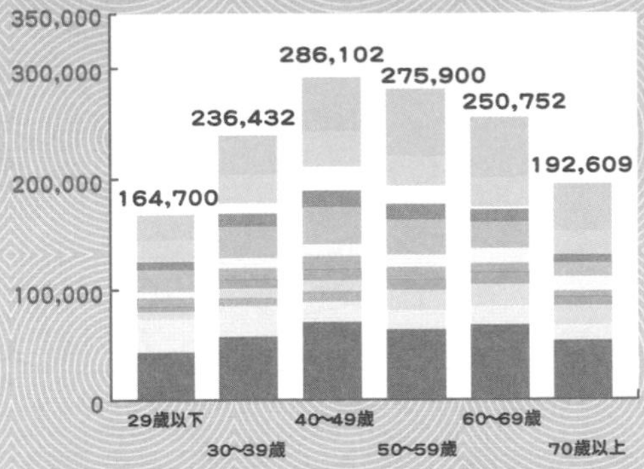
幣別：日圓
350,000
300,000
200,000
100,000
0
164,700
236,432
286,102
275,900
250,752
192,609
29歲以下
30~39歲
40~49歲
50~59歲
60~69歲
70歲以上

資料來源：navinavi保險「一般生活費的細項有哪些？按照家庭結構審查每月平均支出及家庭預算」
http://www.navinavi-hoken.com/articles/living-expenses-breakdown

三種賺錢的方法

選擇什麼樣的工作方式①

賺錢的方法有月薪、時薪、按件計酬

工作有各行各業，像上班族、老師、飲料店員、YouTuber、演藝人員等，從這些工作賺錢的方法，大致可分為「月薪」、「時薪」、「按件計酬」這三種。

「月薪」的意思是「**按月計算支付的固定薪資**」。領取月薪的工作型態有受雇於企業的正職員工和約聘員工、國家或地方政府雇用的公務員。按照年齡和工作年資發放的基本薪資，加上證照津貼、職務津貼等各種津貼，有時候也會加上加班費或勞務時間外的上班津貼。

另外，也有按照業績給予獎金（年終獎金）的情況。由於月薪是固定，因此無法賺到比這個數額更多的錢。不過，月薪中的特休制度，讓人即使一年之中休假個幾天，也能照樣領薪，放心休假。只是，工作時間往往比較長，工作所占的時

月薪　按月支付固定薪資

・正職員工、公務員、約聘員工

這個月身體不適，請假兩天，
可是薪水沒有變動喔！
收入較為穩定。
4月

公司每月定額支薪，如果運用得宜，幾乎不會遇到金錢周轉的困難。就算生病，也可以用特休請假幾天，因此不會有月薪減少的問題。

例如，上班時間固定為平日早上9點到晚上6點，但正職員工有可能加班或是假日上班。有些人會因此失去自己的時間或是忽略了自己的私生活。

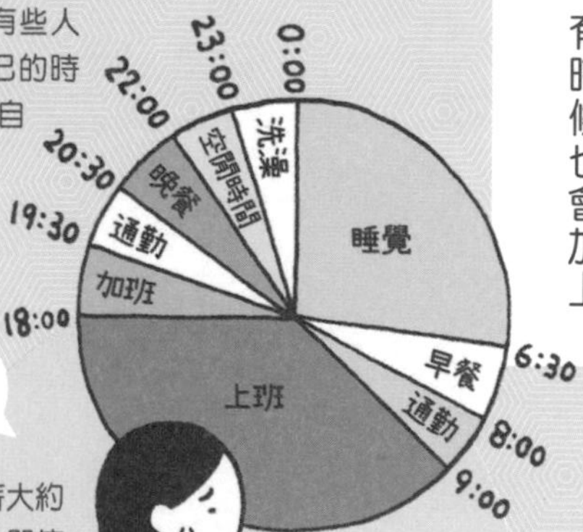
0:00
洗澡
空閒時間
23:00
22:00
晚餐
20:30
通勤
19:30
加班
18:00
睡覺
早餐
6:30
通勤
8:00
上班
9:00

好難有自己的時間喔！
我明明努力做出這麼高的業績了……

公司給予的月薪大約每年審核一次，即使在公司展現成績，也未必馬上就能獲得加薪。假如公司業績好轉，或者工作表現獲得肯定，那麼可能獲得加薪或獎金（報酬獎金）；相反，當業績下滑或工作出錯時，收入也會跟著減少。

間比率高於私人時間。

「時薪」是指按小時支付時間薪資。支薪的對象為兼職（打工）者，工作時間易於選擇，但請假時就無法得到報酬。而且配合雇主的情況減少工作量時，就會面臨工作時間減少，或不續簽勞動契約等的情況，所以是一種不穩定的工作型態。

「按件計酬」是一種以按照完成的工作量和銷售量收取費用的賺錢方法。這個方法適用於未受雇於公司的獨資經營者。（獨資經營者有增進自己的喜好及專長進而賺取收入的就職模式，或依附在公司內部學習專業知識和技能後獨立創業的模式。雖然統稱為獨資經營者，但其中也涵蓋了各式各樣的職業，如作家、漫畫家、運動員、律師等）。只要遵守工作上的合約，不僅可以自己調整工作時間和費用，還可以自己想辦法拉高營收，可說是一項收穫匪淺的工作。不過，雖然有可能賺大錢，但並不是常常都能接到工作，也有面臨根本賺不到錢的風險。

請記住，不同的賺錢方式，會帶給你不同的生活穩定程度、工作時間，以及相對應所獲得的薪酬。

時薪

按小時支付的時間工資
・兼職打工者、派遣員工

工作時間為每週4天，
1天3小時
因為請了3天假，
那幾天的時薪就拿
不到了……

有工作才能拿到錢。有自己的主業（想做的工作）、想在短時間內賺到錢的學生、家庭主婦（主夫）等人群，多會選擇這個工作方式。現在，許多由於種種原因無法成為正職員工的人，也都選擇時薪工作。這個工作型態的缺點是遇到生病等狀況請假時，無法領取那段期間的薪資，收入也會跟著減少。

按件計酬

按照產品數量、銷售數量或比例，制定每件商品所需支付的金額。
・獨資經營者

這個月畫了50多件！
這下賺夠了……

用按件計酬的方式賺錢的人，雖然能夠按照所做的工作量賺取高額的收入，但跟以時薪賺錢的人一樣，一旦休假了，就無法拿到錢。你必須培養賺取穩定收入的能力，與雇主建立良好關係，並且讓自己在發揮能力的同時，享受賺錢的樂趣以及獲得報酬的感覺。

3-4

雇用

選擇什麼樣的工作方式②

自由工作者

不受雇於公司，自己賺錢的勞動者。通常指獨資經營者或個人工作者。

［優點］

- 發揮自己的喜好與能力
- 可以自由工作
- 有可能賺大錢

［缺點］

- 收入沒有保障
- 得自己支付工作所需的成本及社會保險費
- 得自己扛起繳納稅務及經營管理的責任

正式雇用

從進入公司到屆齡退休前都有工作，並且有升職及加薪。

＊近年來，開始有一些制度允許需要撫養小孩或照護老年人的員工，縮短全職的工作時間，且保有正職員工的身分。

我很看好你！
我知道了！（但是責任會變重，感覺會很辛苦……）
人事通知

［優點］

- 在工作合約存續狀況下，可以持續上班
- 收入穩定
- 可以透過公司投保社會保險

（→p87、128）

［缺點］

- 會有職位調動或轉職
- 職務內容可能會遭重新分配，得到一份你不想要的工作
- 會遇到不得不加班或假日上班的情況

多樣化的雇用型態

「雇用契約」是讓工作者（企業等）與勞動者之間，締結一份帶有「請用這個條件工作」的合約。**雇用型態有「自由工作者」、「正式雇用」、「非正式雇用」這三種。**

「自由工作者」指的是不與企業締結專屬雇用合約的工作方式。按照個別件數的工作簽訂合約，並且獲取與受託工作對等價值的酬勞。自由工作者不受雇於企業，因此可以自己確認工作的內容和條件、承接自己想做的工作或是拒絕自己不想做的。其他像是自己開店或是經營事務所的自營業者，以及公司的經營者，也屬於「自由工作者」型態的勞動者。前一頁（3-3）的按件計酬者中，就有許多勞動者屬於這一類。

「正式雇用」是指與企業或團體、政府、地方公共團體締結專屬雇用合約的工作方式。我們所說

的正職員工，就是正式雇用的勞動者。一天工作八小時左右，在工作合約存續狀況下，可以工作到退休並且擁有長期穩定的收入。

但是另一方面，正式雇用者也會遇到工作責任重大、調職、不能做自己想做的事，每天超時工作等情況。

「非正式雇用」對工作的制約並不像「正式雇用」那樣嚴謹。「我希望能夠一邊工作一邊撫養孩子」、「我的本業是演員，所以想趁空檔時間兼職打工」等，是一種能夠按照自己的狀況做調整的工作方式。但也不乏明明還想繼續工作卻遭到解約、收入低於正式雇用等缺點。

不管哪種工作方式，都有優缺點。近年來，允許正式員工兼職的公司逐漸增加，持續推動多樣化的工作方式。但同時，也出現了不少想成為正式員工，卻苦於無法轉正而持續以非正式員工的身分工作等的社會就業問題。

非正式雇用

我退休後來當臨時工。
我是1年約的契約工。

臨時工 契約工

與公司簽訂一定期限（半年、1年左右）的契約員工。臨時工蠻多是在某個公司做到屆齡退休後，再與公司重新簽訂合約並繼續工作的。

優點
- 可以事先知道工作內容與雇用期限
- 可以投保社會保險

缺點
- 一旦沒有繼續簽約，就沒有工作
- 薪水總是比正職員工少

派遣員工

雇主不是雇用人的公司，而是派遣公司。由派遣公司將求職者介紹給徵才公司。

優點
- 派遣公司會幫忙找工作
- 得到適合自己的業種及工作
- 可以設定時間等條件
- 可以培養專業技能，累積經驗

缺點
- 派遣期有限
- 契約期滿，可能沒辦法與原先的公司再繼續簽約
- 派遣公司可能無法介紹自己期望的公司和業種

兼職（打工）

按時薪受雇的契約工。工作時間通常很短。

優點
- 只在說好的時段內工作，也可以挑選工作時段。
- 能夠和其他兼職者協調工作。

缺點
- 通常無法賺到超出時薪的錢
- 工作時間短，而且無法參加社會保險
- 可能會因公司的營運狀況而失去工作，收入也會變得不穩定

稅金與社會保險費

選擇什麼樣的工作方式③

台灣資訊
請見302頁

賺取月薪的人，可獲得公司扶持

有工作且收入固定的人有納稅的義務。2-7提到我們每個人仰賴彼此扶持，因此也必須繳納社會保險費。稅金、社會保險的繳納方式、負擔社會保險的比例以及參加年金的規則，都因工作方式不同而不同。這個章節，一起來了解這個與老年生活息息相關的重要話題吧！

首先是納稅方式。領取月薪的勞動者，月薪中會由公司預先扣除稅金和保險費。由於公司會幫忙繳納，所以不需要自己辦理任何手續。

領取時薪或按件計酬的勞動者，得自己管理和掌握自己所賺的錢、自己跑稅務局、提交文件、確認納稅額（報稅），甚至還需要自己

企業
勞動者
勞動者
國家
稅金
社會保險費
倒閉
雇用
保險津貼
由社會保險
給付
養老年金
醫療費（部分負擔）
勞災補償
其他

申辦及繳納社會保險費。

其次是社會保險費的負擔比率。領取月薪的勞動者，公司會負擔一半的健保費及年金，所以從薪資裡扣除的自付額已經是一半的費用了。另一方面，領取時薪和按件計酬的勞動者，健保費與年金費用則必須自行全額支付*。

最後是參加年金。日本所有二十歲以上未滿六十歲的國民，都要投保國民年金並且繳納保險費。但是領取月薪的勞動者，除了國民年金以外，也會投保厚生年金（養老福利金）。也就是說，他們所繳納的保險費有兩種（國民年金和厚生年金），加上所繳納的金額比領取時薪和按件計酬的勞動者多，因此到了六十五歲領取養老金時，月薪勞動者們領到的養老金也會比較多。

這樣看來，領取月薪的勞動者，因為受到公司補助，在金錢方面較有優勢，但這並不意味著領取時薪或按件計酬的工作是不好的。工作的型態與我們的生活方式密切相關，因此先了解稅金及保險費繳納方式的差異與優缺點，再按照自己想要的工作方式去做就行了。

稅金與社會保險費繳納方式不同

	領取月薪的勞動者或公司經營者	領取時薪或按件計酬的勞動者
健康保險	健康保險（健保協會或職業工會辦理） 與公司各自負擔一半	國民健康保險（地方政府辦理） 全額自行負擔
年金	國民年金 日本投保對象為20歲以上未滿60歲的國民。2022年度的投保金額為每月16,590日圓。 厚生年金 日本投保對象為70歲以下的正職員工，以及符合一定條件的非正職員工。 與公司各自負擔一半	國民年金 全額自行負擔
稅金	扣除 所得稅 住民稅	報稅 所得稅 住民稅

*即使是打工或兼職等領取時薪的非正式雇用勞動者，按照年收入及工作時間，也有可能獲得雇用單位幫忙繳納一半的社會保險費，或是參加厚生年金。公司的經營者有義務投保厚生年金。

3-6 什麼是人生的三大資金？

一起來認識人生的三大資金

人的一生中，有三件事需要花費很多錢，「教育」、「居住」、「退休」這三筆錢，稱爲人生三大資金，皆是動輒新台幣上百萬元（上千萬日圓）的費用。這些開銷大多是長期支出，不是一口氣準備一大筆錢就能應付的，因此必須好好規劃自己的生活並且按照計畫去做。

教育費用從幼兒園到大學畢業，每人所需的資金約兩百萬至五百五十萬元（約一千萬至兩千五百萬日圓）不等。國小、國中為義務教育，原則上學費不多，但光是餐費、制服、社團活動等費用，就會成為家庭的負擔。高中、大學則需負擔學費。志願學校是國立還是私立，教

台灣資訊
請見300頁

居住
◂見3-9
自己購屋的成本
2,480萬日圓
（購買中古的透天獨棟時）
4,400萬日圓
（購買新蓋好的透天獨棟時）
是透天獨棟的房子好，
還是公寓好呢？
要不要乾脆
買一間公寓？
住大一點的
比較好！
貸款會不會
很難辦啊……
真傷腦筋耶！

育費用也有很大差異。

不過，就算無法提前準備好資金，也可以利用獎學金制度，等孩子出社會後自己償還。

居住費用主要的問題在於買透天住宅、公寓還是繼續租房子住（租借房子付租金）。買房時，購買土地自建住宅者的平均花費額（建築費、土地購置費）高達約九百七十萬元（四千三百九十七萬三千日圓，二〇二〇年Flat 35使用者調查）。不過，由於有地區差異，即使購買的是中古屋也能省下一筆居住費用。你也可以選擇不擁有自己的房子，依據收入支付租金繼續租房子住。

許多人擔心退休後的金錢問題。年老後光靠退休金生活是很難的，因此最好的方式是存錢。即使超過六十歲，最好還是趁能工作的時候持續工作。雖然社會上曾經出現「若單靠國家提供的年金過活，還需四百四十萬元（約兩千萬日圓）養老金才足夠」的話題，但每個人退休後的生活費用和生活方式都不一樣，無法概括而論。

下一頁將開始說明有關教育、居住、退休的資訊。

教育
◀見3-7、3-8
真是一筆龐大的開銷啊！
從幼兒園到大學
全部都念公立學校
約1,000萬日圓
全部都念私立學校
約2,500萬日圓

幣別：日圓

區分				學費等費用總額（日圓）					總計
				幼兒園	國小	國中	高中	大學	
到高中為止讀	公立	只有大學讀	國立	649,088	1,926,809	1,462,113	1,372,072	4,592,000	10,002,082
幼兒園和大學讀	私立	其他讀	公立	1,584,777	1,926,809	1,462,113	1,372,072	6,908,000	13,253,771
國小和國中讀	公立	其他讀	私立	1,584,777	1,926,809	1,462,113	2,904,230	6,908,000	14,785,929
		只有國小讀	公立	1,584,777	1,926,809	4,217,172	2,904,230	6,908,000	17,540,988
		全部讀	私立	1,584,777	9,592,145	4,217,172	2,904,230	6,908,000	25,206,324

資料來源：幼兒園到高中依據文部科學省「平成30年度孩童學費調查」製表；大學依據日本政策金融公庫「平成30年度教育費負擔實況調查結果」製表。

退休

◀見3-10、3-11

光政府的公共養老金
就不足
2,000萬日圓!?
退休後，錢真的
夠用嗎？
只要運用得宜，
應該就不用擔心喔！

3-7

教育費用

教育需要花錢，可善加利用補助制度

我們一起來看看人生三大資金中的第一筆「教育費用」吧！從幼兒園到大學所需花費的教育費用，3-6中提到了。就算一路都念國公立學校，一個人至少也需花費新台幣兩百二十萬元（一千萬日圓）。左下圖為二〇一八年度，公立與私立學校從幼兒園到大學的學費總額。學費總額為學費（課堂費、畢業旅行、遠足、學用品、圖書費及通勤費）、餐費、課外活動費（在家自主學習或補習班上課的補習費、體驗活動或運動等其他活動費）的合計費用。私立學校的學費約為公立學校的二至五倍。生活開銷除了育兒費用之外，還有伙食費、醫療費及服裝費等項目。因此，身為監護人的父母們，在管理生活開銷的同時，也努力做好孩子的資金後援。

台灣資訊
請見300頁

或許你會擔心自己成年後，是否有能力在孩子身上付出這麼多錢。別擔心，**社會上有許多撫養孩子的補助制度**及減輕教育負擔的方法。國家或地方政府提供的兒童津貼和獎學金制度，以及民間團體或各個學校提供的獎學金等，都是我們可以充分利用的管道。所以，千萬不要因為沒有錢而輕易放棄升學。

15歲
12歲
6歲
3歲
0歲
15萬日圓
日圓的學費補助
兒童津貼
每人可領5,000日圓至15,000日圓
免費義務教育
國公立免學費
免費幼兒教育及托育服務

不過，必須注意的是，**獎學金有兩種類型，不需還款的「捐助型獎學金」與需要還款的「貸**

COLUMN

還有更多的教育補助制度

除了本章節介紹的補助制度之外，其他還有學用品、學校餐費、畢業旅行費、住宿生活費與回鄉費等補助（補助對象為3歲至18歲），以及給付大學或研究所學生工資的補助制度。任何年齡層皆有適合的補助制度，你可以試著查詢看看。另外，許多財團法人和企業也會提供獎學金制度。主要包括蘆永育英會、交通孤兒育英會、日本財團、基恩斯財團、可口可樂教育與環境財團等。申請補助時，請事先確認清楚，是屬於「捐助型」還是「貸款型」，若為「貸款型」補助，償還時是否包含利息。

22歲
18
日本學生支援機構獎學金制度
包括無息、有息和成績優秀者免償還
學費減免制度
國立及私立大學，專科學校都有此制度。
高中生獎學金福利
每人每年補助3萬日圓至
高中就學補助金制度
每年約提供120,000至396,00

款型獎學金」。貸款型獎學金指的是進入社會開始工作後，就必須逐一少額的償還貸款金額。有不少上班族表示償還獎學金很辛苦，建議先了解這一點。

依據學校類型，每個孩子每年的學費總額

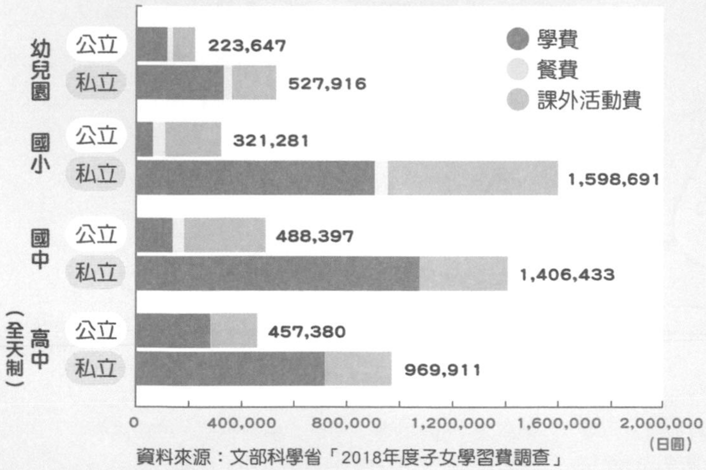
學費
餐費
課外活動費
幼兒園
公立
223,647
私立
527,916
國小
公立
321,281
私立
1,598,691
國中
公立
488,397
私立
1,406,433
高中（全天制）
公立
457,380
私立
969,911
0
400,000
800,000
1,200,000
1,600,000
2,000,000
（日圓）

資料來源：文部科學省「2018年度子女學習費調查」

學歷跟年收入有關嗎？

台灣資訊請見300頁

高中畢業後盡快獨立者與大學畢業者，工作選擇較多

「學歷」指的是一個人完成的國中、高中或大學等某一個教育階段。你或許聽過「擁有良好的學歷，就能找到高薪工作」。反過來，也有人表示「出社會工作後，學歷就沒有太大的作用了」。真實狀況是什麼樣子呢？

各年齡層的平均收入

	高中畢業	大學畢業
20～29歲	207.1萬日圓	242.8萬日圓
30～39歲	241.7萬日圓	313.2萬日圓
40～49歲	275.2萬日圓	384.8萬日圓
50～59歲	291.7萬日圓	451.6萬日圓

資料來源：厚生勞動省「資金構造基本統計調查」（2020年）製表

根據日本厚生勞動省的調查（二〇二〇年）結果顯示，男性與女性，無論哪個年齡階段，擁有大學學歷的人，年收入都高於高中畢業的人。以日本來說，大學畢業生的收入約為高中畢業生的1.2倍至1.5倍。**由此統計數據來看，大學學歷者的收入比高中學歷者高。**

近三十年來，大學升學率整體出現持續上升的趨勢。二〇二一年度

誰將來會成為高收入者呢？
我想上大學，學習政治相關的知識。
我高中畢業後，馬上就接受烹飪培訓。

B同學的志願

就讀高中的B同學，對政治有興趣，目前打算進入大學專研政治。對於大學畢業後的生涯規劃，還沒有什麼特別的想法，大概就是找個穩定的公司上班，或者當公務員。B同學能否獲得高收入和加薪機會，則視工作地點所給的薪資、本身的工作表現與業績而定。

A同學的志願

就讀高中的A同學，對念大學沒興趣，準備高中畢業後就到親戚介紹的餐廳工作，計劃將來自己開一家餐廳。不過能否獲得高收入則視本身是否有足夠的開業資金、烹飪技術和管理意識等因素而定。

的大學升學率則創下了56.6%的歷史新高。以每兩人中就有一人進入大學就讀的現況來看，規模大且薪資高的公司或受歡迎的公司所舉辦的就職活動上，時常可見同儕之間激烈的競爭。所以，大學畢業並不代表一定就能找到一份高薪的工作。

此外，也有一些人高中畢業後就開始工作、累積成果並且提升自己的工作能力與水平，或是國中畢業後創辦公司而功成名就。還有些人即使沒有大學學歷，也擁有高收入或足以維持生活的薪水。雖然就統計數據來看，「大學畢業生賺得比高中畢業生多」是事實，**但這並不表示取得大學學歷就一定賺得比較多。請理解未來的收入及生活狀況無法單靠學歷來決定。**

大學畢業

[優點]

- 對於自己想要的工作，擁有較多的選擇性
- 有時間學習、玩樂和思考未來
- 可以在大學裡學習專業領域
- 有些工作只有大學學歷者才能從事，例如醫生

[缺點]

- 考試及學費的負擔沉重
- 有可能漫無目的地過生活，白費時間
- 較晚出社會工作

高中畢業

[優點]

- 提早出社會，累積工作經驗
- 青少年時代就能自力更生賺錢
- 不需負擔大學升學費用

[缺點]

- 與大學畢業生相比，能夠選擇的職業類別較少
- 以統計數據來看，工資低於大學學歷者
- 空閒時間較少

3-9

我們應該買房嗎？

若打算買房，請趁早規劃

這個章節會向大家解釋人生三大資金中的「居住」。當你離開父母，出社會獨立生活時，你一定得找一個住處安身。一般來說，租房子時，租金最好不超過薪水（實領薪資）的三分之一。不過，雖然每月支付租金就有房子住，但通常，當手邊存了一筆錢或是打算結婚時，大家也會開始考慮買房。

購買房子時，大多數人會從自己的存款中拿出一筆錢（首付額）來支付，再向銀行借錢支付剩餘的金額。**這筆借款稱爲房屋貸款**，連同利息償還，會花上二十至三十年之久。**房屋貸款一旦還清，你所購買的房子就會成爲自己的資產，也就**

租房子

搬家時，所需支付的押金、禮金、仲介費等，大約是2至4個月的租金費用。最近，也有不用支付押金或禮金的房產物件。

［優點］

- 搬遷容易
- 可以透過搬遷控制居住的花費
- 不用負擔設備更換或保養
- 基本上除了房租（管理費）、重新簽約的手續費以外，沒有其他費用負擔

搬家時須花費搬家費用

［缺點］

- 每個月必須繳交房租
- 室內裝潢、格局規劃、設備等無法自由決定
- 年老時，可能面臨房東不願續約的情況

不再有每月的居住開銷了。

再者，**如果未來賣掉房子，也可將這筆錢當作退休後入住老年安養機構的費用。**只是，買房的人必須繳納固定資產稅等稅金，也必須自行負擔房屋的維修費用。

租房的優點是可以按照自己的收入和家庭狀況，輕鬆改變住處。加上沒有房產，就不需要繳納固定資產稅等稅金，然而，租房的缺點是必須持續支付租金，加上房子不屬於自己，也無法將它變賣換錢。邁入高齡後，會出現因為很難找到連帶保證人，而無法持續租房的情況。

買房好還是租房好？需要很長一段時間才能知道答案。每個人對房子的需求都不盡相同，因此只能根據自己想要的生活方式做決定。不過，居住與年老退休後的生活息息相關，因此，建議從小就建立運用居住費用的概念。

買房子

如果你的房子位於交通便利的區域，房價高於你原先購買的價格，你的資產價值也會增加。租房還是買房，取決於你的價值觀。

［優點］

- 以資產型態保存，如果位於交通便利的區域，房價可能會增值
- 假如房貸在退休前就還清了，就能減少年老後的居住費用
- 如果房子能夠出售，就能把自己的房子變成現金

［缺點］

- 搬遷不易
- 背著貸款，很難抑制居住費用
- 資產價值可能下滑
- 房子有時很難出售（沒有買家）
- 需繳納固定資產稅、房屋地價稅，負擔房屋維護費
- 購買公寓時，即使房貸還清了，仍須支付公共基金、管理費、停車費等費用

3-10 退休後，還需兩千萬日圓才夠生活？

老後的收支因人而異

日本金融廳於二〇一九年發表的報告書中記載了一段說明「僅靠公共退休金生活，退休後的資金還需兩千萬日圓才足夠」的內容。這個估算金額出自總務省「家計調查年報」二〇一七年的年度報告。

報告中顯示，「沒有工作的老年夫妻（先生六十五歲以上、太太六十歲以上）家庭，以每月收入二十萬九千一百九十八日圓和每月支出二十六萬三千七百一十七日圓來看，每月會出現五萬四千五百一十九日圓的赤字」。這樣的狀況若持續到國民平均壽命的歲數時，赤字額將達到約兩千萬日圓。這則訊息在社會上引起軒然大波，人們紛紛提出「至少要兩千萬日圓才夠嗎」、「國民年金已經不可靠了嗎」等疑問。（該報告成了熱門話題，所以日本金融廳在後來收回了這項報告。）

不過，這項數據是以老年無工作的家庭，也就是不再工作、倚靠存款過活的人為調查對象的。有些存款足夠的人，也有可能會花很多

可用，因人而異

A先生在一家大公司上班，60歲時屆齡退休。雖然有兩個孩子，但由於離婚，目前一個人租房子。65歲前打算先依靠退休金生活，等到65歲開始領取國民年金生活，剩餘不足的部分再用自己的存款來彌補。A先生的存款大約有1,500萬日圓，不過，他並沒有預想這樣的存款額是否足夠生活。

A先生（男性60歲）

B小姐（女性58歲）

B小姐在當地學校餐廳兼職工作。先生在60歲時辦理退休，不過因為身邊的房貸得持續繳納到70歲，因此以退休回聘的契約工身分繼續工作。夫妻兩人的共同存款約800萬日圓，雖然對自己退休後的生活狀況感到不安，但因為樂於工作，所以只要自己的身體健康，仍舊會持續工作賺錢。

COLUMN

照護費用是多少呢？

日本各年齡層的照護需求者所占的比率分別為：40歲至64歲占0.4%，65至69歲占2.9%，70歲至74歲占5.6%，75歲至79歲占12.6%，80歲至84歲占27.0%，85歲以上則占59.3%。根據生命保險文化中心所做的2018年度「全國生命保險實態調查」報告顯示，過去3年內，有過照護經驗者們的照護期平均為54.5個月，每月的平均費用約為7萬8,000萬日圓，家庭裝修和購買護理床等一次性費用平均為69萬日圓。這些全部加起來，照護所需的費用約為500萬日圓。照護費用通常由受照護者本人來支付。因此，當你在考慮是否接受照護的同時，也請存錢和評估投保私人的照護保險。

退休後是否有足夠的錢

C先生
（男性60歲）

C先生是一家蛋糕店老闆，與太太和一位孩子同住。孩子是上班族，每個月會給家裡3萬日圓的家用。C先生擁有自己的房子，房貸再2年左右就可還清。身邊的存款約2,500萬日圓，除此之外，還有從15年前開始每月花費2萬日圓的投資累計約500萬日圓總額，未來也打算持續進行投資。雖然想繼續工作到無法勝任為止，但也在考慮最後是不是要賣掉自己的房子，搬到專給高齡者居住的房子。

錢。所以並不是每人每月的生活都出現五萬日圓以上的赤字。如果不想減少自己的存款，那麼可以想辦法將生活花費控制在所領的國民年金金額範圍內；或是選擇在六十五歲之後繼續工作。

老後並非一定得擁有兩千萬日圓存款才能過活。我們不要過於依賴資訊，應當徹底地去理解內容，別讓自己受到影響。

雖然這麼說，但我想世界上仍有許多人擔心自己退休後是否有足夠的錢可用。人生一百歲的現今時代，即使退休了，後面的人生還很長，所以我們應當自覺地透過儲蓄和投資來增加手邊的資產，盡可能減少開支，並在自己還有能力工作的時候持續工作，賺取收入。

3-11

我們大約能領多少養老年金呢？

自營業或家庭主婦（主夫）

公司員工等受雇者

年金區分為兩大類

國民年金

（老年基礎年金）

原則上，居住在日本，20歲至60歲的人都要投保。

厚生年金

（老年厚生年金）

投保對象為上班族和公務員等正式受雇者。

2019年度　只領取老年基礎年金者和領取老年基礎年金+老年厚生年金者的領取額

平均年金月額
55,946日圓

平均年金月額
144,268日圓

投保年金保險是增加養老年金的關鍵

接下來看看退休後由國家給付的年金制度吧！如同3-5章節中提到的，我們投保的年金制度種類依據工作方式而有所不同，給付的金額也會依據我們繳納的金額而變動。

台灣資訊
請見301頁

每月領取薪水，受雇於企業的人或公務員，投保國民年金（領取老年基礎年金）和厚生年金（領取老年厚生年金）。因此，老後所領的年金給付額多於只領取國民年金的非正式雇用勞動者、自營業者或全職家庭主婦（主夫）。

僅投保國民年金者的給付額，即使滿額（以繳納期間40年為例）計算，每月領取額也只有六萬五千一百四十一日圓（二〇二〇年度），平均領取額為五萬五千九百四十六日圓（二〇一九年度）。另一方面，投保厚生年金者，平均每月領取額為十四萬四千兩百六十八日圓（二〇一九年度，男性為十六萬四千七百七十日圓，女性為十萬三千一百五十九日圓）。

派遣員工或兼職打工者等非正職員工，本身的收入往往低於正職員工，所能領取的年金給付額也比較低。但是，如果符合「每週工作

年金制度

也有公共年金（國民年金、厚生年金）再加上退休準備制度的型態。

第1類被保險者
如個人工商戶、兼職工。

國民年金（老年基礎年金）

國民年金基金

雖然無法與附加年金一起使用，但可以依據個人的生涯計劃決定養老年金的金額和領取金額。

附加年金

以月額400日圓計算，未來的老年基礎年金可增加的額度為200日圓×投保月數。以投保10年（＝120個月）來看，繳納金額則為48,000日圓，每年可領取的附加年金額為200日圓×120個月＝24,000日圓。

●個人型確定據出年金（iDeCo）

可自行管理自己繳納的保險費，並且建立資產的制度。60歲之後可以領取補助金。

第2類被保險者
如上班族、公務員。

國民年金（老年基礎年金）

厚生年金（老年厚生年金）

企業年金

●確定給付年金

公司依據年資、薪資等因素提供的企業年金制度。退休後，可依規定領取養老年金。

●企業型確定據出年金

公司固定繳納保險費，員工可自行透過選擇理財產品等方式管理，再於退休後領取。

●個人型確定據出年金（iDeCo）

第3類被保險者
如倚靠第2類被保險者扶養的全職家庭主婦（主夫）。

國民年金（老年基礎年金）

●個人型確定據出年金（iDeCo）

＊年滿20歲或未成年者，已投保厚生年金等年金制度的人，每年生日時會收到「年金定期通知」（也有電子版）。可以依據過去的投保紀錄查詢未來可領取的養老年金金額。

COLUMN

繳納公共年金會造成損失嗎？

少子高齡化，以及有些人覺得未來領取的退休金金額比繳納的年金保險額少而不繳納年金保險費等因素，導致公共年金制度面臨崩潰。不過，不繳納保險費就無法領取養老年金，所以必須慎重考慮。如果想在年老後不倚靠公共年金生活，就必須持續工作，或者擁有數額較大的金融資產。截至2022年，國民年金和厚生年金從領取開始算起約10年後，領取額將高於繳納額；加上從65歲開始領取養老年金，在到達平均壽命的歲數時，所領取的總額將超過繳納額的兩倍。這些也是我們應該了解的事實。

二十小時以上，工作預定期超過兩個月」等特定條件，即使是非正職員工也能投保厚生年金。

如果對老後只靠年金過活感到不安，最好的方式就是將收入存起來，或者運用每月定額投保的方式來規劃未來的生活。

結婚與生活費用

台灣資訊
請見301頁

夫妻兩人的財產屬於家庭，必須互相協調管理方法

這個章節我們要談的主題是「結婚」。以經濟面來看，結婚的優勢是生活費用比單身生活時低，結婚後兩個人住在一起的居住費、伙食費、水電費等，大多會比較便宜。但是，若以婚姻的角度來說，兩個人的情感互動比金錢來得重要。當你遇到一個相處起來很開心，讓你想主動關心，想共組家庭的人時，考慮一下結婚也不錯。在日本，截至二〇一五年，五十歲仍處於未婚狀態的人口比率（生涯未婚率），男性占比為23.37％，女性則為14.06％，這代表著結婚已不再是理所當然的事。

結婚是兩個生活方式和個性不同的人一起生活。無論是訂婚、結婚儀式和宴客等相關活動，還是想要的生活模式，要不要生小孩、要不要買房子等未來規劃，都需要雙方好好的討論。

還有很重要的一點是工作的分配，像是夫妻兩人共同工作賺錢？還是其中一人成為家庭主婦（主夫）？當夫妻雙方都工作時，各自賺的錢該如何運用（退休後的養老年金的問題）？雙薪家庭的收入比較多，也容易存錢。

不過，有時彼此也會出現像「每個人都應在社會上積極表現」、

結婚

婚禮或招待宴會的費用總額

平均**292.3萬日圓**

資料來源：2021年Zexy結婚趨勢調查

50歲的未婚人口比率

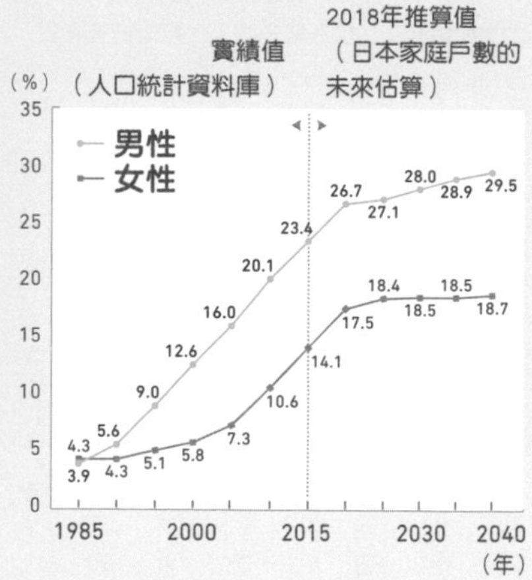
實績值
（人口統計資料庫）
2018年推算值
（日本家庭戶數的未來估算）
(％)
35
30
25
20
15
10
5
0
男性
女性
4.3
5.6
9.0
12.6
16.0
20.1
23.4
26.7
27.1
28.0
28.9
29.5
3.9
4.3
5.1
5.8
7.3
10.6
14.1
17.5
18.4
18.5
18.5
18.7
1985
2000
2015
2030
2040
(年)

日本的未婚率持續上升。預計到了2035年，50歲時仍未婚者的比率，男性每三人即有一人，女性每五人即有一人。

資料來源：厚生勞動省官網

「因為想把家庭放在第一位，所以不想去工作」等意見相左的時候。**夫妻雙方選擇什麼樣的工作方式，也意味著彼此如何磨合時間的分配。**例如，孩子生病時，夫妻就必須相互討論、體諒及支持，改變彼此的工作方式，以應付這些狀況。**錢對我們來說雖然很重要，但就婚姻和共同生活而言，還有其他比錢重要的事物。**

生育

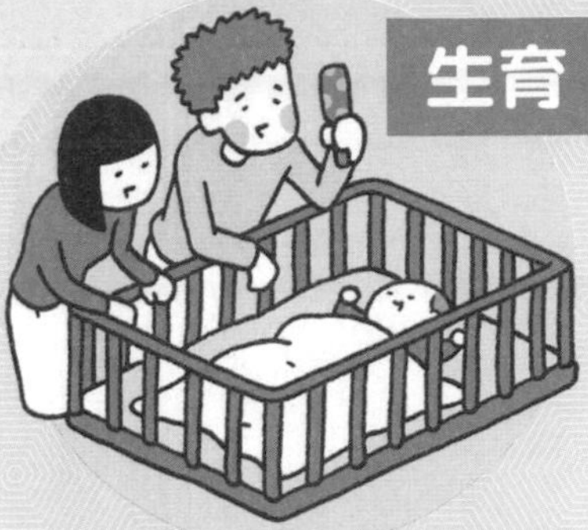

投保各種健康保險或國民健康保險者，可一次性領取42萬日圓（截至2022年1月）的生育補助金。

生育費用
平均46.7萬日圓

資料來源：厚生勞動省「生育費用實況掌握調查研究（2021年度）結果」

COLUMN

什麼是「受扶養人」？

扶養指的是從家人或親戚那裏獲得經濟上的援助。一般結婚後成為全職家庭主婦（主夫），由有收入的先生（太太）扶養的人，稱為先生（太太）的「受扶養人」。

受扶養人所需繳納的稅金較少，且無須繳納健康保險費。另外，先生（太太）若有投保厚生年金，太太（先生）也無須繳納國民年金保險費。為了符合受扶養人的資格，不能處於高收入的狀態，因此有些家庭主婦（主夫）會規劃時間，從事兼職工作。

然而，這種制度對於繳納稅金和社會保險費的雙薪夫妻來說並不公平。另外，也有人認為，這些長期執行的制度，阻礙了女性在社會中的進步，應該被重新檢視。

夫妻的工作模式與生活型態

A小姐夫妻兩人的狀況

A小姐是在區公所上班的公務員，她的先生則在一家公司的會計部門工作。因為夫妻雙方都有工作，所以共同分擔家務；時常吃外食或利用外送服務，因此伙食開銷較高。夫妻兩人假日時，會一同開車去旅行，放長假時則選擇海外旅行，因此娛樂愛好的開銷也不少。不過，因為現階段並沒有考慮生小孩，所以第一順位就是開心享受兩人生活。

B先生夫妻兩人的狀況

B先生在一家大型廣告公司上班，太太則是保險公司的派遣員工。目前夫妻兩人皆忙於工作，但打算三十歲之後生小孩，因此B先生希望太太到時候能夠辦理停職，自己也計畫孩子出生後，辦妥育嬰假來協助太太。兩人也討論過，如果可以，希望擁有兩個孩子。

3-13

別把錢放在第一順位

A先生和B先生的情況

就職於某公司的A先生和B先生都是30多歲，年收入皆為380萬日圓。A先生的太太是兼職人員，兩人育有一位小孩。B先生則是單身。

A先生過著每天下班回到家就做家事、顧小孩的生活。即便想預先存孩子的教育費，手上能夠自由運用的資金卻不多。雖然比較辛苦，但和家人在一起的生活令他感到很幸福，如果經濟允許，打算再生第二個孩子。

B先生可以把時間和金錢花費在自己的愛好上。因為自己的年收入不高，所以一直逃避談感情。現在的生活很自由，不過因為自己也喜歡小孩，所以也曾想過未來結婚生子後，自己的生活會變成什麼樣子。

你能夠不倚賴錢過生活嗎？

請不要只用「錢」來衡量人生

解釋了生活所需的錢以及伴隨人生選擇而來的費用。接下來，將告訴大家本章最後兩個重點。

首先，要跟大家說的是本章所提供的數據為平均值。我們經常在各大新聞報導中看到平均值，卻往往不會拿自己與平均值做比較。平均值實際上可能是種危險的數據。例如，當我們調查一百人的平均年收入時，年收入五百萬日圓的有九十人，剩餘十人的年收入為一億日圓，以平均年收入來看，則變成每人一千四百五十萬日圓，但我們無法以這個數據來代表實際的狀況。收集的數據數字越大，平均值也會跟著大幅提高，因此，**我們必須小心，別太在意平均值。**

第二個重點是，不要把錢當作人生選擇的第一要件。當你的人生有想做或是想要的事物，例如想做的工作、打算結婚或是買房子時，即便無法擁有安逸的生活，你也應當好好地重視這些想法。如果你抱著「不知道怎麼辦時，就選擇不太花錢或是煩惱較少的」的想法做抉擇，你將會不滿意自己的生活，或者到最後捨棄了「富足人生」這個最重要的想法。

人生的目的並不是要有錢。**錢只是一種使生活變得更加美好的工具。**重要的是我們自己要知道該怎麼做才能滿足。也要了解，與他人比較或關注平均值等行為，是沒有意義的。掌握所需的費用、思考如何運用這筆費用雖然很重要，但是我也希望你不要因此過於不安，甚至抑制合理的購買慾，或壓抑自己，拒絕享受和體驗。

COLUMN

效用與機會成本

我們透過用錢購買物品和享受服務的方式滿足自己的需求。這時內心感受到的滿足，在經濟學上稱為「效用」。這裡所提到的效用，取決於個人的感受。也就是當一個人內心感到高度滿足時，就表示他們正確的花費了自己的錢。

還有一個我們應該理解的經濟概念是「機會成本」。這個概念指的是，當我們採取某一項行為時，就無法去做另一項行為。舉例來說，你去補習班上課，就犧牲了和朋友一起出去玩的機會；買了一項商品就沒辦法再買另一項等等。當我們用這個概念來思考時，你是否覺得應該好好重視每天所做的日常行為以及用錢的方法呢？請你做出讓自己能夠獲得高度滿意（效用）的最佳選擇吧！

C先生和D小姐的情況

C先生為一名舞台布置的自由業者，年收入約300萬日圓，因為從事的工作與自己喜愛的舞台表演相關，因而覺得生活很幸福。C先生的朋友D小姐，也和C先生做過同樣的工作，不過因為「想要更加穩定且薪水更高的工作」，所以辭掉了舞台布置的工作，到年收入500萬日圓的IT公司上班。原本高興地想著「這樣就能存錢了」的D小姐，對於不是自己真心喜愛的IT工作，覺得越來越痛苦。D小姐看到熱情投入工作，總是說著「生活就是要開心啊！」的C先生時，就會思考自己是否做了正確的選擇。

【總結】

3-1
生活費用依據居住的地方及用錢的方式
（生活方式）而有很大差異。
重要的是要思考自己的收入
適合哪一種生活方式。

3-2
生活費用也會隨一起生活的人數
和自己的年齡而改變。

3-3
賺錢的方式有「月薪」、「時薪」、
「按件計酬」這三種。
每種方式的穩定性、工作時間
和收入金額都不同。

3-4
雇用的型態分為「自由工作者」、「正式雇用」
和「非正式雇用」這三種。
每種型態都有優點和缺點，
但「非正式雇用」面臨的問題比較多，
如勞動契約突然終止或收入較低等。

3-5
按月領薪者與時薪工作者、按件計酬者，
稅金及社會保險費的繳納方式、比例、
以及投保年金的制度規定都不一樣。

3-6
「教育」、「居住」、「退休」
稱為人生三大資金，
動輒就需花費數千萬日圓。
計劃性的儲蓄很重要。

3-7
國家、地方政府和民間團體對於「教育」
給予充足的補助。
獎學金分為不需還款的「捐助型獎學金」
與需要還款的「貸款型獎學金」。

3-8
根據統計顯示，
大學畢業生的收入高於高中畢業生，
但無法保證上大學就能賺更多錢。
收入無法以學歷來單一決定。

3-9
「居住」可選擇買房或租房。
假如你選擇買房子，你必須支付房貸和
維護費用，但它的優點是能夠保留作為資產。
相反的，如果你選擇租房子，
雖然擁有搬家容易等優點，
但須每月支付房租。

3-10
「退休後，還需2000萬日圓才夠生活！」
這個話題在日本社會引發熱議，
不過，每個人對於金錢需求都不相同。
只要減少開銷，退休後持續工作、維持收入，
就不需太過擔心。

3-11
年金分為企業雇用的員工和公務員投保的
「厚生年金」，以及居住在日本、
20歲至60歲的人都要投保的「國民年金」。
投保厚生年金的人，
退休後所領的年金給付額較多。

3-12
我們必須與結婚伴侶充分討論
夫妻財產的運用與家庭時間的分配。

3-13
與錢有關的平均值數據，
收集的數據數字越大，平均值越有可能拉高，
出現與實際情況不符的現象。
因此別太在意平均值。

3-13
人生的目的不是要有錢。
錢只是一種使我們的生活
變得更加美好的工具。

CHAPTER

4

完美的理財方法

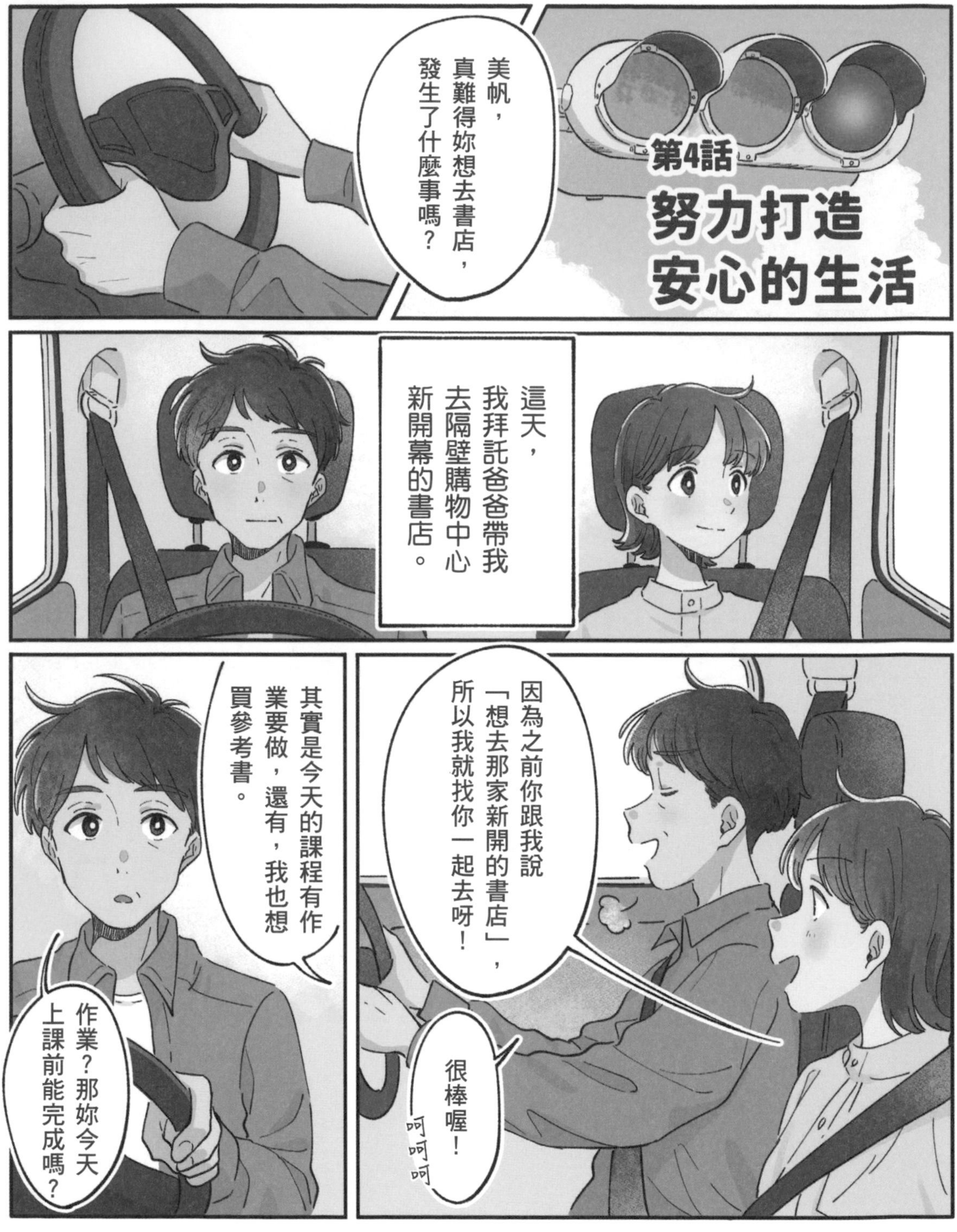
第4話
努力打造安心的生活
美帆，真難得妳想去書店，發生了什麼事嗎？
這天，我拜託爸爸帶我去隔壁購物中心新開幕的書店。
因為之前你跟我說「想去那家新開的書店」，所以我就找你一起去呀！
很棒喔！
呵呵呵
其實是今天的課程有作業要做，還有，我也想買參考書。
作業？那妳今天上課前能完成嗎？

雖然是作業，但其實也不是什麼很難的事，就只是「到書店看看有哪些理財相關的書」而已。
這樣啊！
書店旁邊好像有一家咖啡館，我們順道去看看吧！
離上課還有一些時間
最近附設咖啡館的書店變多了呢！
我找到一張蛋糕打九折的優惠券了。
COUPON
10%
妳很認真喔！
美帆，那這次就由妳請客了喔！
沒問題！

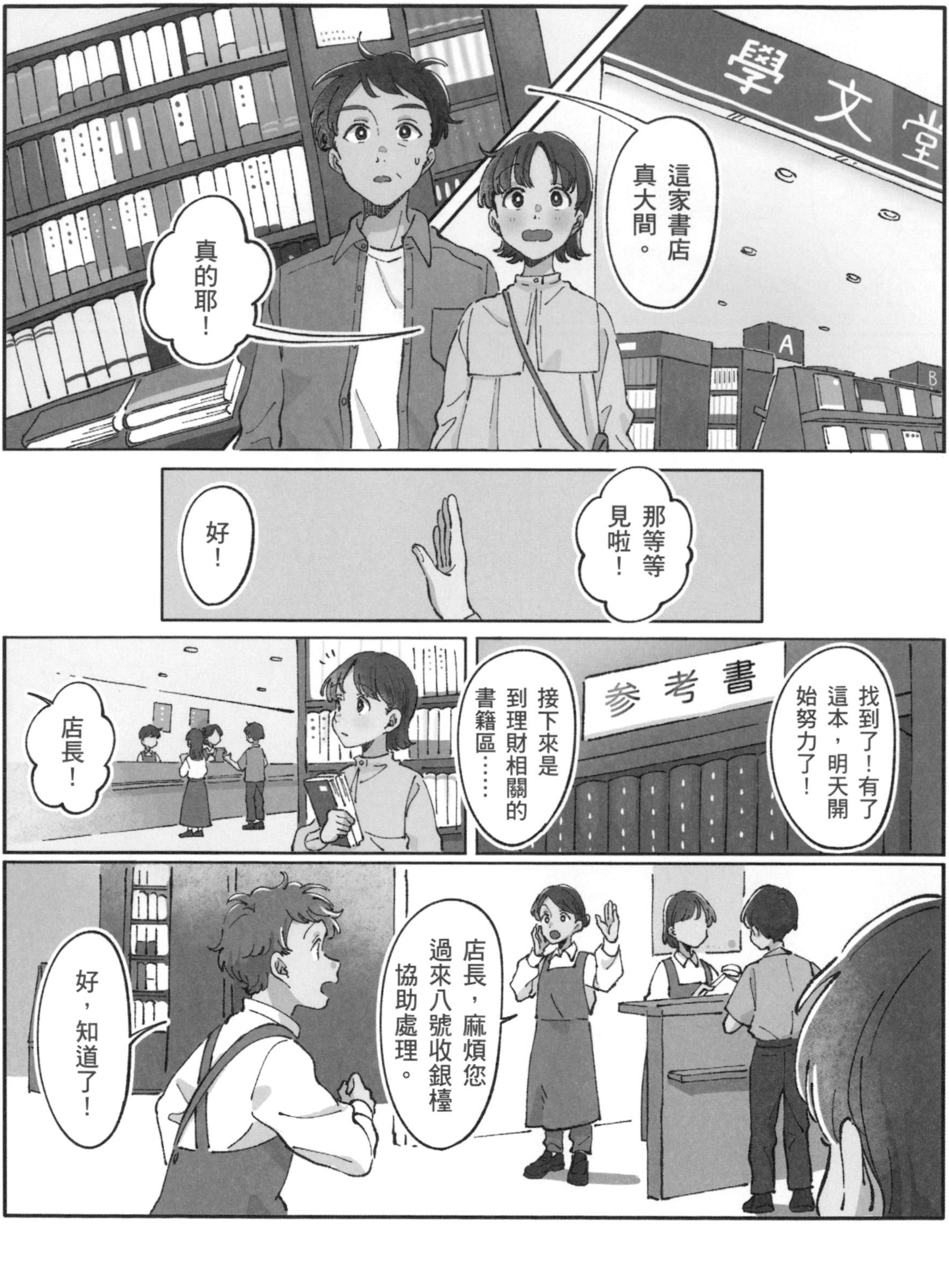
學文堂
這家書店真大間。
真的耶！
那等等見啦！
好！
參考書
找到了！有了這本，明天開始努力了！
接下來是到理財相關的書籍區……
店長！
店長，麻煩您過來八號收銀檯協助處理。
好，知道了！

看起來好像很忙……
工作好辛苦
嗯，有關理財的書籍……
妳是哪一類型？
儲蓄 or 投資
FX 必勝法
徹底了解
年金
連我這樣的懶人都能做到！
1000 萬日圓
人生第一桶金的儲蓄方法
初學者的
投資
NISA
iDeCo
超級多的！
站著看書的人還蠻多的……
有儲蓄、投資、保險、年金等各種類別的書。
也有好多適合初學者閱讀的書，有適合二十世代的人閱讀的嗎？
20世代的你
應該了解的
與金錢息息相關的事
原來，大家都想了解理財相關的事啊……。

啊
爸爸在那邊。
爸爸
喔，找到妳要的書了嗎？
闔上
嗯，我選好參考書了，也順便翻了一下理財的書。
50世代的自己
不留遺憾的生活方式
太好了！那我們走吧！
CAFE
B

蛋糕真好吃！
太好了。
大學的課是三點開始嗎？
嗯，從這裡走去大概十五分鐘。
今天看到嚇了一跳，有關理財的書居然這麼多。
嗯，確實是呢。
這些關於理財的事，爸爸是從幾歲開始學的呢？
喀
嗯，這個啊……每個人的情況都不一樣。

我在二十多歲時還不是很懂。因為那時我看不太懂薪資單的明細……
上班族在十二月時會有一次年末調整，但我那時並沒有真正去理解，就只是照著公司的指示去做而已。
爸爸，原來你是這樣的人喔？
不是的，二十多歲的年輕人，大多都是這樣的。
不懂的不是只有我啦！
為了面子，我先聲明一下……
我應該是在結婚前開始學習理財的吧！
原來如此。

像是了解一下買房的頭期款需要多少，然後考慮在結婚之前存好錢，
還有計算每個月的貸款額有多少。
美帆出生之後，我也學了很多東西喔！
例如，開始研究保險，預想哪天自己病倒了，該怎麼做……
或是開始學習投資，讓美帆在上大學時，能有更多資金可以運用。
以及，開始注意自己將來能領到多少退休金等等……

總之，透過親自體會與思考，讓自己越來越了解人生的三大資金。
就是教育、居住、退休，對吧？
這個之前教過了！
了解各種制度，聰明理財，對生活的不安就會減少，並且過得更輕鬆。
像保險、投資和社會保障
所以，妳今天去大學上的課很重要喔！
加油！
嗯！
爸爸……
嗯？
……
沒……
沒事……

我差不多得去上課了。爸爸，請幫我把參考書拿回家就好了。
啊，我知道了。
欲言又止的這句「謝謝」，我先放在心裡，
總覺得現在，還不是說出口的時機……
我每天能夠如此輕鬆、無憂無慮的上學和生活，
是因為爸爸媽媽，他們努力工作，用心的思考如何理財。
但是，我不能再這樣任性了。
我一定要成為一個獨立自主又優秀的大人。
父女對談時，我對自己立下了這個誓言。

4-1
錢的六大功能

錢有六大功能

「錢」是使我們的生活變得更加美好的工具。好好理解這項工具的功能，就可以善加利用。接下來將帶你了解錢的六大功能，讓你學會聰明用錢。

首先來看「賺取」、「使用」、「儲蓄」這三個功能。還沒進入社會的人，對這三個功能多少也有些概念。可以將「賺取」、「使用」、「儲蓄」想像成下圖的水杯，將水龍頭流出來的水與溢出杯子的水，分別視為收入和支出，杯中收集的水是儲蓄。如果水龍頭沒有水流出來，那麼不僅無法儲存也無法使用，**所以最重要的是「賺取」，第二重要的是「使用」**。

有錢卻不花是沒有意義的，我們必須用錢去交換其他東西，才能

1 賺取
◆參考第6章
「錢」必須透過工作來賺取。賺取收入是生活來源的基礎。為了享受充實的人生，找到適合自己的工作方式也很重要。
2 使用
◆參考第6章
善加使用賺到的錢，享受充實的人生。對你自己而言，除了日常生活所需的花費以外，一定還有其他更有意義的用錢方式。
3 儲蓄
◆參考4-2～4-4
必須重新檢視家庭收支，以利儲蓄。重要的是重新檢視後，設定目標並開始存錢。

使錢擁有意義。「儲蓄」則代表著收入與開銷之間的差額。

另外三個功能分別是：與稅金相關的「納稅」和「投保保險」；以備不時之需的「準備」；藉由投資「增加財富」。雖然許多成年人沒有真正理解這三項功能也還是能夠生活，但確實了解的人，比較能讓自己生活得更加舒適。希望你從現在開始了解，別等到了一定年齡之後才後悔「沒有從年輕時開始了解投資和保險」。

「賺取」、「使用」、「儲蓄」、「納稅」、「準備」、「增加財富」這六項功能，本章將詳細討論其中的四項，分別為「儲蓄」、「納稅」、「準備」、「增加財富」。（「賺取」、「使用」的部分將在第六章說明）。請你徹底理解每項功能，幫助自己規劃未來的人生。

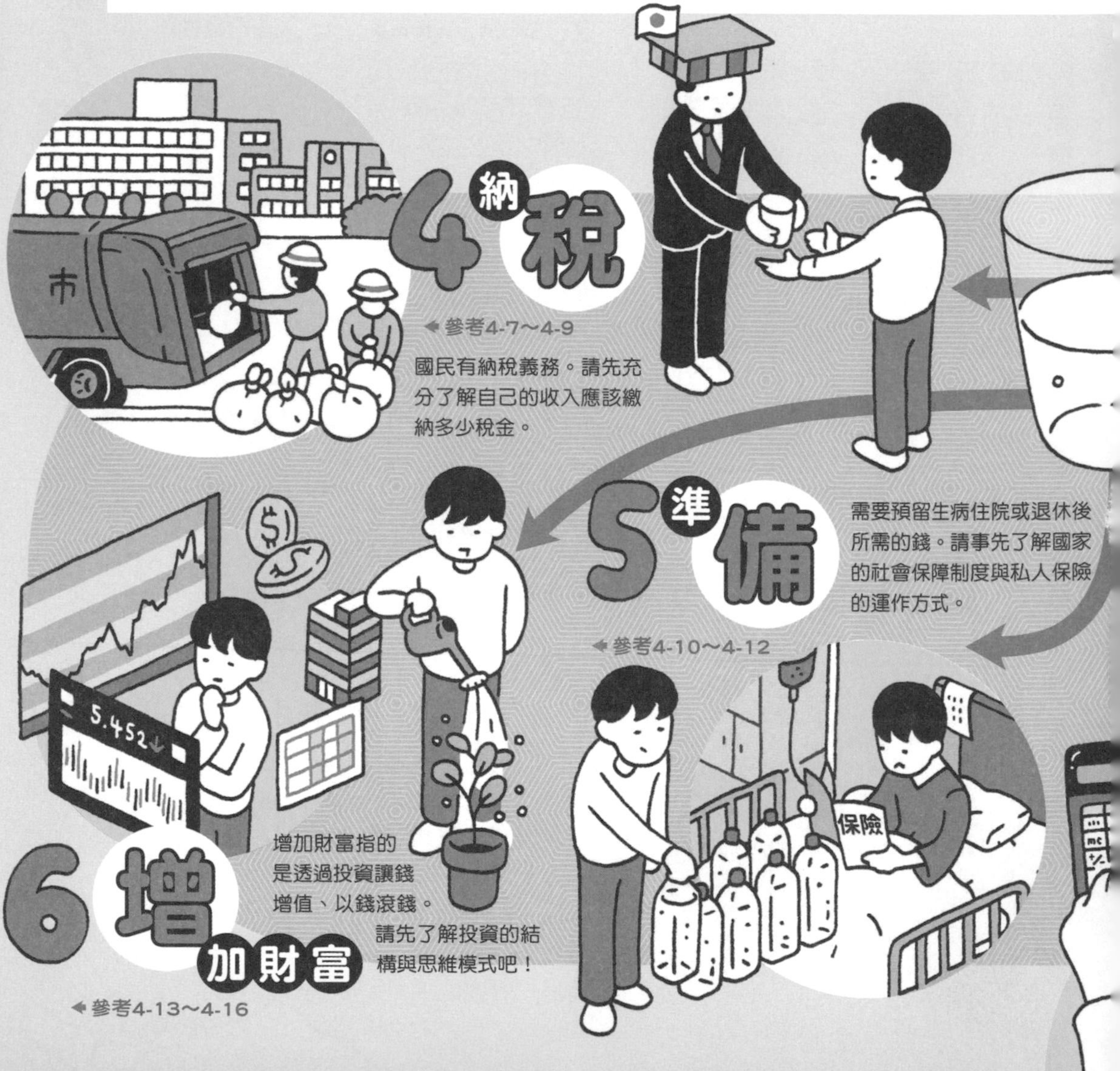
4 納稅
參考4-7～4-9
國民有納稅義務。請先充分了解自己的收入應該繳納多少稅金。
5 準備
需要預留生病住院或退休後所需的錢。請事先了解國家的社會保障制度與私人保險的運作方式。
參考4-10～4-12
保險
5.452
6 增加財富
增加財富指的是透過投資讓錢增值、以錢滾錢。
請先了解投資的結構與思維模式吧！
參考4-13～4-16

4-2

我們應該存多少錢？

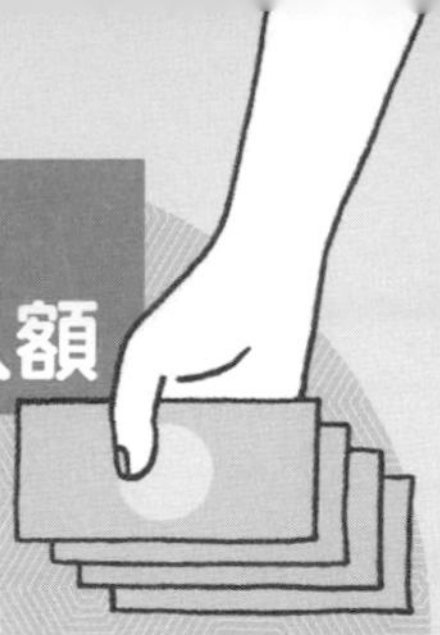

預計儲蓄1年的年收入額

例如：

花5年儲得1年的年收入額

每月實得薪資為20萬日圓者，5年內可存下240萬日圓，相當於1年的年收入額。

月收入		年收入
20萬日圓（實得薪資）	＝	240萬日圓

每個月存4萬日圓，5年後就能存到1年的年收入額

4萬日圓 × 12個月 × 5年 ＝ 240萬日圓

持續10年後……

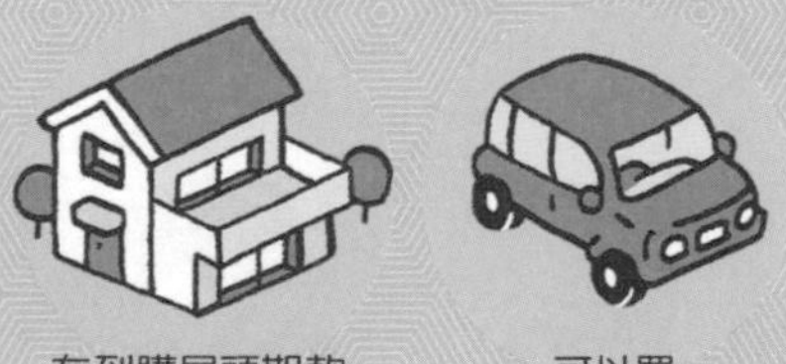

存到購屋頭期款480萬日圓

可以買240萬日圓的車

最理想的儲蓄金額為

月收入（實得薪資）的20%

不管是盲目存錢的人，還是把錢放著不花的人，人生都會變得很無趣。另外，請你記得，即使存再多的錢，死去後你也無法使用。

重點在於決定儲蓄的目的與儲蓄的期限

接著，要跟大家聊聊「儲蓄」這件事，不過請記住「錢只有在你花掉後，才能帶來滿足感」。**假如生活的目的只是存錢，單純的看著存款金額持續增加，你的生活可能會變得很無趣。**請給自己一個目標，想想錢應該怎麼花？或是應該存多少錢？

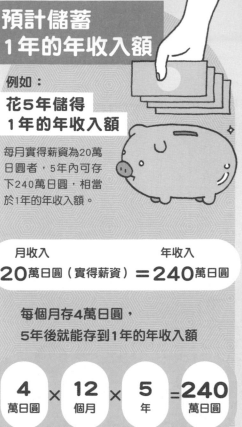

一旦開始工作並且擁有收入後，就可以自由的使用這筆收入。雖然說理想的情況是每天健康的持續工作，可是我們也有可能因為意外或疾病而無法工作。為了應對這類情況，建議在工作剛起步時，就抱著這樣的目標：存下等同於一年年收入額的錢。**最理想的狀況是將月收入（實得薪資）的20%存起來，花五年左右存下一年的年收入額。**不過，假如很難做到的話，也可讓自己放慢腳步，慢慢存錢。

其他需要用錢的人生大事還有結婚、生育、養育孩子、買房等。如

果你有這樣的人生規劃，那麼，即使存足一年的年收入額，也有可能需要繼續儲蓄，甚至必須利用投資來增加手上的資金。

可以參考左邊表格，依據年齡層劃分每戶家庭（家庭人數兩人以上）持有的金融資產額。表中除了「存款和儲蓄」（排除日常性的存款與提款的錢）外，也包含股票等「有價證券」和儲蓄類型的「保險」。此表的數據大致都是平均數和中位數，無論是超過還是低於表中的金額，都不代表生活順遂或艱辛。重要的是，根據自己的生活水平來設定未來需要的資金額，並且養成儲蓄的習慣，以實現目標。

每戶家庭持有的金融資產額（2021年）
（包含沒有金融資產的家庭）

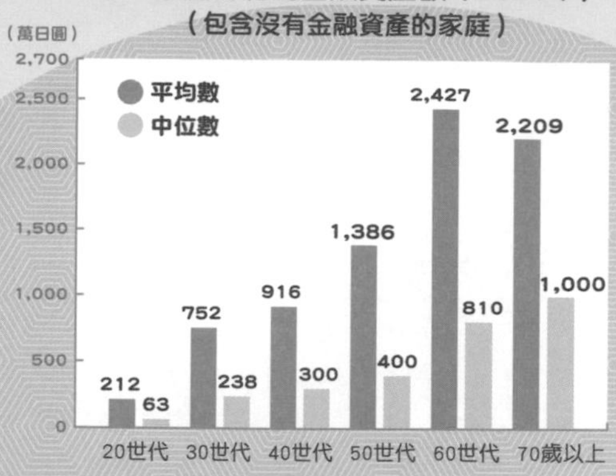
（萬日圓）
2,700
2,500
2,000
1,500
1,000
500
0
平均數
中位數
212
63
752
238
916
300
1,386
400
2,427
810
2,209
1,000
20世代
30世代
40世代
50世代
60世代
70歲以上

資料來源：金融廣報中央委員會「家庭金融行為民意調查」（針對兩人以上的家庭進行調查）

極端的例子

以五人成員為例，來思考看看…

5人合計
1,060萬日圓
÷
5人
865萬日圓
80萬日圓
63萬日圓
52萬日圓
0日圓
平均數
212萬日圓
中位數
63萬日圓

平均數與中位數

20世代者持有的金融資產額的中位數為63萬日圓。「中位數」是指從上到下依序排列時，恰好位於中間的數值。平均數（212萬日圓）為中位數的三倍之多。這顯示了少數的富裕者正在拉高平均數值。

儲蓄也會隨著家庭生活而改變

50世代
60世代

存款額最高。撐過撫養孩子的時期，家庭財務的壓力會變得較輕，加上可以提領退休金，被認為是存款額較多的一群人。

30世代
40世代

正處於育兒、教育及居住負擔都很重的時期。就算收入與年齡成正比，也很難增加存款額。

20世代

剛開始工作，收入不高。由於錢多花費在娛樂休閒等方面，呈現存款較少的狀態。

4-3

我們該如何存錢？

檢視家庭收支，改善後再存錢

首先要做的就是「掌握家庭收支狀況」，先審視自己的收入與開銷，了解每個月還剩下多少錢能存下來。

左圖將一位單身上班族（三十四歲以下）的年收入除以十二，計算出每月的平均家庭收支。當你擁有收入時，就有錢繳納稅金、社會保險費等稅務，這些無法隨意使用的錢稱為「非消費性支出」。收入扣除這部分支出，就是「可支配的所得」，也就是所謂的「實得薪資」。這筆錢雖然支撐著我們的生活，但仔細看圖表就會發現，在「消費性支出」的明細中，包含了「食材費」、「居住費」等各種小項目。

圖表中雖然出現每月十四萬兩百九十三日圓（一年約一百六十八萬日圓）的黑字金額，但這個數據只是個平均值。實際上許多人的存款無法達到這個數值。

單身家庭（34歲以下）中勞動者戶的家庭收入與支出（幣別：日圓）

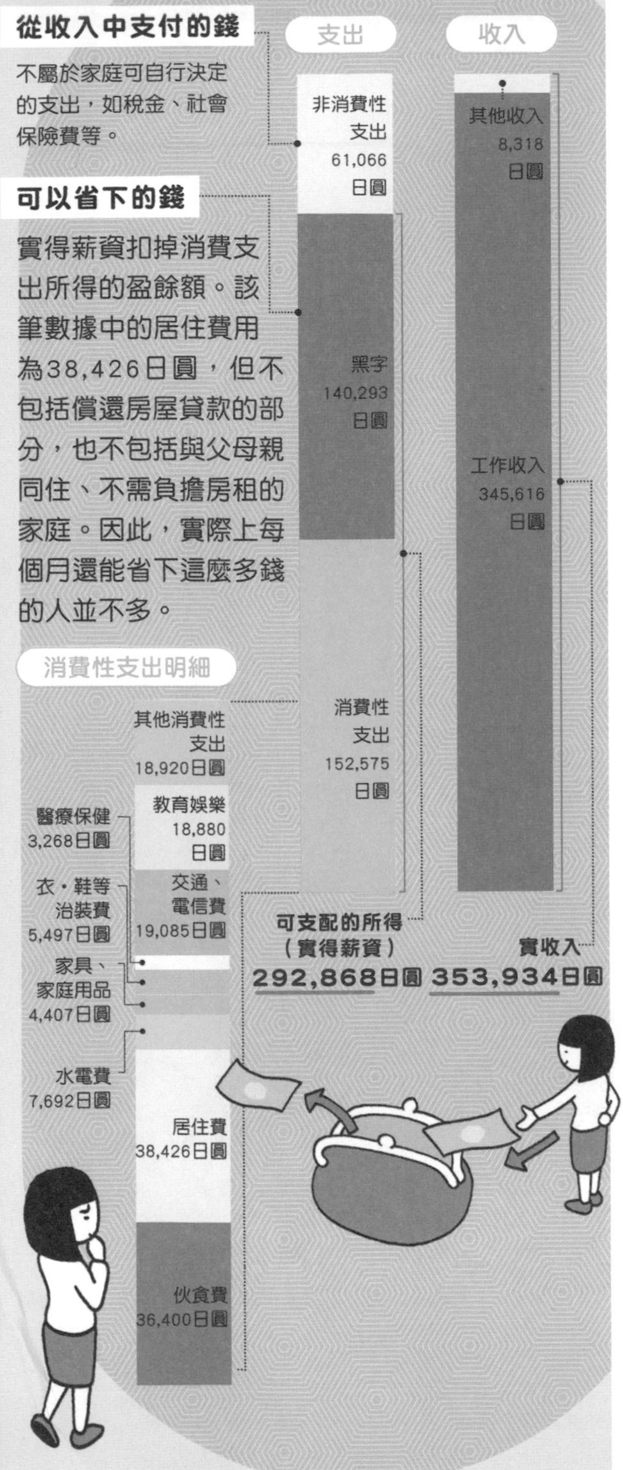
從收入中支付的錢
不屬於家庭可自行決定的支出，如稅金、社會保險費等。
可以省下的錢
實得薪資扣掉消費支出所得的盈餘額。該筆數據中的居住費用為38,426日圓，但不包括償還房屋貸款的部分，也不包括與父母親同住、不需負擔房租的家庭。因此，實際上每個月還能省下這麼多錢的人並不多。
支出
收入
非消費性支出 61,066日圓
其他收入 8,318日圓
黑字 140,293日圓
工作收入 345,616日圓
消費性支出 152,575日圓
消費性支出明細
其他消費性支出 18,920日圓
教育娛樂 18,880日圓
醫療保健 3,268日圓
交通、電信費 19,085日圓
衣・鞋等治裝費 5,497日圓
家具、家庭用品 4,407日圓
水電費 7,692日圓
居住費 38,426日圓
伙食費 36,400日圓
可支配的所得（實得薪資）292,868日圓
實收入 353,934日圓

重新檢視支出並改善

重新檢視購物狀況

雖然沒有必要太過節儉，但請確認一下自己是否有盲目消費，或是太過奢侈。

重新檢視固定費用

房租和房貸都是金額較大的支出。理想的情況是這筆支出應當少於實得薪資的三分之一。另外，請留意並重新檢視電信費和電費的契約，你將會發現更便宜的方案。

改善儲蓄的方法

每個月收到薪資後，先將每個月想存的錢存入儲蓄帳戶，就能節省固定的金額。用剩餘的錢來維持收支平衡，或許較能安心的生活。

掌握收入與支出

以企業員工來說，可以藉由查看薪資單明細來了解自己的收入。非企業員工的人，將自己的年收入額除以12就能計算出月收入額。不用詳細計算所有明細，請你大略紀錄一下，掌握自己的支出狀況。常見的支出有以下幾種。

固定費用	每月固定開銷
住宅費	如房租、房貸
水電費	如水費、電費、瓦斯費
電信費	如手機通話費、網路費
保險費	如人壽保險、醫療保險、長期照護險
汽車相關費用	如車貸、維修費、停車費

變動費用	因應每月生活所需而變動的費用
伙食費	如食材費、外食費、菸酒費
日常用品費	如牙膏、衛生紙
治裝費	如衣服、鞋子、服飾配件
美容費	如化妝品、美容院花費
交際費	如跟朋友的聚餐費、購買禮物的花費
娛樂費	如買書或電影票的花費
交通費	如捷運票或巴士票的花費、加油費
教育費	如孩子每個月的補習費和教材費
醫療費	如醫院看診費、住院費、藥費
雜費	不適用於上述這些經費項目的支出

建議總是無法存錢的人重新檢視自己每月的花費項目。例如：居住費、電信費、水電費等固定費用。每月的花費額雖然幾乎相同，卻可以透過選擇住在租金較便宜的地方，或是簽約費用較低的電信和水電公司等方式來減少。

另外，利用「家庭收支簿」來檢視日常生活中的小額支出也是個不錯的方法。購物時向店員拿取發票，每月月底確認自己的花費後，記錄在家庭收支簿上。現在也有利用手機管理的應用程式，有興趣的人可以嘗試看看。

本章節的重點並不是非得要你極度節省的存錢，而是請你了解自己花了多少錢、把錢花到哪裡了，然後減少不自覺的無謂浪費。如此一來，就能讓自己輕鬆的存錢。

4

存不了錢的人，有哪些特質？

隨時檢視日常生活的開銷，讓自己成為存錢達人吧！

許多人會認為收入低就存不了錢。事實上，增加收入是一種存錢的方法。可是，有些人就算擁有不錯的收入，存款額卻仍舊是零。這些人都擁有什麼樣的特質呢？請你試著思考一下這些人的行為模式。

下面列出的五種型態的人，他們的共同之處就是「不關心支出」。雖然很感謝他們帶動經濟，不過希望這五種型態的人日後不會為身邊沒有足夠的錢過生活苦惱。

另外還有信用卡，就算手邊沒有現金也能付錢，這點非常方便。而且，最近也有刷卡累積點數等不

習慣浪費的人

有些人喜歡透過花錢購物來紓解壓力。因為目的是買東西，所以即使已經擁有類似的物品了，仍舊會花錢購買。這樣偶爾為之不算一件壞事，但要確保不要讓自己養成浪費的習慣。

不反思自己花錢方式的人

有些人覺得自己存不了錢，卻懶得去回顧自己的花錢方式。如此一來，無論花費多久的時間，都處於無法存錢的狀態。因此，反思自己把錢花在哪裡很重要。

不斷追求奢華生活的人

有些人即使賺了很多錢，也只會不斷的將賺來的錢用於提升自己的生活水平。例如，住房租昂貴的房子或是購買頂級名牌等。生活水平一旦拉高，將很難再下降。無止盡的追求奢華，最終只能過任錢擺布的人生。

錯的優惠。

使用信用卡付款，就好比給未來的自己留下一筆債務。而且，有的付款方式可能會額外產生手續費，造成不必要的支出。最佳的付款方式是不會產生任何手續費的一次付清。因此，必須在銀行帳戶裡存一些錢。

預借現金、信用卡貸款，都是銀行和消費信貸企業所提供的服務，實際上這些行為也等同於借錢。加上利率高達18%，請不要輕易嘗試。身陷償還高利率的債務生活，很有可能會毀了你的人生。

辛苦賺錢是為了做對自己有意義的事。所以，請務必慎選花錢的方式，別讓自己不知不覺陷入超額支出或面臨被錢追著跑的生活。

買了100,000日圓的商品時

幣別：日圓

［一次付清］

- 在付款日時一次付清
- 不用手續費

一次就全部付清

付款金額 **100,000日圓**

［分期付款］

- 分期支付花費的金額
- 每到付款日支付分期付款的金額和手續費

分期付款的例子：分10期，1次支付的手續費為700日圓時……

每月付10,700日圓 × 10個月　付款期需10個月

付款金額 **107,000日圓**

［定期定額付款（循環利息付款）］

- 每月支付事先預訂的付款金額，持續支付到零餘額為止。
- 每到付款日支付固定金額和手續費。
- 每月的支付額越少，付款的次數就越多，手續費也越多。

定期定額付款的例子：每月支付5,000日圓，包含15%的年利率

每月付5,000日圓 × 23個月
手續費793日圓 × 1個月
付款期需2年

付款金額 **115,793日圓**

不留意刷卡付款方式的人

信用卡一般的付款方式如左圖所示。選擇付款方式時，若不多加留意，將會支付更多費用。

經常使用預借現金和信用卡貸款的人

一旦手中有了信用卡，即使帳戶裡頭沒有錢，也能夠從ATM提領現金，即「借錢」。預借現金或信用卡貸款等服務的利率高達18%之多，因此建議不要使用。

4-5

了解錢隱藏的可怕之處

獎」、「最後一次了，我要贏得大獎」的念頭時，就等於步上輸光所有錢、讓自己後悔一生這條路。

不管是花錢玩遊戲還是賭博，都是讓自己開心的方式。但事實上，能夠獲利的部分卻少之又少，因此適度的享受就好，別讓自己過度花費。另外，買彩券也是種讓自己感受期待與興奮的管道，只是中獎機率比賭博來得低，所以一樣抱著好玩的心態購買就好。

還有利用人性的弱點、打出「絕對能夠賺錢」的誘人話術、引人上鉤的情況。**世界上絕對沒有輕鬆賺大錢，這種不切實際的事情。**一旦相信了，你將可能因遭到欺騙而失去財產，或是成為犯罪者的共犯。因此請特別小心，別上當了。

彩券中獎獎金約占彩券銷售額的一半

支付給彩券中獎者的獎金為彩券銷售額的一半，其餘的部分則為營運成本和銷售彩券的地方政府的收益額。

許多高額中獎者到最後都面臨破產？

並不是所有的中獎者都是這樣的結局，而是有些人一下子獲得巨款後，會變得不願意工作，甚至辭掉工作後持續浪費，到最後耗盡錢財，陷入負債累累的困境。

請小心，別被欲望支配！

日本國民生活中心於二〇二一年八月發布警訊，呼籲國民注意孩童網路購物行為的問題。二〇二〇年度，以消費當事人為小學生、國中生、高中生為例的購物糾紛諮詢共有三千七百二十七件，創下歷史新高。其中，也出現過用父母親的信用卡刷付超過一百萬日圓遊戲費用的例子。這些問題的癥結在於孩子無法克制「想獲得更好的寶物」、「想再繼續玩更多遊戲關卡」等欲望。因此，**請了解人類會沉迷在自己的欲望之中。**

賭博成癮的情況也是類似的感覺。當大腦產生「下次一定會中

過度使用手機支付
遊戲費用等NG的消費行為

下載遊戲雖然是免費的，但大多數情況下，當你超過限定的次數或是要獲取遊戲寶物時，都是必須付費的，而且在購買及支付費用時，通常都是透過電子支付的方式進行。電子支付方式對成年人來說或許很方便，但身為孩童的你，千萬不可以使用父母親的信用卡。

賭博是一種
另類娛樂的管道

賽馬或賽艇等運動是日本法律允許的運動型賭博（國營競技）項目。花錢觀看比賽，享受期待中獎的興奮感是非常好的一件事，但是這些賭博規則的設定，最後的贏家一定都是營運者。有些人為了能夠中大獎，投入大把金額，變成賭性成癮的人。一旦患有賭癮症，就可能面臨破產與家庭決裂的危機。

請果斷拒絕任何
能夠輕易賺錢的謊言

有時候，我們的身邊會出現像高獲利投資、只要當介紹人就能獲得報酬等，絕對獲利與輕易賺錢的話題。當你相信這是一個好的賺錢機會並且開始拉攏其他人時，你也有可能從受害者變成加害者。事實上，沒有一個管道是能保證賺錢的。

4-6

小心錢財帶來的問題

一起了解各種財務問題及處理方法吧！

雖然前一頁（4-5）已經介紹過自我內心的弱點衍生出的財務問題。但是，有時我們也會遇到其他的財務問題。本節將提供一些例子並且告訴你如何處理這些問題，一起來看看吧！

請腳踏實地的賺錢，才能堅守自己的財產。

虛假帳單

一種以明信片、信件或電子郵件向你索取未消費過的費用，企圖騙取金錢的詐騙手法。除非你知道對方的來歷，否則請不要聯絡對方。

信用卡遺失

當你遺失卡片時，有可能會遭到第三者盜刷。請立即連絡你的信用卡公司，並且提交「遺失物品單」給警方。

盜取個資

一種違法盜取、複製卡片資訊、並且製作偽卡的犯罪行為。卡片本身如果沒有遭到盜刷，將很難察覺，因此經常更換卡片的密碼和檢查刷卡紀錄非常重要。

連帶保證人

借款人無法償還債務時，代替借款人償還債務的人稱為連帶保證人。面對貸款契約時，如果自己沒有能力償還，那麼即使委託人是熟人或朋友，也請避免當連帶保證人。

網路詐欺

這是一種犯罪行為。利用虛設的電子郵件信箱，連接到與真實網站一模一樣的虛設網站中，會在你輸入信用卡時，盜取卡片的資訊。因此，請不要過度依賴網站的內容，應該隨時注意且確認自己連結的網址是正確的。

不道德的商業行為和詐騙

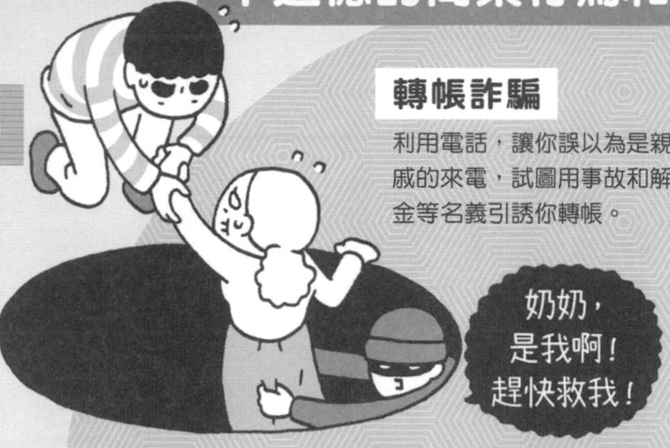
奶奶，
是我啊！
趕快救我！

轉帳詐騙

利用電話，讓你誤以為是親戚的來電，試圖用事故和解金等名義引誘你轉帳。

講不停
講不停

傳銷／直銷

聲稱可以透過邀請朋友或其他人加入銷售組織來賺取介紹費，並且試圖利用多層次招攬的方式增加會員數量、推銷他們的產品。

GALLERY

大特價
好便宜…
限定款
¥20000→8000

上門推銷

假借登門拜訪之名，行推銷之實。

強迫推銷

在路上攔截路人，並且隨行跟到辦公室、商店或咖啡廳等地方進行推銷。

網路購物詐騙

一種消費者付費後卻不寄送商品的詐騙行為。當網站具有商品比其他家便宜許多、過多的「錯過這次就買不到了」等廣告標語，以及沒有網站加密標記等特徵時，即有很大的可能性是詐騙網站。

當你遭到詐騙時

當你遭到詐騙時，可以向日本消費者事務廳管轄的獨立行政機構「國民生活中心」或地方政府設立的「消費者生活中心」諮詢，台灣可撥打165反詐騙專線諮詢。

冷卻期制度

對於已經完成申請或簽訂的合約，在與家人協商後決定重新考慮或變更合約時，可以利用「冷卻期制度」在一定期限內，無條件撤回申請或解除契約。如果不確定自己的交易是否符合冷卻期，可向「消費者生活中心」諮詢。

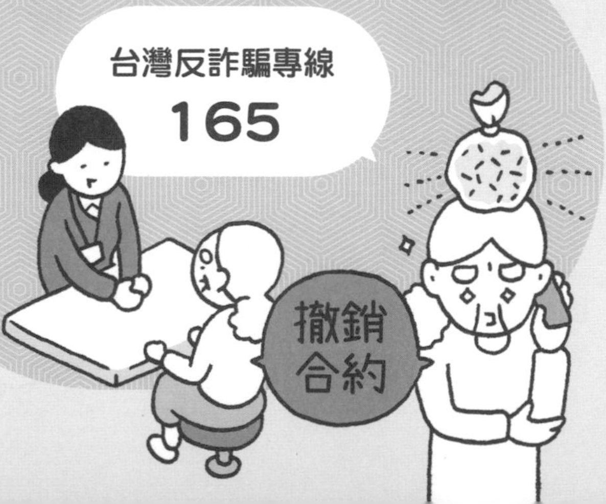
台灣反詐騙專線
165
撤銷
合約

4-7

稅金有哪些種類？

國民繳納稅金，稅金造福人民

繳納稅金就是所謂的繳稅，是國民三大義務之一。（其他兩項為服兵役義務和接受教育的義務）。為了維持生活，我們需要警察、消防局、學校、公園和道路等不以營利為目的的工作與設施。我們繳納稅金給國家及地方政府，以支付這些費用。

日本主要的稅金種類如下圖。看起來還真多呢！依據徵稅單位來區分，繳納給國家的稅金稱為「國稅」，繳納給地方政府的則稱為「地方稅」；另外，地方稅還細分為「道府縣稅」和「市町村稅」。

納稅方法大致分為兩種。一種是獲得收入或財產時，由當事者本人直接繳納的「直接稅」；另一種是購物時，稅額附加在商品價格上的「間接稅」。

後者為店家或企業間接地向消費者預收稅金，彙整後再繳納稅額的方式，所以稱為間接稅。

直接稅的典型代表為「所得稅」。所得稅採用的徵收制度為

台灣資訊
請見301頁

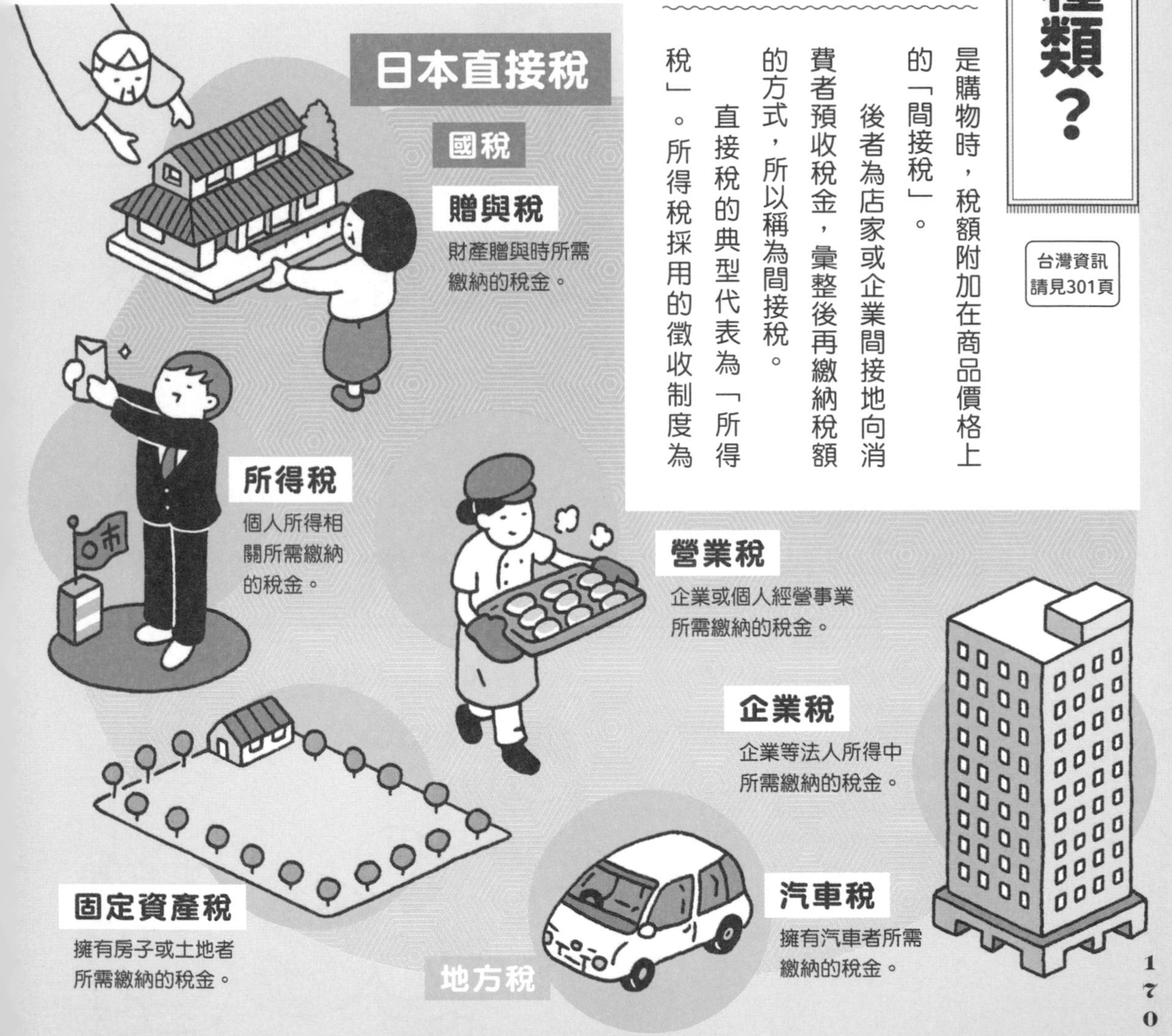
日本直接稅
國稅
贈與稅
財產贈與時所需繳納的稅金。
所得稅
個人所得相關所需繳納的稅金。
營業稅
企業或個人經營事業所需繳納的稅金。
企業稅
企業等法人所得中所需繳納的稅金。
固定資產稅
擁有房子或土地者所需繳納的稅金。
汽車稅
擁有汽車者所需繳納的稅金。
地方稅

收入越高稅率越高的「累進稅率制」，將「所得（所賺取的收入減去必要的費用）」乘以預定的比率（稅率）計算出來的金額即為稅額。所徵收的稅款最終會經由「所得再分配」，將經濟富裕者和企業所繳納的稅金，運用在公共服務及社會保障上，藉此來支持貧困者的生活。

間接稅的典型代表為「消費稅」，即是我們在消費商品和服務時所徵收的稅金。無論收入高低，同等的消費都須負擔同稅率的稅金。截至二〇二三年一月，消費稅的稅率為10％。不過，日本政府為了避免增加低收入者的負擔，實行了酒類與店內用餐除外、飲食類商品的消費稅為8％的「減稅制度」。消費稅自一九八九年開始徵收，當時的稅率為3％。未來，消費稅的稅率應該也會持續地變動。

日本間接稅
國稅
酒稅
啤酒或日本酒等酒類所需繳納的稅金。
BEER
關稅
進口品所需繳納的稅金。
10%
菸稅
菸類商品所需繳納的稅金。有國稅、地方稅。
燃料稅
8%
汽油燃料所需繳納的稅金。有揮發油稅和地方揮發油稅（原為國稅）。
消費稅
消費商品或服務時所需繳納的稅金。稅率為10%（自2019年10月1日起為國稅7.8%+地方稅2.2%）。飲食類商品（酒類、店內用餐除外）則適用於減稅制度（8%）。
高爾夫球場使用稅
使用高爾夫球場時所需繳納的稅金。
地方稅

4-8 你繳了多少稅金呢？

員工的薪資是扣除稅金和社會保險費後再支薪

擁有收入後，我們要繳納所得稅和住民稅。**以企業員工的狀況來說，所應繳納的稅金和社會保險費會從薪資中扣除（預扣），並且由所任職的公司代爲繳納。**

若爲獨資經營者（自營業、自由業），則必須自行計算當年的收入額及經費，於次年的三月十五日前提交納稅申報表，繳納所得稅。住民稅與社會保險費的繳納額則以最終申報表計算的通知書內容為主。

本節以一位企業員工的月薪明細為例，來看看每個月需要繳納多少費用。

薪資單上顯示「支薪額」以及

台灣資訊
請見301頁

支付的津貼

補助居住費的「住屋津貼」、支薪給有家庭生活員工的「家庭津貼」以及補助通勤交通費的「交通津貼」等，是由公司決定給予的津貼。

（幣別：日圓）

住屋津貼	家庭津貼	交通津貼		總支薪額
10,000	0	8,000		280,500

社會保險費總計	所得稅	住民稅	稅額總計	總扣除額	實得薪資
40,798	5,890	11,750	17,640	58,438	222,062

總支薪額減掉總扣除額後，所得的「實得薪資」透過銀行轉帳等方式支付。也就是「實際收入」。

可扣除的稅款

所得稅

依據年薪來決定所需繳納的稅額。員工每月薪資單明細上列出的所得稅金額為粗略計算的金額。公司大致扣除掉的所得稅額稱為預扣稅額。只要知道自己的年薪總額，就可以確定自己應繳的稅額是多少，因此每年的12月會進行「年末調整」，若公司的扣除額太多，會再退稅回來。

住民稅

住民稅的金額是根據前一年的薪資所得計算出來的。會從薪資裡面扣除，並於每年6月更新。

從支薪額中「扣除」的金額。

「總支薪額」減去「總扣除額」後的「實得薪資」，會由任職的公司透過銀行轉帳的方式支付。當然，公司也有義務提供薪資單，並需詳細列出「各項明細」（如下表所示）。

另外，公司也會依據業績和員工的工作表現，每年發放年終或不定期發放紅利等「獎金」。這筆獎金也會扣除稅金和社會保險費。

除此之外，薪資單上還有一個「考勤」欄位，紀錄上班天數和加班時間，作為薪資計算的依據。收到薪資後，請你養成一個習慣，除了留意轉帳帳戶的存摺紀錄以外，請也確認薪資單明細中列出的項目。如加班費是否計算正確、實領多少薪資、需要繳納多少稅金等資訊。

支付的薪資

基本薪資

為基本的薪資。按照公司規定來支薪。

加班津貼　**夜班津貼**　**假日出勤津貼**

加班津貼就是加班費，也就是對於上班時間以外的工作給予額外工資。夜班及假日上班也是一樣，只是計算倍率會有所差異。

由公司支付的錢。除「基本薪資」以外，也會詳細列出「加班津貼」和公司決定的各項津貼項目。

從薪資裡頭扣除的錢。詳細列出應扣除的稅額和社會保險費。

支薪	基本薪資	加班津貼	夜班津貼	假日出勤津貼
	250,000	12,500	0	0
扣除	健康保險	長照險	厚生年金	勞工保險
	13,776	0	25,620	1,402

可扣除的社會保險費

健康保險

保險費因投保的管理機構而異，如「工會保險」、「全民健康保險」等。由公司負擔一半。

長照險

40歲至60歲的人繳納的保險。所需繳納的錢從40歲生日的前一個月開始計算。（上表為39歲以下人員的薪資單，所以顯示為0）。保險費因投保的管理機構而異，由公司負擔一半。（65歲後由居住所在地的地方政府支付）。

厚生年金

上班族投保國民年金和厚生年金，兩項統屬於厚生年金的保險費。從薪資中扣除，並由公司負擔一半。

勞工保險

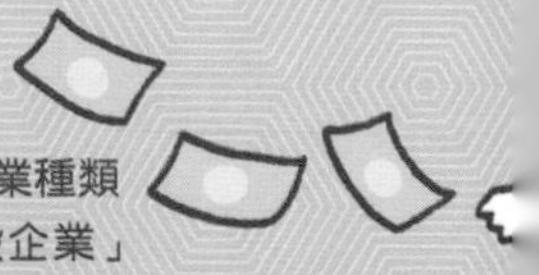

保險費率依據職業種類區分，以「一般企業」來說，繳納額為薪資的1.35%，其中由該企業員工繳納0.5%，公司繳納0.85%。因此薪資明細上列出的保險額即為薪資的0.5%。

連成年人也一知半解？稅則制度

稅金，先從理解用語開始

「納稅」是擁有收入者的義務，每個勞動者都應該明白這一點。但是，由於計算方法複雜，加上有許多「扣除額」、「代扣稅款」等聽都沒聽過的用語，連成年人也對它們敬而遠之。本節主要以企業員工為例，說明相關的稅則制度。為了不讓自己將來飽受稅務之苦，請務必先了解粗略的計算方法與用語。

稅額最終的計算方式如左頁所示，為「所得稅應納稅額」×「稅率」。為了計算出「所得稅應納稅額」，必須先了解什麼是「收入」和「所得」。

「收入」指的是包含津貼在內，由公司支付的薪資。包含獎金在內，一整年的收入則稱為「年收入」，「年收入」減掉「薪資所得扣除額」後的錢即是「所得」。一般來說，「收入」和「所得」的字義相通，不過稅金的計算方式有所不同。（個人獨資企業者並沒有「薪資所得扣除額」，而是從「收入」中減掉為了賺取收入而花費的成本，計算出「所得」）。

除了薪資之外沒有其他收入者，「所得」減掉「所得扣除額」稱為「所得稅應納稅額」，即為繳稅者的應納稅金額。

「扣除」這個詞的出現率很高，其實就是「減掉」的意思。

當自己的錢遭到扣除時，我們一點也開心不起來。但是，當這個扣除額為所得減免的免稅額時，我們反而會感到欣慰。同樣的一個詞，扣除方式不同，代表的意思也就不同。

為求盡量達到負擔平等，稅收計算是經過仔細設定的。這些規則難以理解，因此建議你在進入社會工作之前，事先了解本節所提到的用語和想法。

「扣除」是損失，還是收益？

「扣除」指的是「扣掉」金額。同樣是「扣除」，所代表的是損失還是收益，取決於金額是從自己手裡剩餘的錢中扣除的、還是從稅務徵收對象身上扣除的。

薪資單上的「扣除」

從支薪額中扣掉社會保險費和稅金等項目的金額。

稅金計算的「扣除」

計算稅金時所扣除的金額，透過扣除來減少徵收的稅額。

稅金計算 區分「收入」和「所得」

薪資所得扣除額

適用於一般企業員工等薪資所得者的扣除方式。根據年收入額來決定扣除金額（若為個人獨資企業者，則是扣除為了賺取收入所花的成本費用）。

所得扣除額

扣除已被扣掉的「社會保險費」（因為社會保險費不會留在自己的薪資款項中），其他還有許多扣除項目。特殊情況者，則於「年末調整」時提出申報。這是針對日常生活開銷較高者所執行的減稅制度。

從「所得」中減掉「所得扣除額」的金額稱為「所得稅應納稅額」。繳納項目包含所得稅和住民稅。所得稅應繳納稅額越高，稅金負擔就越重。

「年收入」減掉「薪資所得扣除額」（個人獨資企業者減掉「必要成本」），剩餘的錢就是所得。

包含各項津貼在內，由公司支付的總支薪額稱為「收入」，是尚未扣除稅金和社會保險費的金額。加上年終獎金，一年中所賺取的收入總額即為「年收入」。

年末調整

所得稅每月預先扣繳（由公司扣除），但只是一個估算，並非精確的數額。為了能夠計算出精確的所得稅繳納額，每個人申報所得扣除額的動作稱為「年末調整」。所得扣除額的項目有很多，包括適用於所有人的「標準扣除」，還有家庭扶養者的「扶養扣除」、投保人壽保險者適用的「人壽保險費扣除」等。如果你適用於其中一項，請填寫表格並申報。

代扣稅款單

年末調整完成後，公司會給你一張「代扣稅款單」。該稅款單上會列出你的年收入、所得稅的納稅額和扣除額等資訊。

＊即使是企業員工，年末調整期間也無法申報醫療費扣除或故鄉納稅額，因此必須自行提出納稅申報。

所得稅計算公式

根據稅率和扣除額分段決定稅率和扣除額。屬於稅率隨所的增加而拉高的累進稅率。

所得稅應納稅額 × 稅率 － 扣除額 ＝ 標準所得稅額

＊日本納稅額包含重建特別所得稅（標準所得稅的1.2%）在內（至2037年）

住民稅計算公式

日本的住民稅為依據所得課稅的「所得分配額」加上對收入超過一定水平的人均等徵收的均等分配額。

所得分配：所得稅應納稅額 × 10%　＋　均等分配：5,000日圓　＝ 住民稅額

＊所得分配的稅額率統一為10%，均等分配額的稅額率則因地區而異。

4-10

「保險」是什麼？

保險是一個互助圈 投保費即是保險費

接下來，我將解釋金錢具有的功能之一「準備」，也就是「保險」。你應該曾在電視上看過防癌保險或住院保險的廣告吧！保險是一種互助制度，**向多數人收取保險費，並將一部分的保險費拿來作爲保險金給需要幫忙的人。**為了加入這個互助圈，每個月得支付保險費給保險公司。

坊間常用「儲蓄是一個三角形，保險是一個四邊形」來比喻保險與儲蓄之間的差異。如左圖所示，我們將縱軸看作金額，橫軸是時間，儲蓄逐漸累積後，會形成一個三角形；但保險是在合約生效的同時，即準備好你所需的資金了，因此保險是一個四邊形。兩者相較，儲蓄是自己一點一點地累積，**保險則集結了許多人投入的錢，好處是可以在重要時刻拿到自己所需的錢。**

保險公司屬於金融機構，因此

保險制度
支付保險費
保險費由投保人支付。該保險費會成為支付遭逢事故、需要錢的人的保險金來源。
多
人數
少
人數
運用
保險費
保險金
國債
股票
○生命
保險公司
保險公司不僅將收取的保費存入銀行，也會將其拿去購買國債、股票，利用投資來賺取如利息或紅利等的利益。
領取保險金
支付保險金或理賠金給發生意外者。這筆錢通常是匯集大多數人的保險金而來的，所以即使是高額的保險理賠金也能支付。

做好準備，以防萬一

他們會把從每個人身上收取的錢拿來進行投資或增值。實際擁有保險的人之中，發生事故的比例非常的低，因此保險公司可以提供大量的資金給有需要的人。

保險分為兩種類型，一種是無法拿回錢的「一次性」保險，另一種是期滿後可以拿回錢的「儲蓄型」保險。一般來說，一次性保險的每月保險費比較便宜。**保險的本質就是買個安心，以備不時之需。**因此一次性保險的內容通常較容易理解。若你想累積財富，那麼選擇儲蓄型或投資型的保險會比較好。

希望拿回錢的人可以選擇儲蓄型保險。**保險並不是站在損失或獲利的角度思考的**，因此，建議將「你未來想要規劃什麼」、「每月的保險費是否合理」等問題當作選擇保險時優先評估的基準。

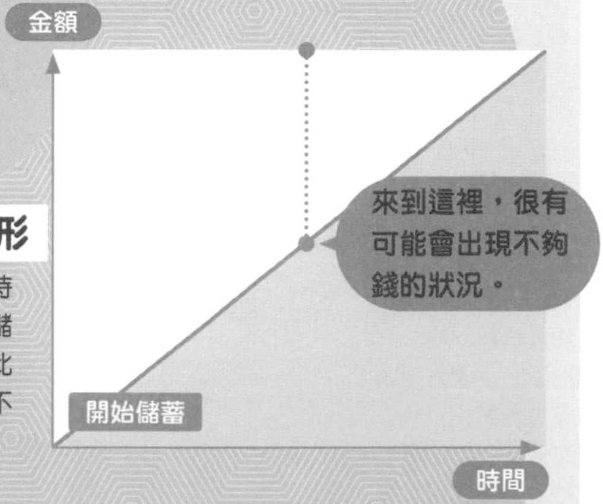
金額
來到這裡，很有可能會出現不夠錢的狀況。
開始儲蓄
時間

儲蓄是一個三角形

儲蓄的優點是手中的錢隨時可以自由運用。不過由於儲蓄的錢是逐漸增長的，因此有急用時，有可能會遇到不夠的狀況。

遭遇緊急事故時

任何人都可能面臨意外事故，而且也很難預料它何時會發生。

金額
保險合約簽訂後，馬上就能運用。
合約生效
時間

保險是一個四邊形

保險可以預先設定未來領取的金額，並且完成簽約的同時，所需要的資金也同步準備好了。

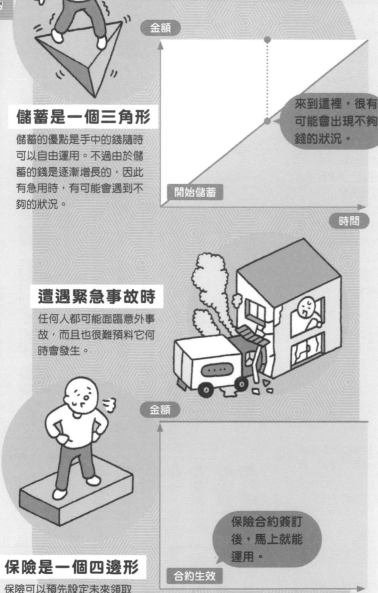

4-11

社會保險涵蓋的範圍有哪些？

社會保險制度如何才算完善？

在日本，**有一個叫做社會保險制度的公共制度，所有國民皆以繳納保費的方式相互扶持。**請將這個制度認定為居住在日本的任何人都必須強制投保的保險。如果沒有繳納費用，相對的就無法享受其中的權利。和4-8中提到的社會保險費和稅金一樣，費用從企業員工的薪水中扣除，個人獨資企業者則以提交納稅申報表的方式繳納。

那麼，這個保險制度承保的風險有哪些呢？請看一下左邊的圖，你是否覺得**社會保險制度提供的補助和機制很完善**呢？截至二〇二〇年，日本六十五歲以上的老年人口已趨近總人口的30％之多，形成「超高齡社會」，**加上承載社會未來的孩童數量正在減少，日本政府既要保障老年人的生活，又要創造一個容易生育的環境，提高生育率。**因而對於

台灣資訊
請見302頁

疾病 受傷

就醫時的醫療費用，原則上自行負擔30%，其餘的70%由醫療保險負責。另外，如遇住院、手術等需支付高額醫療費用時，也有減輕醫療費用負擔的「高額療養費制度」。

什麼是高額療養費制度？

當月「同一家庭（投保相同醫療保險的家庭成員）」的總醫療費用較高時，超出的一定金額（「自行負擔上限額」）會歸還給投保人的制度。自行負擔額則依收入決定。承保生活因醫療費過高而困苦的風險制度。

- ●醫療保險：原則上，自行負擔30%
- ●高額療養費制度
- ★傷病津貼：請假期間將支付津貼
- ★勞災保險：工作或上班時，遇到生病、受傷、身心障礙者、死亡等狀況時，將保險金將支付給被保險人及遺族。

生產 育兒

孩子出生後，政府將給付補助津貼，以貼補分娩費用和產假期間的收入。撫養期間，也會給付孩童醫療費補助、「育嬰假」期間的收入補助以及孩子完成義務教育前的補助。

［生產時］

●分娩育兒一次性補助金：分娩後，從投保的國家醫療保險中獲得的錢。一般，每月兒童可領42萬日圓。（截至2022年）（約新台幣９萬元）

★生產補助金：產假時間給予約三分之二的薪水。

［育兒時］

●兒童醫療費用補助：兒童醫療費用由地方政府全額負擔或部分負擔。

●兒童津貼：發放對象為家中有高中以下子女的家庭。每人每月5,000日圓至15,000日圓（截至2022年）（約新台幣1100～3300元）

●社會保險費減免：產假、育嬰假期間可免繳納健康保險費及厚生年金費。但國民年金免繳期只有產假期間。

★育嬰假補助：申請育嬰留職停薪者，孩子2歲前，可獲得薪資6成左右的補助額。

「疾病・受傷」、「生產・育兒」和「退休」的風險承保特別優厚，並且採取了圖示的這些政策。

從這些圖中還能了解一點。請你注意一下標示★的內容，這些內容的適用對象為企業員工和公務員，不適用於個人獨資企業者。並且可享有津貼和福利內容也依職業種類而有所不同。整體而言，就享受由公司負擔一半保險費等福利來說，企業員工所獲得的保障較個人獨資企業者完善。個人獨資企業可能必須透過儲蓄或投保個人保險的方式，才能讓自己獲得等同於企業員工的承保福利。

社會保險制度時常因應社會趨勢進行修訂或新制訂。每個居住地區的福利內容也不盡相同。因此，當你在規劃未來生活時，事先注意、了解這些制度的內容會比較好。

死亡

年金保險費的繳款人死亡時，政府會給付年金以保障遺屬的生活。遺屬基本年金的給付對象，原則上為18歲以下的子女。而遺屬厚生年金，即使繳款人名下沒有孩子，也會給付。

●遺屬基本年金　★遺屬厚生年金

傷殘

受限於殘疾而無法生活或工作時，會由年金保險給付傷殘基本年金，給付額則依據殘障類型區分。投保厚生年金者，可另外獲得一筆傷殘厚生年金。

●傷殘基本年金　★傷殘厚生年金

失業

失業時，可獲得「失業補助金」。該補助金為失業者提供找到新工作前的生活資金或重新就業的支援金。

★勞工保險

生活補助

由政府援助生活困苦者的一種制度。名下沒有財產的人、因身體或精神疾病而無法工作的人、無法得到家人援助的人等，可以領取最低生活補助費（維持生活所需的錢）。

退休

65歲起就可領取退休金。投保國民年金者，可領取老年基本年金；投保厚生年金者，則另外可領取一筆老年厚生年金。還有，75歲以上加入的「後期高齡者醫療制度」，原則上醫療費用部分負擔比例為10%。

●老年基本年金　★老齡厚生年金
●後期高齡者醫療制度

照護

原則上，65歲以上就可以使用長期照護保險。自行負擔比例為10%至30%，可根據所需的照護狀況，選擇各種照護服務。

★長期照護險

4-12

請謹慎思考後，再投保私人保險

私人保險補強國家社會保險的不足之處

正如前一頁（4-11）所看到的，社會保險制度為各種風險做好了準備。不過，公共社會保險只是最起碼的保障。舉例來說，當你生病住院時，雖然可以透過高額療養費制度減輕部分的醫療費用負擔。但是，將健保病房變更為個人病房的費用（病房差價），就不屬於社會保險的承保範圍。

應該預先設想會有哪些風險、遭遇困難時需要多少錢，答案取決於自己的家庭結構和生活方式。例如，即使單身時不需要投保私人保險，等到結婚並有了孩子以後，身為家庭經濟支柱的你，或許就會開

補強社會保險的私人保險

補強社會保險不足之處的私人保險。重點為先仔細了解社會保險的保障內容，再搭配運用這些私人保險。

醫療險

保障因疾病或受傷而入院、手術、看診所需費用的保險。可以補足不適用社會保險給付的費用項目，如住院時的伙食費、日用品費、病房差價等。

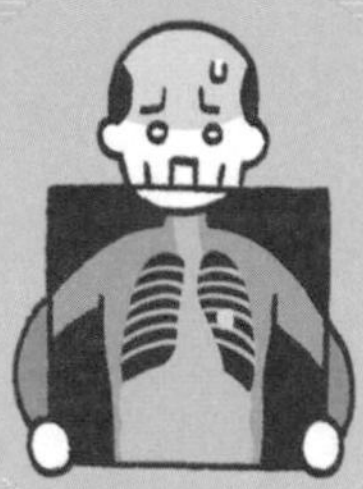

癌症險

保障罹患癌症時的住院費和治療費等的保險。

人壽險

在投保人死亡時，給付保險金給遺屬的保險。不只遭遇死亡、投保人遇嚴重殘疾時，也會給付保險金。

長期照護險

當我們的人生走到需要照護狀態時，可領取保險金的保險。

失業險

此項保險可彌補因疾病或受傷而無法工作時減少的收入。

個人年金險

屬於累積保費的保險類型。可拿來做為退休金或在退休時一次提領。

教育金保險

為孩子的教育基金做準備的保險。可以儲蓄孩子的教育費用，並且在簽後（如進入大學）若遇父母等投保人過世，可豁免保費，保障持續生效。

始考慮投保人壽保險了。再假設，當你過世時，你的家人將可領到人壽保險的保險金，獲得優於公共遺屬年金的援助。因此，**正確的規劃方式是一邊了解公共社會保險的承保範圍，一邊利用私人保險來補強公共社會保險的不足。**

私人保險如下方圖示，有許多類型。另外還有所謂的「財產保險」，用於補償因火災、車禍等意外事故造成的損失，這是社會保險的承保範圍中所沒有的。不過，保險一旦投保了，就必須按照合約規定繳納保費。相對的，若大量投保，每個月的開支就會跟著增加。**所以建議的方式是針對自己真正想防範的風險項目做投保，然後再透過儲蓄來增加手邊的資金。**

COLUMN

買房會附加保險！

當我們購買房子並向銀行辦理房貸時，通常會同時投保「團體信用人壽保險（團信）」。這是一種當貸款人死亡或嚴重殘疾時，由保險公司向銀行支付剩餘金額的制度。有了這個保險，倖存的家人就不用擔心失去房子，銀行也能避免面臨借錢不還的情況。此款保險的保障在房貸全額償還時即失效。

社會保險中沒有的私人保險

承擔社會保險未承保的風險。搭配個人的持有物或生活方式所需的部分做投保比較好。

汽車險

承保汽車相關的理賠保險，如駕駛時車子或物品損壞時的修理費用、自己或對方受傷時的醫療費用。對於擁有汽車的人來說，屬於「強制責任險」，另外也可加保「第三責任險」。

火災險

承保火災、閃電、颱風或漏水，房屋損壞的理賠保險。一般來說，理賠對象分為建築物及家具等其他財產。

腳踏車險

承保騎乘腳踏車受傷時，需住院或看診的理賠保險。其中還包含傷害他人的損害賠償。最近，也有越來越多地方政府將此項保險列為強制投保項目。

汽車強制責任險（汽車損壞賠償責任險）

根據法律規定，車主必須投保此項保險。其理賠金的給付對象為人身傷害事故中的另一方，如自己造成他人死亡或受傷時的醫療費及慰勞金。

地震險

承保地震或海嘯引起房屋火災、毀損的理賠保險。一般通常會搭配火災險一起投保。

4-13 一起了解投資的基本概念

投資帶動社會發展

接下來，讓我們開始思考投資這件增加資金的事情。投資就是運用當前的資本（錢）來增加未來的資本（錢）。比如當你購買某家公司的股票時，你會在股價上漲時拋出，藉此賺取更多的錢。買賣股票也是一種投資方式。

有些人可能認為投資「很可怕」、「是種賭博行為」、「風險高」。確實也有人沉迷於股票，並陷入困境。不過，那都是這些人本身的問題。單純就投資本身來說，這並不是一件壞事或骯髒的事。

我在2-12中，已說明過股東出資購買股票的動作，不僅使股份有限公司得以營運，也因此帶動社會發展。股東就是買股票的人，也就是進行投資的人，所以我們也可以說因為有了投資者，社會才得以發展。另外與在4-1中提到的消費等於投票的觀點相同，投資也類似於投票。可以透過購買股票和債券的動作來支持你喜歡的公司。

投資的基本概念就是把錢從有能力的人手中分配給現在需要用錢的人，以及提供資金援助（如購買股票）這些嘗試做新事物或有益於社會貢獻的人。當新的挑戰成功時，**你可以得到更多回饋（錢）**。了解這樣的概念，就不會認為投資很可怕，或是像賭博一樣了。從下一頁開始，將詳細說明如何增加個人的資產。請記住這些投資所具備的社會意義。

COLUMN

投資和投機不同

「投機」一詞與「投資」相似，但兩者的意思卻不同。投資是為了獲得投資標的經濟成長的利潤和利益。利潤和成長是長期累積下來的，因此投資需要抱持著長遠的眼光。投機則不會長期關注投資標的是否成長，反而著重短期內價格變動的交易，屬於一種反覆用買低賣高的方式增加資金的行為。投機的本質類似於賭博，容易左右自己的心思，所以我個人不太推薦投機。

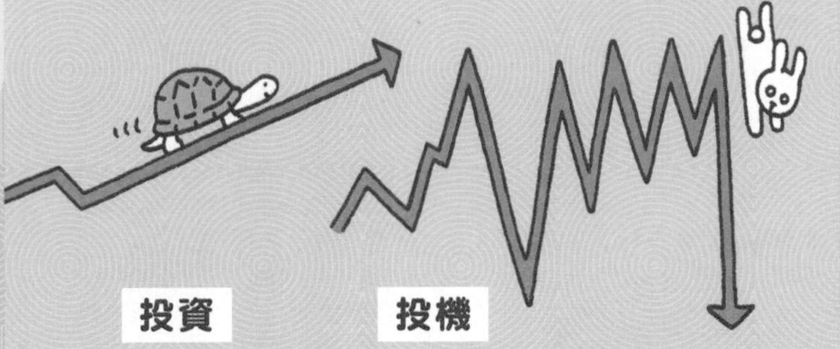

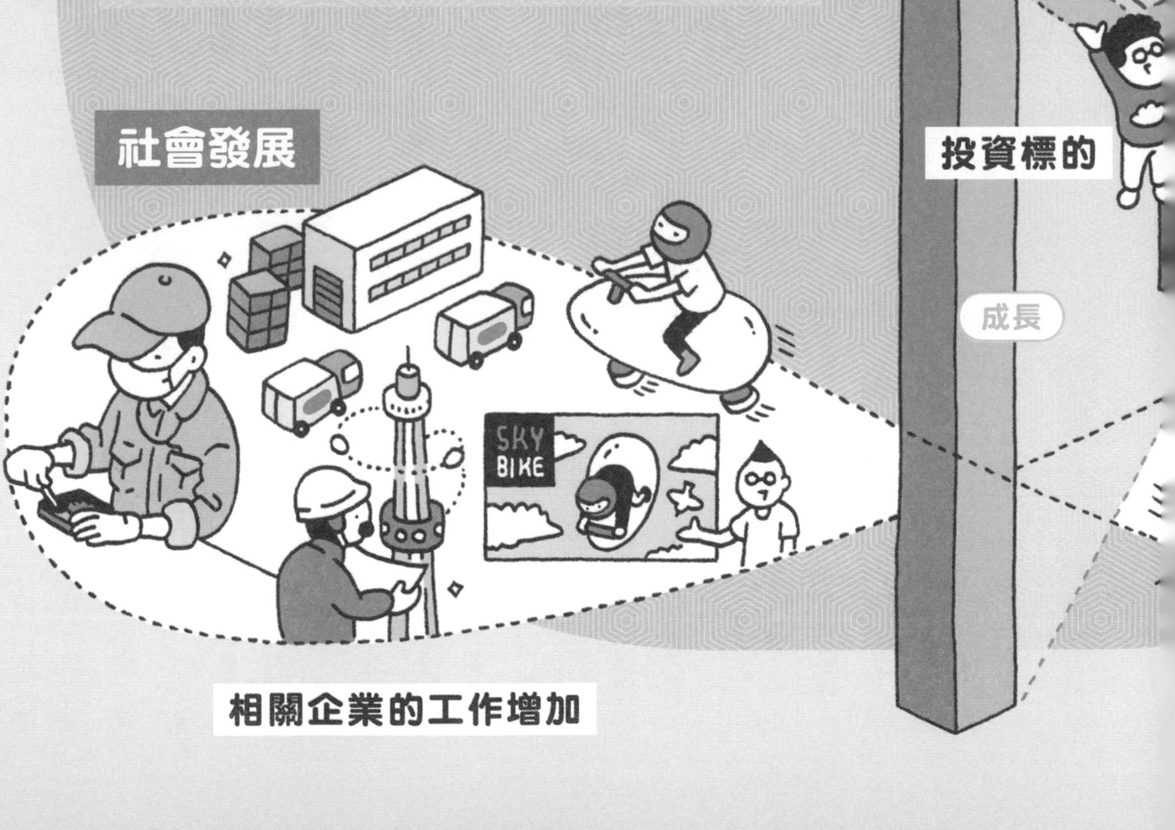

4-14 投資時，應該注意的事

投資也會虧損，利用閒錢投資就好

運用自己手上的資金來增加財產，稱為「資產運用」。把錢存入銀行也是資產管理的一種方式。然而，截至二〇二二年，一般存款的利率大約為0.001%，就算存入一百萬日圓，一年的利息也只有十日圓而已。**與其說儲蓄是「增加」財產，倒不如說是「把錢存起來」。**

收益率指的是你的投資額在一年內成長了多少。股票投資常見的收益率為5%。以一百萬日圓的投資額來說，一年後會變成一百零五萬日圓，而一般存款只能獲得十日圓的利息，相較之下，差異就能明顯可見了。若持續維持5%的利率，那第二年的一百零五萬日圓，隔一年就會變成一百一十萬兩千五百日圓，再隔一年則變成一百一十五萬七千六百二十五日圓，持續到二十年後，則會增加到兩百六十五萬三千兩百九十七日圓。這就是2-2中說明的複利效應。長期藉由這樣的投資方式，可以利用複利的力量，發揮增加財產的最大效力。

相信你若能賺那麼多錢，一定會想投資，但是，投資和存錢不一樣，投資可能會造成財富損失。甚至自己辛苦賺來和存下來的錢都會因此變少，所以請你遵循兩條投資原則。

第一條是請用「即使損失也不

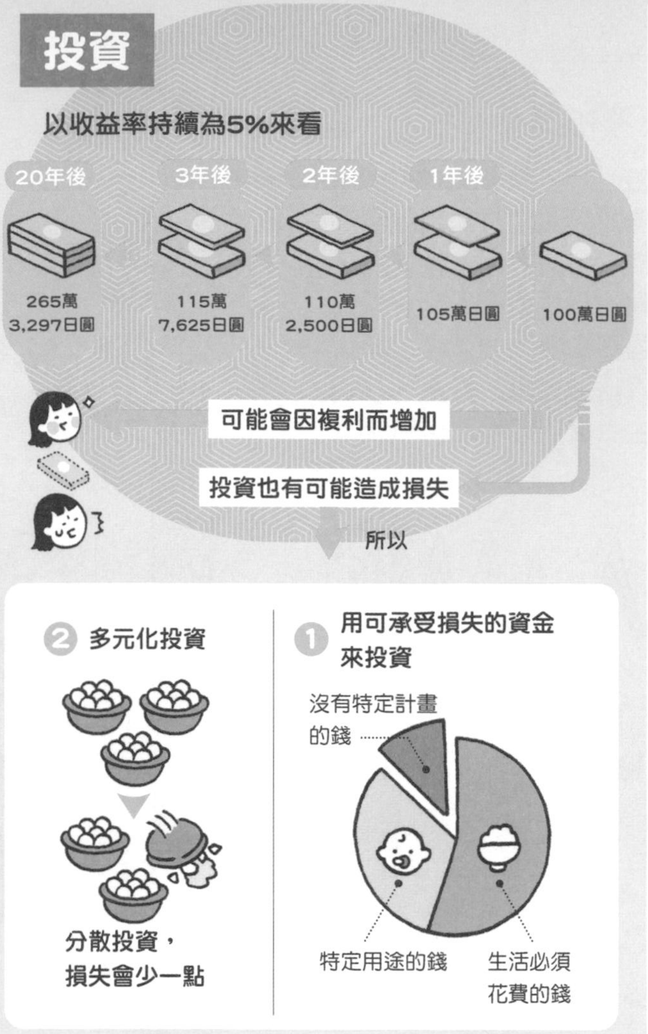
投資
以收益率持續為5%來看
20年後
3年後
2年後
1年後
265萬3,297日圓
115萬7,625日圓
110萬2,500日圓
105萬日圓
100萬日圓
可能會因複利而增加
投資也有可能造成損失
所以
① 用可承受損失的資金來投資
沒有特定計畫的錢
特定用途的錢
生活必須花費的錢
② 多元化投資
分散投資，損失會少一點

COLUMN

什麼是「72法則」？

金融界中有一條「72法則」。運用「72÷利率＝本金翻倍時間」的計算公式，輕鬆掌握本金翻倍時間有多長。例如，以利率6%的借款來看，在計算公式72÷6＝12的結果下，可以知道所借的錢大約在12年內翻倍（假設沒有任何還款）。另外在資金運用上，這個公式也可以將利率替換成收益率來使用。以持續每年3%的收益率進行投資來說，本金大約可在24年內翻倍（72÷3＝24）。

＊這種例子中的利率或收益率為複利。這只是一個大略的數字，並沒有考慮到從收益中扣除的稅款。

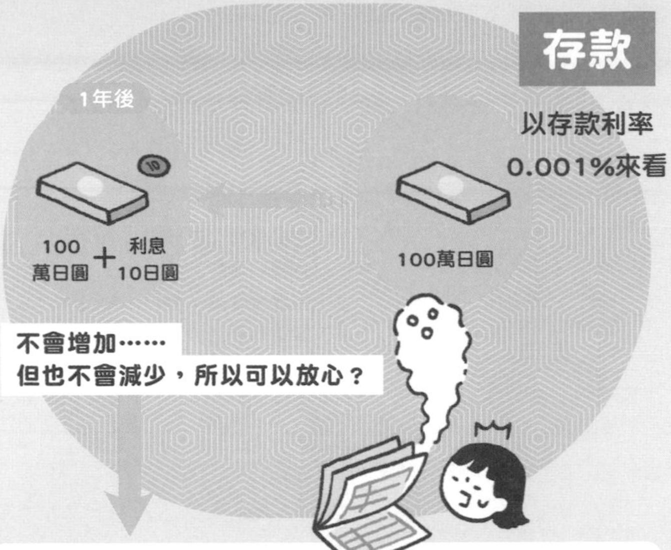
存款
1年後
以存款利率
0.001%來看
100
萬日圓
+
利息
10日圓
100萬日圓
不會增加……
但也不會減少，所以可以放心？

存款也有風險嗎？

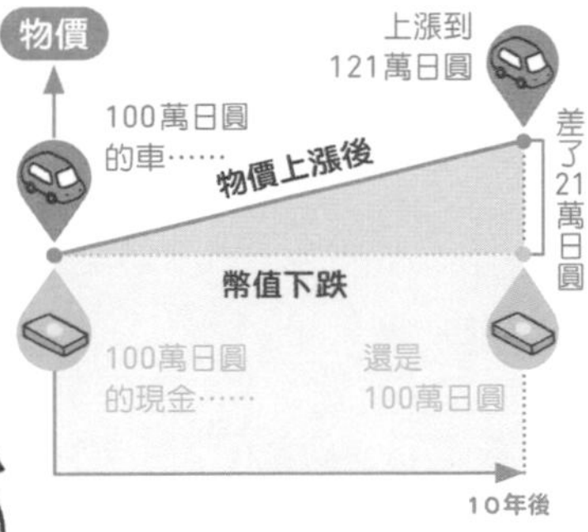
物價
上漲到
121萬日圓
100萬日圓
的車……
物價上漲後
差了21萬日圓
幣值下跌
100萬日圓
的現金……
還是
100萬日圓
10年後

物價上漲（發生通貨膨脹）時，用同樣的金額能夠買到的東西會變少，也就是貨幣貶值。銀行的存款利率低，所以錢很難增加。當物價上漲時，實質上你手中的錢就會變少。以連續10年，每年2%通貨膨脹率來看，10年後物價將上漲約21%，但存款利率的漲幅卻未超過物價。因此，我希望你也能了解存款不會減少並不代表能夠完全安心。

會影響生活的錢」來做投資。就算沒有收入，最少也要存一筆足夠的錢，讓自己能維持一段時間的生活，也就是確保自己每個月有足夠的錢能夠滿足日常需求。因為，使用自己不會立即用的錢來做投資是最基本的概念。永遠不要讓投資涉及到生活所需的錢。

第二條是「資產多元化」。以把所有的資金投入單一家企業的股票為例，如果那家企業破產了，你投入的所有錢都將拿不回來。投資界中有句諺語：「別把全部的雞蛋放在同一個籃子裡」。一個籃子裡如果放了太多雞蛋，當這個籃子掉落時，裡頭的雞蛋就會全部破掉。所以，應該將雞蛋分開放置在不同的籃子中。

同樣的道理，避免風險的方法是，不要將手上的錢全部放在同一件投資標的上，而是將其分散至各種的不同投資標的。

4-15

各種投資類型

金融商品也有各種免課稅的新制度

就投資類型來說，我們先了解股票投資、債券投資和信託投資這三種主要的類型。當然，其他還有像房地產投資、黃金投資、外幣存款、外匯等各式各樣的類型。若想深入了解，請找找看並閱讀這些領域的專業書籍。

股票、債券、投資信託等，稱為「金融商品」。

當我們進行投資時，需要在證券公司等地方開立投資專用的帳戶，然後進行交易。帳戶開設完成

各種投資類型

債券投資

購買債券，定期獲得利息，期滿後歸還本金的投資類型。債券種類有由國家發行的國債、企業發行的公司債。遇到企業破產時，你所投入的本金也有可能拿不回來。

［缺點］
- 企業債類型的債券，發行的企業有可能破產
- 中途出售時，債券的價值可能會隨價格波動而下降

投資者 —借錢→ 國家・企業
國家・企業 —退還利息・本金→ 投資者

股票投資

買賣股份有限公司為了籌集資金而發行的股票，並且從中獲取差額利潤的投資類型。購買股票的人會成為股東，享有出席股東大會的權利、股利以及股東權益。

［缺點］
- 股價可能下跌
- 投資標的有可能破產
- 股票交易品種非常多，需要花費時間、累積知識來選擇投資標的

投資者 —購買股票→ 股份有限公司
股份有限公司 —股利・決議權 股東權益→ 投資者

信託投資

投資者們籌集的資金交由投資專家（基金經理人）管理的投資類型。因為由專家代替你購買股票、債券等多種商品，需要花費手續費，但即使投資者本身沒有豐富的知識，也能多元化投資。推薦給投資初學者，不僅可從小額資金開始，也有很多選擇。

［缺點］
- 投資的商品價值有可能會下跌
- 委託投資會產生手續費等其他成本費用

投資者 —購買信託投資→ 基金經理人 —分散投資→ 股票 債券 外幣 不動產 等
股票 債券 外幣 不動產 等 —成果→ 基金經理人 —分配金・償還金→ 投資者

後，就可以開始買賣金融商品，不過進行買賣交易時通常會收取手續費用。另外，當你的投資獲利變多時，就必須像薪資等其他收入一樣繳納稅金。

投資的重點如4-14所提到的，**分散投資至各種商品，也就是不要只專注於股票或債券，應當分別購買兩邊的商品，或是將投資標的轉向海外。**這樣一來，即使國家的經濟狀況不佳、手中持有的交易品種（股票和債券）價格下跌，也能藉由海外的交易品種（股票和債券）價格上漲來彌補損失。

日本人一直給人對投資不感興趣的感覺。日本政府為了鼓勵國民積極投資、振興經濟，建立了NISA和iDeCo等免課稅的投資制度。運用這些制度，並將其視為投資的第一步，或許是個不錯的主意。

COLUMN

取決於市場趨勢的投資

適合初學者投資的信託投資中，有一型是以特定指數為目標，將這些指數組合起來展現投資成果的「指數基金」。以「〇〇國內股票指數」這支金融商品為例，假設國內股票指數的TOPIX（東證股價指數）在一天內上漲3%，那麼「〇〇國內股票指數」也會跟著上漲3%；相反，東證指數一天內下跌2%，「〇〇國內股票指數」也會呈現下跌2%的狀況。指數基金會隨著市場的成長或衰退而變動，因此對初學者來說，或許是一個不錯的選擇。由「股票」和「債券」、「國內」、「已開發國家」、「新興國家」搭配而成的指數基金，大致上有6種類型。因此，建議將自己的財產區分成各種類型。

投資獲利免課稅的金融商品

NISA

5年免課稅

這是針對個人投資者的稅務優惠制度。在「NISA帳戶（每人可開設一個帳戶）」中購買的金融商品（股票、投資信託等））所獲得的利益，可享有免課稅的福利。免稅期為5年，免稅額每年120萬日圓，免稅投資額最多可達600萬日圓。

免稅限額：每年120萬日圓
免稅投資上限額：600萬日圓

積立NISA

20年免課稅

積立NISA是一種支援從小額開始長期、儲蓄及分散投資的免課稅制度。每人可開立一個帳戶，購買的金融商品中所獲得的利益，享有免課稅的福利。免稅期為20年，免稅額每年40萬日圓，免稅投資額最多可達800萬日圓。可以購買的商品僅限於適合長期、儲蓄以及多元化投資的投資信託商品。

免稅限額：每年40萬日圓
免稅投資上限額：800萬日圓

＊此處紀載的資訊為截至2023年1月，當時的最新資訊。NISA和積立NISA制度於2024年1月進行大幅度的修訂，因此請確認最新資訊。

彌補公共年金缺口的金融商品

iDeCo

個人型確定據出年金（iDeCo）是由個人每月繳款，進行投資和儲蓄的投資系統。一般要到60歲以後才能提領。在這套系統中，可以自己決定儲蓄金額、投資哪些金融商品以及如何提領這些資金。從購買的金融商品中所獲得的利益，也可享免課稅的福利。

4-16

投資要長期性經營

沒有必勝法則，投資必須以長遠的眼光來看

對於各類金融商品可以採取逢低買進的投資方式來獲利。不過，我們很難確定適當的時機點。就算是投資專家，也很難做出判斷。而且「看準時機，買入、賣出，短期獲利」的人，會一整天盯著電腦螢幕，連晚上都無法安心入睡，因此沒有人能夠持續這麼做。我想，你應該不會想要過著讓股票或其他事物的價格變動左右自己內心想法的生活。

不過，仍有可視為有效的投資方法，就是定額定時投資的「長期成本平均法」。例如，當你決定購買某家企業的股票時，不要一口氣大量買進，而是在「每個月的月初投資一萬日圓」。**重要的是不要去在意股價，而是在固定的時間點買入。**也就是像「某個月月初，某間企業的股價為一千日

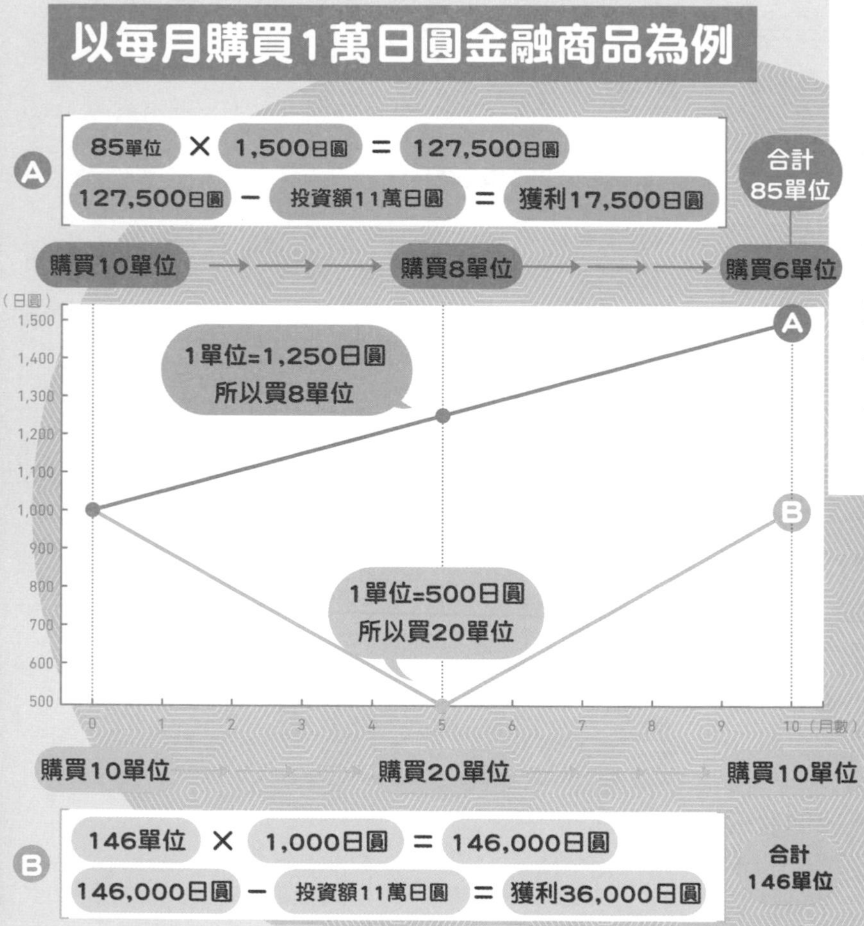

以每月購買1萬日圓金融商品為例
A
85單位 × 1,500日圓 = 127,500日圓
127,500日圓 − 投資額11萬日圓 = 獲利17,500日圓
合計85單位
購買10單位
購買8單位
購買6單位
(日圓)
1單位=1,250日圓
所以買8單位
1單位=500日圓
所以買20單位
(月數)
購買10單位
購買20單位
購買10單位
B
146單位 × 1,000日圓 = 146,000日圓
146,000日圓 − 投資額11萬日圓 = 獲利36,000日圓
合計146單位

以這個例子來說，A與B相比，金融商品的價格中途下跌時，B可以買比較多的單位數，所以當價格恢復到原來的水準時，手中擁有的合計單位數就會更多，獲利也會變多。（購買單位數小數點以下無條件捨去）

圓，所以買了10股」、「另一個月的月初，股價為五百日圓，所以買了20股」這樣的機械式買股。

如右下圖表所示，A、B兩種金融商品，商品的價格皆持續波動。如果從第0個月開始，每個月各投資一萬日圓在這兩種商品，十個月後總共投資了十一萬日圓，哪一邊的錢會變得更多呢？感覺上，A看起來比較好，但實際上增加的卻是B。A的價格雖然持續穩定的上漲，但B的價格是在下跌後又恢復到原本的水準。價格下跌時，有機會可以增加買進量，所以等到價格恢復到原本的水準後，增加的錢就會是最多的。

當自己買的股票等金融商品的價格下跌時，你可能會覺得「再繼續跌下去就危險了，應該賣掉」但「逢低買進是否恰當」也可說是投資時必須思考的關鍵之一。

即使價格下跌也不賣出，反而持續買進的重要觀念是「請用即使損失也不影響生活的錢來做投資」、「相信支持這家企業將對社會有所幫助」這兩點。**因爲能夠持續穩定增加財富的人，身上通常擁有長遠的眼光、穩健投資、內心不受錢財擺布，以及不忘回饋社會的特質。**

請好好加油！
股價雖然下跌了，但業績還挺得住，所以沒問題！
手邊稍微存了一點閒錢，來投資看看吧！

投資心得

一、請用即使損失也不影響生活的錢來做投資

二、相信支持這家企業將對社會有所幫助

【總結】

金錢的六大功能為「賺取」、「使用」、「儲蓄」、「納稅」、「準備」、「增加財富」。 4-1

不要盲目的存錢，重要的是讓自己有個目標，想想錢應該怎麼花？應該存多少錢？ 4-2

存錢最理想的狀況是將月收入（實得薪資）的20%存起來，花五年左右的時間存到一年的收入額。 4-2

想要存錢，首先應該做的事就是掌握家庭收入與支出，重新檢視有沒有無謂的浪費。 4-3

使用信用卡分期付款或定期定額付款，到最後會支付很多手續費。因此盡可能選擇一次付清。 4-4

預借現金和信用卡貸款都是高利率的債務，建議不要碰。 4-4

避免自己花太多錢購買遊戲、賭博和彩券。讓自己免於金錢誘惑的關鍵是自律。 4-5

我們的社會充斥著非法盜刷卡片、虛假帳單、不道德的商業行為和詐騙等，各種與錢財有關的問題。請了解每種問題的處理方法，守護好自己的財產。 4-6

稅金分為兩種，一種是由當事者本人直接繳納的「直接稅」，另一種是購物時，稅額附加在商品價格上的「間接稅」。 4-7

直接稅的典型代表為「所得稅」。所得稅採用的徵收制度為收入越高、稅率就越高的「累進稅率制」。所徵收的稅款最終會經由「所得再分配」，將經濟富裕者和企業所繳納的稅金，運用於公共服務及社會保障，藉此來支持貧困者的生活。 4-7

以企業員工的狀況來說，所應繳納的稅金和社會保險費會從薪資中扣除，並且由所任職的公司代為繳納。若為個人獨資企業者，則必須自行計算當年的收入額及經費，自己「提出申報」，繳納所得稅。 4-8

「保險」是一種「互助制度」，向多數人收取保險費，並將一部分的保險費拿來作為保險金給需要幫忙的人。投保以備不時之需，可以在需要時獲得所需的金額。 4-10

在日本，有一個叫做「社會保險制度」的公共制度，所有國民皆以繳納保費的方式相互扶持。對於「疾病・受傷」、「分娩・育兒」和「退休」的風險承保特別完善。 4-11

私人保險旨在補強公共社會保險不足的部分。建議針對自己真正想防範的風險項目做投保，然後再透過儲蓄來增加手邊的資金。 4-12

「投資」就是資金援助嘗試新事物或有益於社會貢獻的人，並且支持他們的活動。當活動成功時，你將獲得更多的回饋。 4-13

運用自己手上的資金來增加財產，稱為「資產運用」。儲蓄雖然安全，戶頭裡的錢卻很難增值。投資雖然有風險，但賺的錢比儲蓄多。 4-14

投資的關鍵是運用沒有立即使用性的資金做投資，並且分散投資標的。 4-14

日本政府為了鼓勵投資，建立了NISA和iDeCo等免課稅的制度。 4-15

投資不要只尋求眼前的獲利，建議以長遠的眼光持續進行。 4-16

CHAPTER

5

了解全球及目前面臨的問題

第四堂課結束後，參加的學員們開始進行分組活動。
請大家多多指教！
特別作業活動是每組分別到各個企業訪問，並且採訪那裡的員工。
我們這組訪問的企業是「Workwith股份有限公司」。
Workwith
股份有限公司
開
第一次聽到這家公司的名字，看起來似乎是一家提供身心障礙者就業機會的公司。
歡迎你們。
打……打擾了！
第5話
存在於心中的美好事物

你們好，我是Workwith股份有限公司的吉田隼人。
我進公司剛滿三年，跟大家差不多年紀，所以大家可以隨意聊，不用太過拘謹。
你們都是樋口教授班上的學生，今天是來了解我們的工作，對吧？
對。
接下來，就由我向大家介紹一下我們公司的工作內容。
中倉
我們公司隸屬於WWW-Holding 集團，
主要的服務項目有提供身心障礙者「就業輔導」與企業的「人才介紹」這兩種。

你們覺得日本的身心障礙人口現在有多少呢？
河口同學，你知道嗎？
中倉
嗯，這個嘛，大約有五十萬人吧？
答錯了！正確答案是，至少有九百六十四萬七千人。
欸？居然有這麼多！
很多吧！約占日本人口的7.6%。
根據厚生勞動省於二零一八年公布的數據顯示，十八歲至六十四歲的居家身心障礙者人數約為三百六十二萬……
59.6萬人
362萬人
但是，同年公布的私人企業及政府機關兩邊合起來的身心障礙就業者約五十九萬六千人，簡單計算一下之後，三百六十二萬的總人數之中，就會發現受到雇用的比率只有16%。
好……好少……

＊資料來源：令和四年版內閣府身心障礙者白皮書

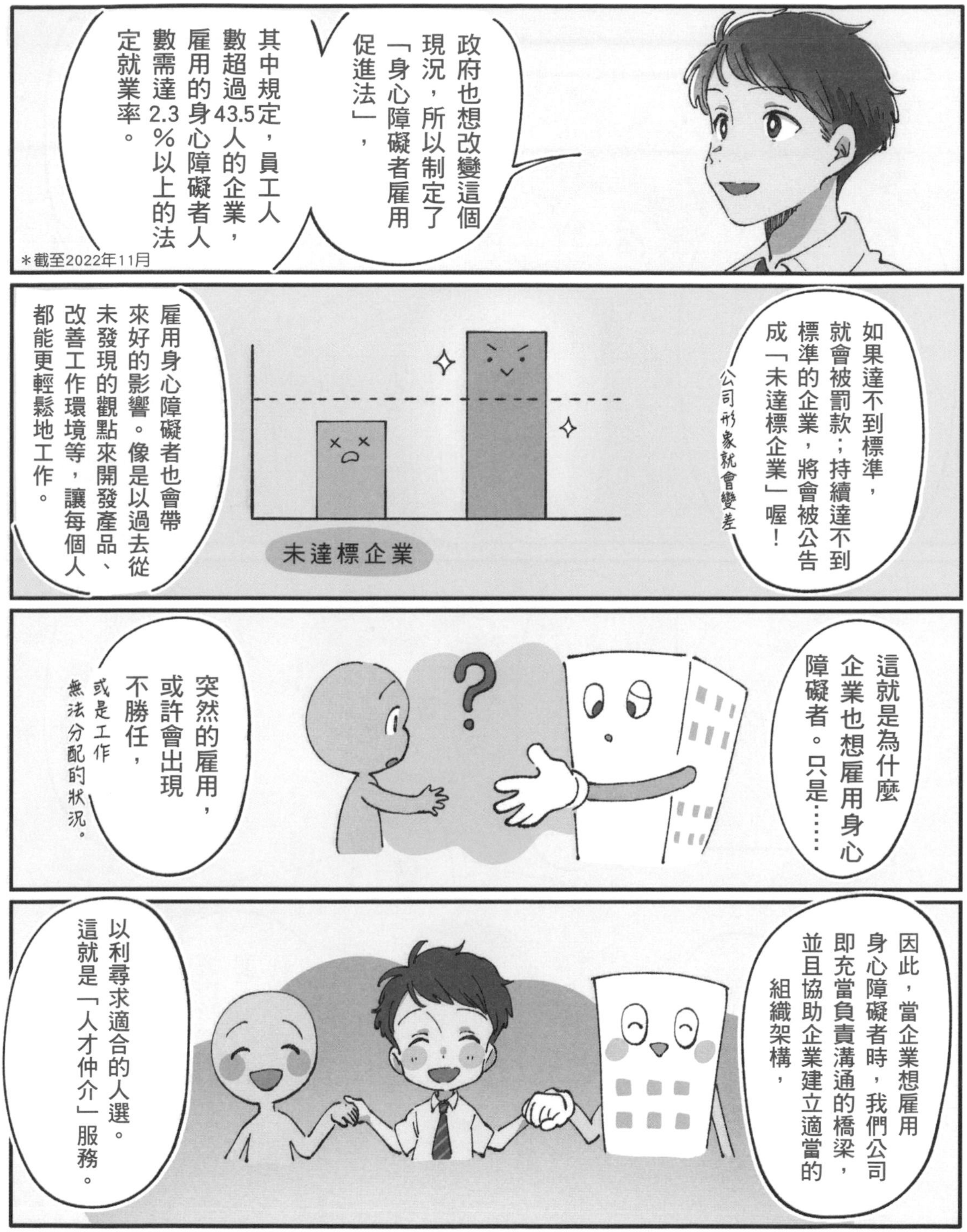
政府也想改變這個現況，所以制定了「身心障礙者雇用促進法」，
其中規定，員工人數超過43.5人的企業，雇用的身心障礙者人數需達2.3％以上的法定就業率。
＊截至2022年11月
如果達不到標準，就會被罰款；持續達不到標準的企業，將會被公告成「未達標企業」喔！
公司形象就會變差
未達標企業
雇用身心障礙者也會帶來好的影響。像是以過去從未發現的觀點來開發產品、改善工作環境等，讓每個人都能更輕鬆地工作。
這就是為什麼企業也想雇用身心障礙者。只是……
突然的雇用，或許會出現不勝任，
或是工作無法分配的狀況。
因此，當企業想雇用身心障礙者時，我們公司即充當負責溝通的橋梁，並且協助企業建立適當的組織架構，
以利尋求適合的人選。這就是「人才仲介」服務。

另一方面，我們招募想工作的身心障礙者，協助他們參加培養工作能力的就業輔導訓練，提供「就業管道」的服務。
接受過「就業輔導」，準備好進入職場的身心障礙者們，會至「人才介紹」服務機構登記，並且確認有無與自己條件相符的企業。
我們公司的工作內容大致上是這樣。
請問大家還有哪裡不清楚的嗎？
其他還有許多服務項目……
請問……
樋口教授有說，要了解「企業獲取利潤的方法」，
請問貴公司是如何賺錢的呢？
相田

我們會向委託的企業收取諮詢費用，確定雇用後，則會向企業收取介紹費用。
雖然我們也會收取個人就業輔導的服務費用，但這筆費用不太需要利用者本人負擔。
目前，就業輔導所需的費用，九成是由國家或地方政府負擔的。
我們社長說，公司雖然沒有賺很多錢，不過賺的錢還足以維持營運啦！
我進公司才三年，營運這種事，還不是很清楚
原來是這樣啊……
畢竟不是義工服務，所以得收費才能維持營運吧。
其他還有嗎？

請……請問，我們正在準備就職活動，
吉田先生，方便告訴我們，您為什麼選擇這個工作嗎？
選擇的理由啊，這讓我想到找工作面試的時候了。
大學時，我曾在出版社打工過，
那時有許多機會採訪各種工作類型的人。
不僅聽過年收入高、知名企業家的故事，也聽過社會上鮮為人知的工作故事，
在這些故事之中，我發現成功的人都有一個共通點。
共通點？
小野

那就是
不會忘記自身工作所具備的社會意義。
一旦進入公司上班，就會出現追著銷售額和數字跑，或是遵循老闆指示工作的情況。
當我們每天忙碌過日子時，很容易忘記去思考工作的意義。
有些人到最後會變成，只看數字或看主管臉色上班做事。
世界上大多數的人都是這樣
可是，我聽到那些故事後，覺得成功的人……

他們都相信自己的工作能夠改變社會，並且帶來正面的影響。
我也是這樣。
覺得自己的工作有社會意義，所以選擇這個工作。
我們的社會存在著許多問題，例如貧窮、不平等、環境問題。
我們公司負責的促進身心障礙者就業，也是一種需要解決的社會問題。
一想到自己努力的工作……
能讓社會朝好的方向前進，就覺得很開心呢！

之後，吉田先生也陸續回答了我們的許多問題，
像是，被不了解身心障礙者的企業負責人所說的話傷害，
或是想要幫助每個人，但光靠企業所做的努力卻很有限，對此感到心有餘而力不足，
畢竟，工作不是只為了做善事。
可是，就像吉田先生告訴我們的那樣，
如果有更多人參與這些善心活動，
這個世界或許會變得更加美好。
隔天，第五堂課上，教授向大家解說了全球面臨的問題。
聽課的同時，我一直思考著「自己能夠做什麼」這個我尚未找到答案的問題。

5-1

全球不平等化正逐漸擴大

減少稅收，錢無法為民所用

當經濟不景氣時，人民沒有錢可用，企業的收入也會減少，連帶導致國家稅收減少。如此一來，國家就只能減少花在人民身上的錢。

徵收的稅金並沒有全部歸還人民

某些國家會減少社會保障或教育的費用，或沒有將稅收用在造福人民的事務上。

全球之中，只有少部分人為有錢人

閱讀到這裡，我想你已經明白生活需要花錢以及與錢息息相關的社會制度。**不過，我們所生活的社會並不完美。**

隨著全球經濟發展，每日生活費低於1.9美元的絕對貧窮人口比例正逐漸下降。然而，另一方面，也出現了貧富不均的問題。根據國

際非政府組織樂施會發表的報告書內容顯示，二〇一八年全球一年內創造出來的財富（持有資產增加的數量）中，全球最富有的1％人口即獨占了82％，而經濟上處於弱勢的底層民眾手中，財產並沒有增加。此外，報告還指出二〇二〇年，全球前兩千一百名富豪的財產將超過四十六億人（約為全球總人口的60％）的財產。全球財富分配不均，將導致貧富差距及不平等不斷擴大。**當財**

富分配不均時，如何重新分配就成了一個重大議題。

日本也一樣存在著許多問題。首先，最大的問題是「不平等」。以非正職員工的收入來說，與正職員工相比就有著很大的差距；甚至還有不少家庭飽受貧困生活之苦。此外，日本目前的經濟成長極為緩慢，近三十年來，勞動年齡人口所占的國民平均薪資比例呈現逐漸下滑的趨勢，因此如何維持社會保障制度等需要解決的問題，可說是堆積如山。

本章節將帶你了解日本和全球所面臨的問題，並且思考我們應該如何解決這些問題。

4,600,000,000人

所擁有的財富就超過46億人的財富了！

企業・公司・團體等

當經濟不景氣時，對於想守住資產的企業或公司而言，即使賺了很多錢，仍舊會選擇將錢存起來，避免提高員工薪資或動用設備投資等資金。

一般民眾

沒有多餘的錢，只好控制購物

經濟不景氣使公司業績下滑，許多人的薪資也跟著減少。這些人到最後會因為節省而不再購物，相對的，流轉至商店和企業的錢也會變少。

一直存錢，消費活動將逐漸消失

就像企業一樣，個人因為不想減少自己的存款，所以盡可能的將收入存起來。一旦變成這種狀況，貨幣就沒辦法在世界各地流通，社會經濟活動也將停滯不前。

付出的勞力沒有辦法獲得對等的報酬

有的人就算努力工作、提升公司業績，薪資卻因為公司一句「經濟不景氣」而久久無法調漲。

5-2 資本主義的原動力是「想賺錢」

競爭與自由是資本主義的本質

在了解全球和日本面臨的問題之前，我們必須先了解「資本主義」。我們生活在資本主義社會，

資本主義指的是個人可以自由使用土地、金錢和設施等「資本」來創造商品與服務並且獲利。而擁有大量資本的人則稱為「資本家」。第二章中提到過股份有限公司透過發行股票來籌集資金，資本家則是用

手上的錢購買大量的股票。因此，資本家可說是股東或投資者，而經營者要根據公司手上所有的資本制定生產計劃、雇用勞工、決定工廠及機器設備的規模與數量，以及生產哪一項產品及其數量。相對的，

自由的經濟活動與競爭
企業雖然有面臨倒閉的風險，但若經營成功，則會擁有優渥的利益。
實現富裕的社會
藉由企業之間的競爭，帶動技術提升、創造出有益人類的事物，並且使社會得以發展。

亞當・史密斯（1723～1790）

英國哲學家、經濟學家亞當・史密斯於1977年所著的《富國論》中提到，自由的經濟活動可以增加國家的財富。如果國家不過分干預，允許人民按照個人欲望及利益自由進行經濟活動，整個社會就會像一雙無形的推手，從中調節供給與需求。史密斯的論點成了現代資本主義經濟學的基本概念。

資本主義經濟的架構

資本家從銷售額中扣除人事費及成本後，將所得的利潤，再拿去投資、增加商品生產量，藉此賺錢。隨公司的發展，由公司以外的人擔任資本家、管理經營的情形很常見。

資本家
利益・獲利
機器設備
商品
資本家握有資本（生產手段）
錢
工廠
薪資
運用資本
勞工

勞工利用資本家提供的工廠和機器設備等生產手段製造商品。勞工提供資本家「勞力」服務，並且獲取薪資。換句話說，「勞力」也是一種商品。

勞工也會自己選擇到能夠賺錢的公司工作。

企業可以自由決定公司經營的產品和服務，以及生產、物流、銷售等方式。推出的產品如果獲得消費者的青睞，自己就能賺錢；反之，如果消費者選擇其他公司的產品，那麼自己有可能面臨賠錢倒閉，所以，企業之間競爭可說是非常激烈。如果**各企業不斷的相互競爭、持續努力，就能提升技術、創造出優質的產品和服務，這麼一來，社會就能向上發展並變得更加方便。**

資本家（投資者、股東）希望投資賺錢，企業、經營者希望藉由成功的銷售來獲利，勞工也希望能夠得到工作的報酬。**「想賺錢」的心情就是資本主義社會的原動力。**只要努力就能獲得回報，花點心思就能賺錢，是資本主義最大的優點。

5-3 什麼是「社會主義」？

平等與管理是社會主義的本質

德國哲學家、經濟學家卡爾・馬克思意識到資本主義的弊端，即資本家對金錢、設備等商業活動的重要資本握有控制權。因為資本家的目標在於賺錢，當他們認為拉高效率生產商品能讓他們賺錢時，就會引進機器設備。如此人力需求就會因機械化降低，導致更多勞工遭到解雇。資本家會將設備費用與勞工薪資放在天秤上比較，選擇成本較低的一邊；而勞工則處於失業的不安中，尋找低薪但肯給他們工作的地方。馬克思在著作《資本論》中，用這樣的方式指出**資本主義社會擴大貧富差距的缺點。**

嘗試克服這個缺點的就是社會

勞動不僅生產產品，參與生產的勞工也屬於產出的商品之一。
材料使用○○和△△，加上這個設計，生產××雙靴子。
在計畫經濟中的生產過程全部受到管控
無視消費者的需求製造出來的靴子。
好奇怪的設計！
無法獲得消費者青睞，留下大量賣不出去的存貨。

哲學家、經濟學家
卡爾・馬克思
（1818-1883）

社會主義

［優點］

- 每個人之間沒有差距，連在金錢上都是平等的
- 向國家領取同等薪資，保障擁有最低生活水平
- 有計畫的生產商品，如果生產得宜，就不會出現浪費

［缺點］

- 不管怎麼努力，得到的薪資都一樣。勞工工作意願低
- 沒有競爭，因此生產不出更好的商品，經濟陷入停滯
- 國家領導者的權力過大，出現向人民執行暴政的傾向

資本主義

［優點］

- 自由的競爭增加了商品的種類並且提高了商品的品質
- 人們為了賺錢，更有動力努力工作
- 供需平衡決定商品的價格

［缺點］

- 資本家與勞工的差距拉大
- 因為屬於競爭社會，所以會出現贏家與輸家

主義制度。

❶ **個人和企業不擁有也不再追求私有財產的利潤。**

❷ **國家和地方政府等，擁有資本並且有計畫地進行經濟活動。**

這兩點是社會主義的基本概念。馬克思認為國家和地方政府若能主導經濟，資本家和勞工之間就不再有區別，進而形成人人平等且幸福的社會。一九九二年，蘇維埃社會主義共和國聯邦（蘇聯）成為世界上第一個社會主義國家。不過，當時社會主義並未順利起飛，蘇聯於一九九一年宣告解體。

蘇聯主張一切交由高層菁英規劃和管理。包括每種商品的價格和供應量，全部交由政府決定，社會不僅不會出現浪費，還能變得更好。但是，當商品出現短缺或過剩時，社會就會亂成一片。另外無論如何努力薪資也不會上漲的現象，也使勞工無法保持工作的動力或是不再付出心力。

從生產到物流，
即使有完善的計畫，
一旦沒有競爭，或無法
迎合消費者的需求，
最後都會走向
失敗的局面。
算了，
不買了！

最後，不僅技術無法獲得改良，社會的發展也停滯不前。加上為了管理和指導國民（＝勞工），國家必須加強抵禦和管制，因此權力很容易集中在高層手上，導致出現猖狂的獨裁及不端正的行為。

在蘇聯之後，雖然陸續出現了其他社會主義國家，不過也都因沒有實現理想而挫敗。目前，仍舊執行社會主義的國家有中國、北韓、越南、寮國和古巴。縱使實際情況各有不同，但以獨裁政權壓迫人民及持續存在貧富差距等各種問題來看，**社會主義似乎很難得以實現。**

COLUMN

冷戰和柏林圍牆

第二次世界大戰後，從1947年持續到1989年，以美國為首的資本主義陣營及以蘇聯為首的社會主義陣營之間的衝突，稱為「寒冷的戰爭」，簡稱「冷戰」。雖然沒有直接發生戰爭，但在經濟和外交等其他方面，卻出現該由資本主義還是社會主義領導的衝突問題。1949年，德國分裂為東德和西德，西德為資本主義，受到蘇聯影響的東德則為社會主義，就此形成了繁榮的西德與貧困東德的對照景象。1961年8月，東德意識到人口不斷向西德外移的危機，一夜之間建起了柏林圍牆——這道防止東德人民越至西德的牆。柏林圍牆是冷戰的象徵，但隨著社會主義的衰落，於1989年11月拆除，東西德也就此統一。

5-4 強勢的資本主義與不平等的擴大

財富集中在有錢人手上，擴大了他們與勞工間的差距

當社會主義經證明不可行之後，資本主義趨勢逐漸壯大。社會經濟若處於政府的計畫管控之下，並不會獲得好轉；必須透過私人企業參與市場競爭的方式，並且在各產業中展開市場競爭，才能夠有所發展。

此外，經營者可以在勞工薪資比自己國家便宜的國家設立工廠，製造商品。抱著「想要賺錢是資本主義原動力」的概念，為發展中的國家創造就業機會，更進一步朝全球化前進。

所帶來的結果雖然實現了生活便利、以低廉的價格獲得優質商

發展中的國家發生的勞工問題實例

2013年，孟加拉一處成衣製造工廠大樓拉納廣場（Rana Plaza）發生了倒塌事件。這起造成一千多人死亡的「拉納廣場悲劇」，起因為某家接受已開發國家服飾品牌訂單的老闆，無視建築物的裂縫讓工廠繼續生產。這樣的現象迫使我們正視，已開發國家的資本家和經營者們一心追求利潤、不顧處於弱勢地位的勞工們的生死，並不是一個正確的社會型態。

照片來源：Alamy/PPS通信社

品的社會型態，但與此同時，也跟馬克思在《資本論》中所批判的一樣，資本家和勞工之間的差距正在擴大。如同5-1中說明的，**少數富裕階層的人獨占了全球一大半的財富，不平等的情況正在上演。**

另外，發展中國家也出現了像逼迫低薪勞工在惡劣的環境下工作、孩童被迫成為童工而失去接受教育機會等各種問題。因此，也有越來越多人認為過於嚴重的差距儼然已成為問題，並且開始思考如何解決資本主義所面臨的問題。

COLUMN

真正的社會主義仍舊是可行的？

馬克思認為在擁有高度智慧和受過良好教育勞動者的資本主義國家中發起社會主義革命是能成功的。然而，當時真正發起革命的俄羅斯和中國，國民大多是農民，無法說是有高度智慧的勞動者，所以這些國家並不是馬克思所設想的「成功的社會主義國家」。現今，資本主義已經完全滲透，也出現更多聰明且受教育的勞動者，加上《資本論》這本書在首次出版的150年後，也重新受到檢視。這或許是許多人認為馬克思提倡的社會主義，在現今有可能獲得實現的原因吧。

成為人口販賣犧牲品的孩子

衝突地區不斷有兒童遭到販賣或綁架。現實中，像強迫勞動、訓練童兵、強迫婚姻等可怕的行徑，皆由極端的武裝集團所為。

巧克力與童工問題

可可豆是已開發國家人民所吃的美味可口的巧克力原料，主要的產地在西非。依據2020年芝加哥大學研究所發表的報告顯示，超過150萬名孩童在象牙海岸共和國和迦納等國家工作。巧克力製造商與兩國的政府不斷努力杜絕童工現象，但至今仍未找到解決的方案。

5-5

非正式雇用者的人數增加

台灣資訊
請見302頁

日本的差距也正在擴大

延續資本主義導致貧富差距擴大的話題，日本也面臨非正式雇用者增加的問題。根據總務省的統計，一九八九年，正式雇用的勞工人數為三千四百五十二萬人、非正式雇用的人數為八百一十七萬人（19.1%）；而到了二〇二〇年，正式雇用的勞工人數為三千五百二十九萬人，非正式雇用的人數則變成兩千零九十萬人（37.2%）。經過約三十年，勞工的總人數有所增加是件好事，但其中大部分增加的卻是非正式雇用的勞工。增加的非正式雇用勞工大多是從事兼職工作的女性和六十多歲屆齡退休之後再工作的人，還有**不能如願成為正職員工，只好持續以非正職員工身分工作的人。**根據厚生勞動省於二〇一九年公布的「就業型態多樣化現狀綜合調查」數據顯示，受訪者當中有23.9%為契約工、31.1%為派遣工，他們皆表示之所以選擇現在的工作方式，是因為「沒有公司任用他們為正職員工」。

根據國稅局於二〇一九年所做的個人薪資現況統計調查顯示，正式雇用勞工者的平均薪資為五百零三萬日圓，非正式雇用勞工者則為一百七十五萬日圓，兩者相差了三百二十八萬日圓。許多非正式雇用勞工者也只參加國民年金，因此退休後的錢財也是個令人擔心的問題。如果自己本身抱著「稍微工作一下，賺點錢」、「想要靈活的工作方式」等心態，選擇非正式雇用的工作就不構成問題。不過，若為降低勞動成本而增加非正式雇用勞工的人數，那就會構成問題了。有些企業甚至讓非正職員工從事跟正職員工相同的工作。就這種情況來看，不得不說經營者和資本家（股東）為了賺錢而廉價購買勞力。

日本政府為了解決這些問題，於二〇二〇年四月頒布了「同工同

非正式雇用勞工的比例

非正式雇用勞工中，兼職者、打工者、契約工、派遣工的占比最多。

＊8.2%的兼職者、23.9%的契約工以及31.1%的派遣工表示他們選擇這樣的就業方式是因為「沒有公司任用他們為正職員工」。

資料來源：2019年就業型態多樣化現狀綜合調查

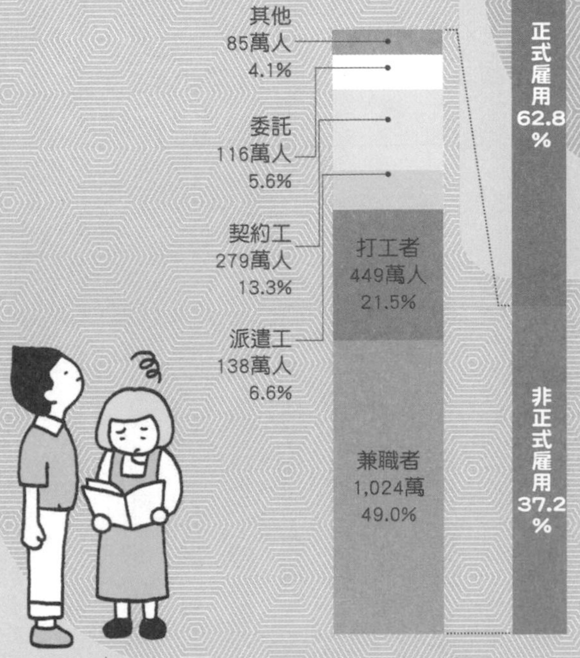
其他
85萬人
4.1%
委託
116萬人
5.6%
契約工
279萬人
13.3%
派遣工
138萬人
6.6%
打工者
449萬人
21.5%
兼職者
1,024萬
49.0%
正式雇用
62.8%
非正式雇用
37.2%

2020年
幾乎沒有變
3,529萬人
2,090萬人
至少增加了2.5倍

非正式雇用勞工者的人數在過去的30年間，增加了2.5倍。不過，正式雇用勞工者的人數並沒有增加太多。從數據可得知，企業不會輕易雇用正職員工。

「同工同酬」修訂法實施後的問卷調查結果

2020年4月「同工同酬」修訂法頒布。但2021年4月針對已婚女性所做的調查顯示，一半以上的人覺得什麼都沒改變。對照修訂前與修訂後的狀況，有人認為薪資和福利等不合理的待遇差距變小了，但也有人表示差距變大了。以企業者的角度來看，待遇出現差異時，很難判斷這種差異是否不合理。

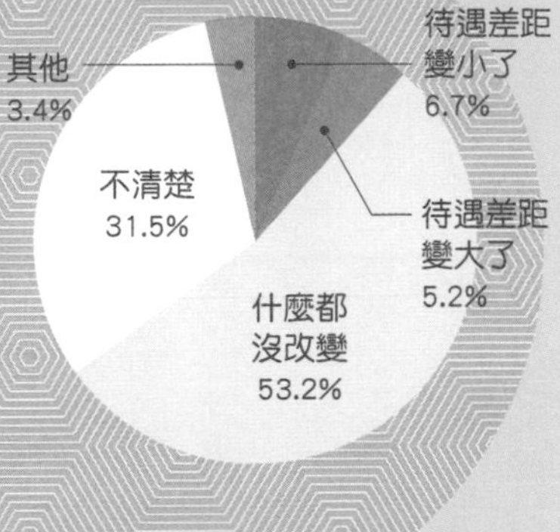
待遇差距變小了
6.7%
其他
3.4%
不清楚
31.5%
待遇差距變大了
5.2%
什麼都沒改變
53.2%

資料來源：主婦JOB總研「同工同酬法修訂」問卷調查

酬」修訂法。目的在於消除正式雇用勞工與非正式雇用勞工之間的待遇差距，提倡即使雇用型態有所差異，勞工只要從事相同的工作內容，就必須給予相同的報酬。不過，勞工之間的待遇差距是否會因此而縮小，仍有待觀察。

5-6

日本也有的貧窮問題

在日本，貧窮也是個嚴重的問題

你知道日本也有嚴重的貧窮問題嗎？據說衝突地區與發展中國家多可見到每天生活費低於1.9美元、處於「絕對貧窮」狀態的人。日本與大多數絕對貧窮國家相比，幾乎沒有絕對貧窮者，但若以處於生活貧困的**相對貧窮者的比例來看，三十五個已開發國家中，日本則位居第一，並且比例有越來越高的趨勢**（資料來源：二〇一七年OECD經濟審查調查報告），即為每六人之中有一人（孩童則每七人之中有一人）的比例。你是否也覺得這樣的占比太高了呢？

相對貧窮的家庭，還存在乍看沒有陷入財務困境的情況。但是，這些人由於手邊沒有積蓄，每天過著經濟吃緊的生活，導致必須減少吃飯或醫療的開銷；或是孩子們礙於經濟原因不得不放棄升學，藉由打工來支付生活費、分擔家務和照顧生病的父母或祖父母等。正因為他們不像貧窮者容易從外表判斷，所以較不易得到援助。尤其以單親家庭、老年人和單身人士最為常見，並且數量有逐漸增加的趨勢。

這種差距甚至會代代相傳，衍生出「貧窮鏈」的問題。

這與「教育」有著很大的關係，各種數據顯示，低收入家庭出生的孩童很難獲得完善的教育，或找到

絕對貧窮

意指一個人的收入或消費水準低於一般水平。除了沒有足夠的錢生活之外，還有可能因為吃不到足夠的食物而變得營養不良，或是沒有辦法接受文化教育等基本的權利。據說發展中國家之中，每11人就有1人處於每日生活費低於1.9美元的極端貧窮狀態。

相對貧窮

生活與文化水準比某些國家或地區更為貧窮。家庭收入全部位於低水平，即低於中位數（非平均數）的一半。

處於相對貧窮狀態的主要族群

老年人　單親家庭　單身人士

穩定的就業機會，這使他們也有極高的可能性成為低收入者。如同3-8所說明的，擁有高學歷並不代表你會得到高薪工作，但經濟差距和教育差距有關聯性，這點確實是不可抹滅的事實。

這些貧窮和差距的問題必須透過國家和私人企業的力量來解決。就拿世界第三大經濟強國（截至二〇二一年）日本來說，富裕的國家中，仍然有這麼多人過著困苦的生活，我們應當為這些人做些什麼才是。

COLUMN

遭遇困難時，可提出最低生活保障申請

你對最低生活保障制度抱持什麼樣的看法呢？我們可以在網路上看到「接受生活保障費的人很丟臉」、「靠大家的稅收過生活，也太卑鄙了」等批判領取生活保障費者的言論，但這些批判行為是不對的。在日本，或許因為在意這些批判，大多數人即使擁有領取資格，也不會提出申請；甚至有人因此而失去生命。最低生活保障制度不僅是一項社會福利，也是貧困者生活的最後一道曙光。因為任何人都有可能遭遇困境或是面臨無法工作的狀況，所以申請生活保障費雖然有條件限制，但無論是誰，當自己陷入苦境時都有權利提出申請，讓自己過上健康且最低限度的文化生活。

相對貧窮的影響

放棄升學

有些人即使有志願就讀的高中或大學，也會礙於沒錢繳學雜費而選擇放棄升學。

沒有時間學習

代替忙於工作的父母親照顧弟妹與處理家務，以至於疏忽了自己的學業。

家族關係惡化

親子關係也籠罩著壓力的陰影，彼此爭吵不休。

逃避就醫

即使生病了，也因為付不起醫療費，所以不能去醫院看病，以至於難以維持健康。

5-7 日本是不調薪的國家？

日本三十年來持續通貨緊縮，薪資未曾變動過

我們會以「消失的三十年」來形容日本的經濟狀態。據說日本的股價從未更新過，一直停留在一九八九年的最高點，而經濟更是停滯了三十年之久。

「經濟成長率」是衡量國家實際GDP（國民生產毛額）與前一年相比的成長幅度指標。與世界已開發國家相比，日本的經濟成長率歷年來皆較落後，即使曾經短暫出現過經濟復甦的跡象，也仍舊停滯不前。

日本國民的平均薪資在一九九七年時曾達到四百六十七萬日圓之高，在那之後卻持續低迷。到了二〇一九年則變為四百三十六萬日圓。OECD（經濟合作暨發展組織）的數據顯示，一九九〇年，日本的平均薪資在OECD成員國家排名十二，但二〇二〇年降至第二十二。與薪資隨經濟發展逐漸增加的海外國家相比，日本為處於低薪狀態的國家。

・經濟成長落後於其他國家
・國民的平均薪資沒有成長

這兩點是日本現行面臨的最大問題。日本政府祭出物價調漲2％的政策，以期能夠藉由2％的物價上漲率來促進經濟成長。不過只漲物價不漲薪資，只會讓國民的生活更加困苦。薪資跟著物價調漲，金錢的流通才會比以往更加頻繁，經濟也才會變好。因此政治人物們必須思考怎麼做才能實現這樣的狀態。相對的，我們也必須跟著思考如何審慎的選擇政治人物。

OECD七大國的平均薪資趨勢圖

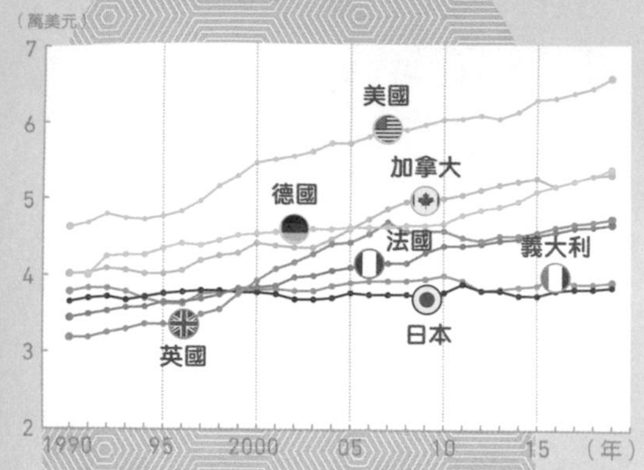
（萬美元）
7
6
5
4
3
2
1990
95
2000
05
10
15
（年）
美國
加拿大
德國
法國
義大利
日本
英國

資料來源：OECD「Data Average wages」製表

30年來，美國薪資成長了約1.5倍。加拿大、德國、英國和法國的工資也呈現穩定成長，可是日本和義大利的工資幾乎沒有成長。如今，就連1990年時，排名落後日本和義大利的英國與法國，都超前了。

USA
哇！
GER

COLUMN

為什麼日本的平均薪資無法拉高？

日本的經濟雖然有成長，但與其他國家相比，步調仍舊非常緩慢。其他國家的平均薪資增幅率比經濟成長率高出許多，可是為什麼唯獨日本的薪資沒有提升呢？以下幾點是可能的原因。

我不知道發生什麼事，
所以不能給你錢！
連設備投資都不做。
只要成為正職員工，
我絕對會一直待到
退休的！
改善
待遇
薪資UP
保護
員工!!
對啊！
對啊！
非

就業流動性低
（轉職並不常見）

這是一個非常典型的日本特有文化現象。終身雇用制度提供了穩定收入，對勞工來說受益匪淺。但相對的，薪資的主導權卻落在企業主這方。在轉職風氣盛行的情況下，會出現勞工「沒有辦法屈就於這樣的薪水」而造成人才外流的問題，因此企業主們也會聽取勞工的意見，提高他們的工資。

日本企業多採用保留盈餘政策

日本企業的特徵是許多公司不會將公司的獲利反饋給員工或拿來做新的投資。根據日本財務省於2020年度結算時所做的調查顯示，日本企業的保留盈餘(累積獲利)總計484兆3,648億日圓。

擴大非正式雇用者的需求
（增加低薪人才）

正如5-5中提到的，企業為了壓低勞動成本，會不斷增加非正職員工的數量，造成勞工只能領低薪、任由企業和資本家獲利的現象。

5-8 少子高齡化也會帶來經濟衝擊

少子高齡化是會使國家失去活力的嚴重問題

少子高齡化意指社會同時出現出生率低下、孩童人數變少的「少子化」和總人口中的老年人口比例增加的「高齡化」這兩種現象。截止二〇二一年十月一日，日本六十五歲以上的人口為三千六百二十一萬人，高齡化率達28.9％。由於醫療進步，日本成為世界上高齡率最高的國家。

此外，二〇二一年的出生人數僅有八十一萬一千六百零四人，創下自一八九九年開始調查以來的最低紀錄。這個問題也被視為長期籠罩在新冠肺炎陰影下的未來隱憂。

台灣資訊
請見302頁

國家因應人口老化攀升，不得不爲老年人支付更多的退休金和醫療費用。

支撐國家財政稅收的是十五至六十四歲、擁有工作且繳納稅金的「勞動年齡人口」。所以，少子化等同於勞動年齡人口減少，到最後演變成只能靠少數人來養活老年人，甚至連帶增加了勞

人口分布趨勢圖

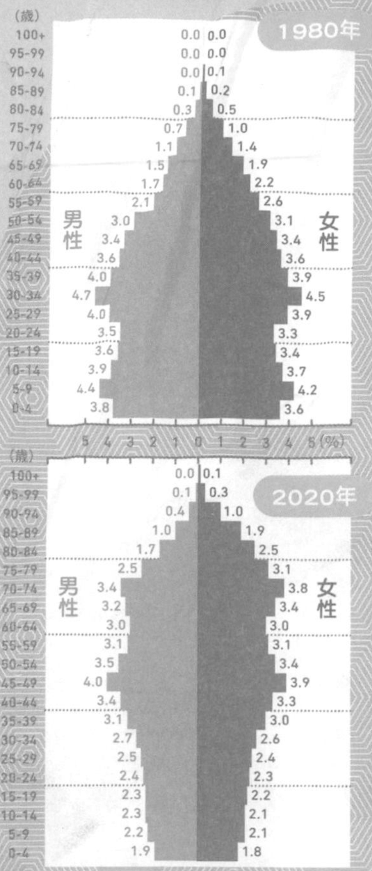

少子化和高齡化保持著持續攀升的趨勢。例如，1980年，15歲以下的人口和勞動年齡人口（15至64歲）較多，呈現金字塔型的趨勢圖；但到了2020年，勞動年齡人口減少，老年人口增加，人口分布趨勢則變成了倒金字塔的形狀。

資料來源：厚生勞動省「人口動態統計（2020）」

出生率趨勢圖（每一名女性）

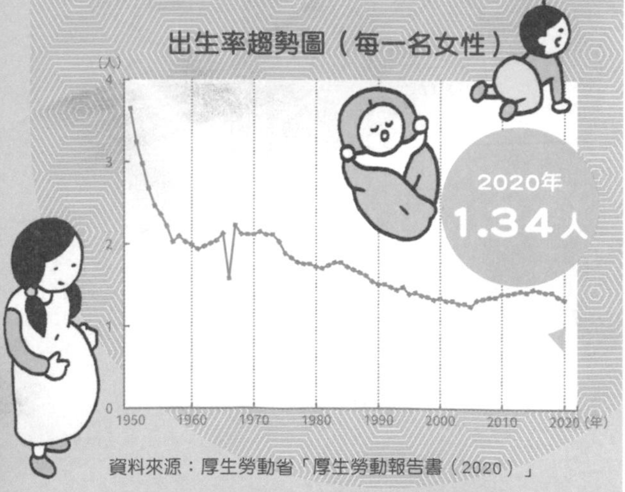

資料來源：厚生勞動省「厚生勞動報告書（2020）」

動者們的負擔。此外，**少子化帶來的人口減少現象，也會使生產和消費跟著下降。**

如此一來，企業將陷入業績吃緊的狀態、每個人的薪資和國家的稅收都不會增加，社會保障制度也很難維持。

形成少子化的原因有價值觀的多元化、景氣低迷、難以提供人民在工作和育兒之間取得平衡的環境等。關於價值觀的多元化，像「結不結婚」、「生不生小孩」等選擇是個人自由，所以不會構成問題。

但如果有些人很想結婚或生小孩，卻礙於經濟不景氣、沒有完善的環境等因素而作罷，就是問題了。因此我們需要重建經濟，讓所有人都不再因為收入影響結婚或生小孩的決定，增加保育人員或幼兒園的數量，提高托育孩童的便利性。並且改變心態，讓男性和女性能更容易取得留職停薪及育嬰假的權利。

1950年，每12.1名勞動年齡人口贍養1名老年人，但到了2020年，勞動年齡人口已減少到2.1名。預估到了2050年，勞動年齡人口將減少到1.4名，減少的幅度也有可能超過預期。

COLUMN

法國的希拉克三原則

1993年，法國出生率為1.73%，創下歷史最低紀錄。2006年出生率回復到2.00%。原因就是當時的總統希拉克提出的希拉克三原則政策：

1. 防止生育孩子帶來額外的經濟負擔
2. 免費提供托兒所就讀
3. 對於留職停薪育嬰假三年後重返工作崗位的女性員工，公司必須承認她這三年的工作年資

基於這三項原則，法國人民在生育、育兒及就業等方面得以擁有廣泛的選擇，出生率隨之提高。兒童是國家未來的主人翁，日本也應該從中學習經驗。

5-9

新冠肺炎與經濟

經濟低迷期間，實施了許多措施

二〇一九年十二月，中國湖北省武漢市最先爆發新冠肺炎，二〇二〇年蔓延到全世界。許多國家為了防止疫情擴大，紛紛採取封鎖都市等各種政策，導致經濟活動大幅度受限。

日本國內的疫情也相繼擴大，中央與地方政府開始推動通勤尖峰時段的遠距上班、學校停課、飲料店停止營業或縮短營業時間、停止娛樂活動或縮小規模，並呼籲國民減少不必要的外出，徹底改變了我們的生活。就連近年來一直增加的海外旅客，現在也大幅減少了。

受到新冠肺炎的衝擊，日本國內的銷售業出現了兩極化，不需要面對面銷售的網路購物、電商平台、外送等宅經濟現象反而增加了這些產業的銷售額。二〇二〇年度的實際GDP（國民生產毛額）成長率僅有4.5%，創下歷史新低。餐飲、飯店住宿、觀光旅遊及娛樂等行業，有不少店家和員工，面臨關門歇業與遭到解雇的狀況。政府也實

嚴重受到影響的產業

新冠肺炎疫情的影響，除了人們外出和旅行受到限制以外，快餐連鎖店、餐廳和居酒屋等餐飲業，旅行社和旅館等觀光業，以及劇院、現場演出的娛樂業相關工作者們的工作也大幅減少。

HOTEL
TOKYO 2020

失業者增加

新冠肺炎宣布緊急事態宣言所帶來的影響有：餐廳面臨被迫關閉或縮短營業時間，非正職或打工兼差的勞動者面臨減少輪班或遭到解雇的情況；此外，到勞動就業培訓中心尋找新工作的人也有所增加。

勞動就業培訓中心
徵人

施了各種經濟措施，但有些人不在援助政策的架構中。**我們每一個人對抗新冠肺炎所做的自我約束和限制行動的行爲，對經濟產生了巨大的衝擊。**因此，希望消費能夠早日恢復以往的景象，讓經濟狀態變得更好。

COLUMN

後新冠肺炎時代的動向

新冠肺炎雖然給全球經濟帶來了很大衝擊，不過也因為新冠肺炎，才不斷湧現出新興的運動。例如，為了避免感染，獎勵員工遠距上班的企業變多了；越來越多企業也意識到員工如果對自己的工作負責，也不一定要在租金高的都市大樓中設立辦公室，所以允許員工遠距上班，只將總公司搬到租金較低的地方而已；還有一些受到新冠肺炎影響、業績下滑的公司，會允許員工從事副業。或許我們可以說，拜新冠肺炎所賜，我們擁有了多樣化的工作方式。

增加關鍵崗位工作人員的負擔

醫務人員、護理人員、警察、消防員、學校教師、超市和便利商店店員、郵政和宅配等的郵件配送人員、公車和卡車司機等，這些我們生活和工作中不可缺少且工作性質無法避免和他人接觸的工作者稱為關鍵崗位工作人員（Key worker），他們時常在有感染風險的環境下工作。另外，還有一個早在疫情發生之前就已經存在的問題，關鍵崗位工作人員的工作時間普遍較長，且難以獲得相對等的酬勞，導致勞動力嚴重短缺。

5-10 日本的債務面臨什麼樣的問題？

台灣資訊
請見303頁

持續增加借款，是否能獲得有效的利用呢？

日本是個物資充裕且適合生活的國家，不過根據日本財務省（類似台灣的財政部）的數據顯示，截至二〇二〇年十二月，日本政府的借款已增加至一千兩百一十二兆四千六百八十億日圓（累計），為有史以來的最高紀錄。這個數字有日本國內一年的生產和消費總值GDP（國民生產毛額）的兩倍之多。就已開發國家來說，只有日本面臨這樣的情況。

2-9中提到了政府發行國家債券時，流通在社會的貨幣數量將會增加。換句話說，就是政府的借款在社會上流通。實際上，日銀已宣布，截至二〇二二年三月底，個人金融資產額已達到兩千零五兆日圓的歷史新高。另外，日本財務省也指出，企業儲蓄獲利的保留盈餘額，截至二〇二〇年底將超過四百八十四兆日圓。政府的債務回轉到個人和企業身上，意味著哪裡有錢，哪裡就有足夠的資金。

不過，日本的GDP在經濟差距逐漸拉大、消費無法拉高的情況下，持續呈現低成長。**原因在於政府雖然借錢增加流通社會的貨**

國家收入＝歲入
歲入總額(2022年度)
107兆5,964日圓
新的借款
(公債金)
36.9兆日圓
所得稅
20.4兆日圓
法人稅
13.3兆日圓
消費稅
21.6兆日圓
其他收入
5.4兆日圓
其他稅收
9.9兆日圓
國家支出＝歲出
歲出總額(2022年度)
107兆5,964日圓
借款還款
與利息
(國債費)
24.3兆日圓
社會福利費
36.3兆日圓
地方補助稅、
補助金
15.9兆日圓
其他
13.8兆日圓
公共建設費
6.1兆日圓
經濟合作費
0.5兆日圓
國防費
5.4兆日圓
教育及科學
促進費
5.4兆日圓

資料來源：國稅廳官網「國家一般會計歲入與歲出額(2022年度當初預算)」

COLUMN

年輕人手中的選票能夠改變社會

以民主國家來說，年輕族群會以中長期的眼光來思考未來。對於站在前線工作，不滿生活現狀的自己以及邁入老年後的生活擔憂，做出雙方面的考量，然後投出讓自己30至40歲時免於面臨困境的選票抉擇。然而，當工作退休的年長者越來越多時，往往會變成以短淺的目光來思考，忽略勞動年齡層的福利與對社會未來的投資。2022年，日本參議院選舉的投票率為52.05%，其中年輕世代的投票率為最低，10世代、20世代、30世代分別各為35.42%、33.99%、44.80%，與其他國家相比，投票率可說是相當的低。如果年輕人不投票，國家的政策就會只著重在老年人的身上。因此，年輕一代的人必須明白「對政治漠不關心，將是自己的損失。」

有哪些讓景氣回溫、稅收增加的有效方法？

孩童養育補助？老年人福利？

如果國家對育兒家庭給予更多的支援，並且創造一個易於撫養孩子的社會環境，那麼生育的人數或許就會增加。這些孩子有一天也會成為納稅人。或者，藉由讓老年人享有更優渥的福利，來緩和國民對未來的擔憂，這麼做或許能夠提升消費讓景氣回溫。不管是哪一種作法，目的都是想要更充裕的支援，可是國家的預算卻是有限的。所以我們必須思考如何運用募集到的資金來改善社會。

增稅？減稅？

政府藉由增稅政策來增加稅收，能夠減少國債的發行量。不過，經濟不景氣期間的最基本概念是執行減稅政策，讓每個人民都能更容易運用錢。到底要增稅還是減稅？向誰徵收稅金？這些都是國家政策考量的重點。

限定條件給付？統一給付？

2020年，居民基本資料有登記紀錄的日本民眾，每人可領取10萬日圓。2021年，18歲以下，每人可領取10萬日圓。這些是新冠肺炎疫情擴大後的應變措施。政府為了避免統一給付帶來的不公，必須多徵收稅金，但相對也會帶來沒錢的人選擇省錢、無法刺激消費的問題。而限定條件給付又會產生「沒有孩子的年輕人就該吃苦」的不公平感。

幣量，卻沒有將這些錢運用在真正需要的地方；加上國民們對未來擔憂，形成只存錢不花錢的局面。

為了維持國家的營運，日本就好比不斷借錢來還債一樣，每年倚靠稅收，同時還發行了數十兆日圓的國債。

除了國債之外，少子高齡化現象的來襲，將會拉高社會福利的需求，因此必須不斷的拓展稅收來源。日本政府應當思考徵收哪些稅金來增加稅收，並且分階段實施這些政策來改變經濟狀況，讓資金能夠運用得宜。

當無條件基本收入成為社會常態時……

當無條件基本收入變為社會常態時，或許人們將不再為生計而苦惱，甚至可以依照自己的意願，不再為了錢而工作。不過也有人擔心這樣一來，將出現更多人不工作、經濟活動停滯不前的問題。最近，眾議院議員總選舉中已有一些政黨提議將無條件基本收入列入國家政策之中，這項政策議題未來有可能會持續成為熱門話題。

5-11

社會因嶄新的措施而改變？

用創意和技術解決問題

到這邊，我們看到了日本面臨差距、貧窮、景氣長期低迷等問題。這些問題要如何解決才好呢？

以近幾年的熱門話題，推動「無條件基本收入」的政策為例。包括日本在內，世界各國正在考慮推動這個無條件提供所有國民日常生活所需最低金額的制度。

如果日本國內推行這個制度，預計不僅能夠救濟那些有工作卻仍舊無法擺脫貧窮生活的人，還能在每個人都有足夠錢的前提下，增加消費行為，經濟也會因此獲得改善。另一方面，政府在面對如何利用財政資源將這筆錢分配給每位人民這個問題時，也必須考慮是否應該發行更多的國債或徵收更多的稅金。

另一個不太一樣的觀點是「易腐貨幣」。這個道理就像，當錢包中有一張這個月到期的商品禮卷時，我們一定會燃起「必須使用」的想法，並拿著禮券去購物。假如貨幣也有一條「到期後就會貶值」

［優點］

- 可以獲得最低所需收入的保障，貧窮人口將會減少
- 降低金錢焦慮，將有更多人開發新興事物，促進社會發展
- 利用全民基本收入統一社會保障，能簡化「失業保險」、「生活福利」等保障制度的條件規範

［缺點］

- 無條件基本收入的財政資源不易取得
- 因為每個人都能享有最低收入保障，人們會失去工作意願
- 社會保障制度一致化，其他保障制度將會遭到忽略

COLUMN

日本的借款能夠再增加嗎？

MMT（現代貨幣理論）提出了「一個能夠發行自己國幣的國家，無論發行多少國債，都不會出現財政問題」的論點。2019年左右，MMT在日本和美國成了熱門話題。以日本來說，日本可以自己發行日圓，所以增加再多的國債也沒有問題。國家可以用這些資金投資公共建設、社會福利、研究費用等，並且在通貨膨脹率到達2%之前，可以發行國債、印製鈔票。經濟學者和政治學者當中有些人表示支持，也有些人提出「國家的債務不適合增加太多」的批評。事實上，現行的日本仍然有許多問題：通貨膨脹率是否能夠管控、日幣貶值是否太過嚴重等等。因此，請密切關注事態的發展，看看這個理論是能拯救日本的經濟，還是被視為非主流思想，無疾而終。

易腐貨幣

德國巴伐利亞洲基姆湖畔的流通貨幣制度：當地貨幣Chiemgauer一旦不使用，每三個月貨幣的價值就會下跌（腐壞）2%。因此，人們會盡快花掉手中的錢。這個制度雖然也有一些缺點，不過這些缺點可以利用電子貨幣等技術方法來解決。此外，當地政府用「易腐貨幣」支出無條件基本收入時，人們就會拿出來消費而不是存著不動，相對也能帶動經濟景氣。

［優點］○
- 消費活動變得活躍後，國家的稅收就會增加
- 增加的稅收可以回饋於社會福利或輔助當地的中小企業

［缺點］△
- 無法儲蓄
- 如申請長期貸款等，很難出現高額的消費行為

的規定，那麼大家就會拿錢出來消費，拉高經濟景氣了。

易腐貨幣的概念是由德國思想家西爾維奧・格塞爾提倡的，延續這個想法所產生的貨幣稱為Chiemgauer。這是德國某個地區所使用的貨幣，貨幣價值每三個月貶值2%。貨幣能夠捐款給教堂等人們喜愛的團體或設施，並藉此提高社會貢獻，所以該貨幣的使用者持續增加。易腐貨幣可說是一種改變貨幣保值特性的新興想法。

日本國內也盛行在特定地區或市鎮使用電子地區貨幣或電子禮卷，甚至還有優渥的點數回饋或紅利金（例如，一萬日圓可使用價值一萬兩千日圓的點數），非常划算。

當用戶使用這些支付方式時，流到都市或海外大企業的錢就會回流到當地地區。還有條碼支付等新穎的技術，扮演著將當地居民與地區緊密連結在一起的角色。

對於這些運用金錢幫助我們解決社會問題的新技術與想法，請拭目以待。

5-12

環境問題與資本主義

全球暖化帶來的氣候變遷

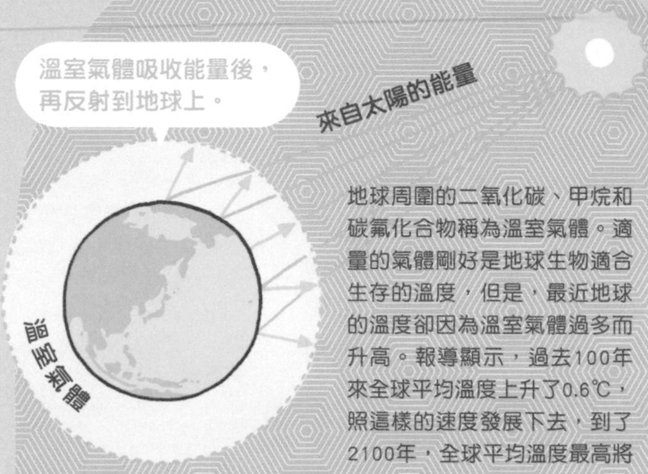
溫室氣體吸收能量後，
再反射到地球上。
來自太陽的能量
溫室氣體

地球周圍的二氧化碳、甲烷和碳氟化合物稱為溫室氣體。適量的氣體剛好是地球生物適合生存的溫度，但是，最近地球的溫度卻因為溫室氣體過多而升高。報導顯示，過去100年來全球平均溫度上升了0.6℃，照這樣的速度發展下去，到了2100年，全球平均溫度最高將上升4.8℃。

加速全球暖化的工業化

自18世紀工業革命以來，使用煤炭、石油等化石燃料的火力發電廠和工廠，加上自動車、飛機啟動、燃燒垃圾等動作，導致排放至大氣中的溫室氣體迅速增加。

全球各地的二氧化碳排放量（2018年）

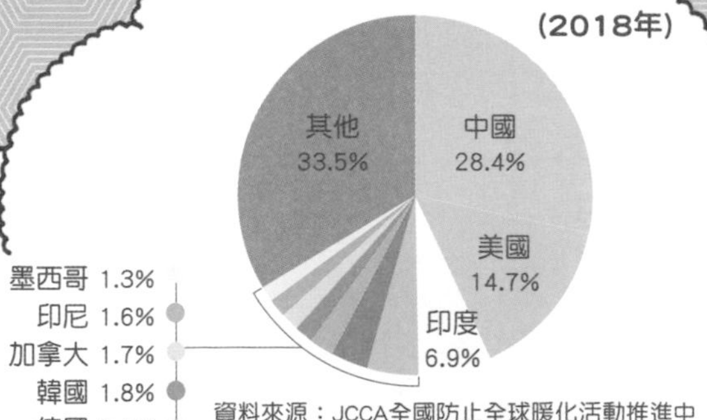
其他 33.5%
中國 28.4%
美國 14.7%
印度 6.9%
墨西哥 1.3%
印尼 1.6%
加拿大 1.7%
韓國 1.8%
德國 2.1%
日本 3.2%
俄羅斯 4.7%

資料來源：JCCA全國防止全球暖化活動推進中心「全球各地二氧化碳排放量(2018年)」

自工業革命以來的工業化加速了全球暖化

近年來，日本國內頻繁發生暴雨和颱風引起的土石流、山崩以及水災等天災，造成巨大的損失。而自然災害越發激烈的原因則是「全球暖化」。

自十八世紀英國工業革命以來，世界各國為了大量生產讓人類生活更方便的物品而推動工業化，也因此加劇了全球暖化。

推進工業化，必須透過燃燒大量的煤炭、石油等化石燃料來產生能源。如此一來，二氧化碳的溫室氣

體增加，部分太陽能源未能釋放到太空中，使全球的平均溫度升高。溫室氣體增加的另一個原因是，農產地等人為開發，導致吸收二氧化碳並且釋放氧氣的森林遭到砍伐，森林數量與面積減少。

日常生活中，我們理所當然的使用著電器製品、汽車、電腦等便利的工具。令人遺憾的是，**追求利潤和便利生活的資本主義經濟卻成為加速全球暖化的推手。**這麼說或許對推動工業化的新興國家不太公平，不過除了日本等只傾向使用能源的已開發國家以外，新興國家也必須跟著減少排放溫室氣體。還有一個重點是，全球暖化並不單單只是國家和政府的責任，而是每個受惠於資本主義社會者的責任。

日本政府宣布，至二〇三五年前，新車百分百以電動汽車取代汽油動力汽車，以及在二〇二五年實現二氧化碳零排放量的「碳中和」目標。這個目標看似離我們還很遙遠，請務必了解，應對全球暖化的行動刻不容緩。

氣候變遷帶來的影響

全球暖化帶來的氣候變遷影響有：冰河融化、海平線上升淹沒國土或地區、氣候異常、天災、傳染病增加、生態系統遭到破壞、無法培育農作物等。

COLUMN

逐漸被水淹沒的國家，我們該如何搶救？

吐瓦魯和吉里巴斯等位於南太平洋的低窪島國，大部分國土受到海平線上升的影響，將面臨被水淹沒的危機。為了應變緊急狀態，吉里巴斯早已在斐濟購買了廣大的農田，鄰國的斐濟也宣布將接受來自於這家國家的難民。吐瓦魯、吉里巴斯、斐濟都是二氧化碳排放量較低的國家，因此造成這種情況的已開發國家應當負起全責。我們應該怎麼做呢？

5-13 改變全球的SDGs

台灣資訊
請見303頁

解決全球各項問題的指標

聯合國於二〇一五年宣布發表了「永續發展目標 Sustainable Development Goals」，通稱為SDGs。SDGs是必須在二〇三〇年前，實現使地球環境、經濟和人類生活能夠「永續發展」的發展目標。秉持著關注弱勢族群的想法，以「不遺落任何一個人」的基本理念，制定的十七項核心目標和一百六十九項具體的細則目標。

SDGs中需要努力解決的問題包括：消除貧窮、導正不平等、給予勞動者安心和安全的就業環境、採取措施因應氣候變遷和環境問題等。**這些都是資本主義過度行為下的犧牲者們所發出的訊息，希望全民能重新思考這些問題。**

對日本的評價

日本在目標4「優質教育」、目標9「工業化、創新及基礎建設」、目標16「和平、正義及建全制度」上獲得不錯的評價，但也被指出在目標5「性別平權」、目標12「責任消費及生產」、目標13「氣候行動」、目標14「保育海洋生態」、目標15「保育陸域生態」、目標17「多元夥伴關係」上出現問題。

性別平權

「男性應該這樣做、女性應該那樣做」的性別觀念，在日本仍舊根深蒂固。日本也被指出，擔任國會議員或日本企業的管理職等位居領導職位的女性，人數比較少。

永續發展目標

1 終結貧窮
2 消除飢餓
3 健康與福祉
4 優質教育
5 性別平權
6 淨水及衛生
7 可負擔的潔淨能源
8 合適的工作及經濟成長
9 工業化、創新及基礎建設
10 減少不平等
11 永續城鄉
12 責任消費及生產
13 氣候行動
14 保育海洋生態
15 保育陸域生態
16 和平、正義及建全制度

（資料來源：環境部）

對於細項目標的執行狀況也會進行確認。依據二〇二二年公布的SDGs進展與達成狀況報告顯示，全球排名前三的國家分別為北歐的芬蘭、丹麥和瑞典；日本則排第十九名。日本在教育、產業創新的目標中獲得不錯的評價，但對於性別平權、氣候行動和多元夥伴關係等目標，處於落後的狀態。

即使我們無法馬上實現目標，也不能全部交給國家和政府來做，我們每一個人都應該盡自己最大的努力來實現目標。

氣候行動

進入21世紀以來，大家所說的「50年一次」、「100年一次」的颱風和豪雨儼然已經成為問題。如同5-12中所提到的，日本的二氧化碳排放量位居全球第五，不可否認這也是造成全球暖化的原因之一。

保育海洋生態

日本每人使用一次性塑膠品的垃圾量僅次於美國，位居全球第二名。塑膠廢棄物不僅汙染海洋，也對許多海洋生物帶來不好的影響。雖然自2020年7月起，超市開始實施購物袋收費，但我們仍要更進一步努力減少垃圾量。

SDGs 達成度排行榜（2022年）

1 芬蘭	6 德國	11 英國	16 西班牙
2 丹麥	7 法國	12 波蘭	17 荷蘭
3 瑞典	8 瑞士	13 捷克	18 比利時
4 挪威	9 愛爾蘭	14 拉脫維亞	19 日本
5 奧地利	10 愛沙尼亞	15 斯洛維尼亞	20 葡萄牙

17 多元夥伴關係

芬蘭等北歐地區的歐洲國家名列前茅。美國、俄羅斯聯邦、中國等引領世界的各個大國的達成度反而比較低，分別排名第41名、第45名及第56名。

資料來源：2022年6月發行「Sustainable Development Report 2022」

5-14 企業該有的道德姿態

資本主義應當要有道德

資本主義中，資本家（投資者、股東）為立場較強的一方，他們投資的原動力來自於「想要賺錢」的心情。當這股意願太過強烈時，就會衍生社會差距及勞動問題，進而形成破壞環境的經濟活動。現今，世界各地正掀起一股重新思考資本主義的過度行為、推動永續發展行動的熱潮。例如，隨著環保產品的普及加上解決社會問題為業務的企業增加，**世界各地的企業開始同步看待獲利和提高道德標準。**

事實上，日本過去也有人抱著相同的理念而努力，例如古代近江國（現在的滋賀縣）的商人們秉持

經營理念
●創造人類的產品
●推動愛護環境的活動
●將獲利回饋社會

造福社會的理念與業務發展

企業著重的理念不再只是考慮將獲利回饋給股東（投資者），而是思考「如何透過自身的行為讓社會越來越好」。另外，透過業務來解決社會問題的企業將獲得社會支持，並能夠長遠經營。

不再有人悲傷

產品從採購原料到生產、配送、銷售、消費的整個流程稱為「供應鏈」。我們不能為了追求利潤而一昧的削減成本，因此企業必須負起責任，確保供應鏈中任何人不會被迫面臨低薪或過勞等狀況。

消費
銷售
配送
生產
採購

挑戰與投資

企業不僅只是將所賺的錢存起來，還需要展現願意投資新事物的姿態。不斷迎接挑戰及改進的企業除了能夠吸引人才以外，還能讓消費者留下好印象。而且當企業投資新事物時，社會上的金錢流通也會變得更加容易。

致力於減少環境負荷

目前，我們消耗的資源已超出一個地球所能承受的負擔，到了2030年，我們將會需要兩個地球。因此我們必須在經濟活動中保有減少環境負擔的意識。

促進多元化（Diversity）

在重視效率的資本主義社會中，多元化往往遭到忽視。企業必須雇用女性、外國人及身心障礙者等各種一直以來難以獲得工作機會的人才，並且透過培訓使其獲得就業機會。當各種不同的觀點聚集在一起時，就會出現創新的思維（技術創新），甚至出現有利於社會的新事業。

著「三好」的精神來做買賣。三好指的是「賣家好」、「買家好」、「社會好」，賺到錢的不僅是商人，獲得好產品的買家也會覺得開心。然後，將累積起來的利益，不求回報的拿來建設學校，甚至回饋社會。擁有五百多家公司、奠定日本經濟基礎的澀澤榮一，在他的著作《論語與算盤》中，強調了企業必須在獲利與社會貢獻兩者之間取得平衡。**如果有更多人能夠致力於這樣的理念，世界就會逐漸變得美好。**雖然國家對改變社會負有重要的責任，但私人企業或團體能做的事也有很多。國家運用的是國民繳納的稅款，但國家做出決議往往需要花費很長的時間，而私人企業和團體可以自己做決定，因此展開業務的速度就會比較快。另一方面，私人企業和團體很難持續將心力投入於長期無法獲利的事情，這時就得由國家出面發揮作用。**所以想要改善社會必須透過國家和私人企業，兩者相互合作。**

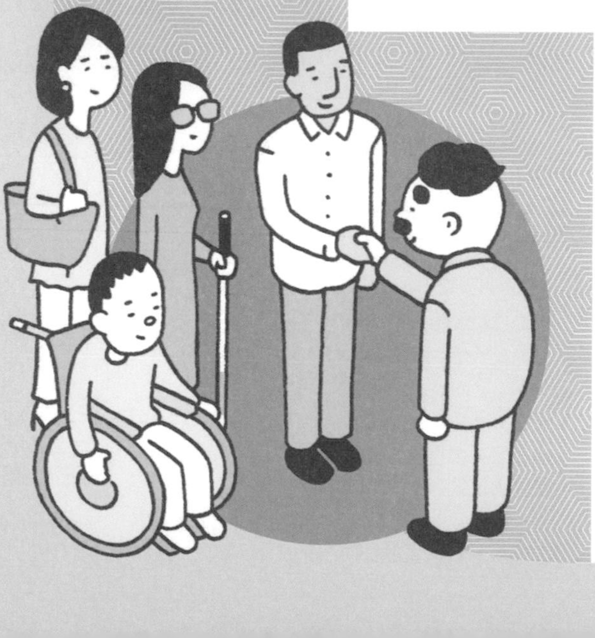

5-15

轉變的投資家、消費者與企業

我們的社會正朝更公正、更友善的方向發展

形成過度資本主義現象的主要原因是，資本家（投資者、股東）的力量太強大（5-4）。不過，就如同4-16中所提到的，只要秉持「支持這家企業，社會就會變好」的信念，投資就不是一件壞事。現今，包括日本在內，全球的投資者都在關注「ESG投資」。「ESG投資」由「Enviornment（環境保護）」、「Social（社會責任）」、「Governance（公司治理）」三個英文的首字母合併而成，意味著企業進行投資活動時，不僅要考慮公司的業績，還要考慮如何解決環境和人權等問題。越來越多投資者和金融機構進行投資時，不再專注於短期獲利，而是長遠的思考如何造福社會。

另外，身為消費者的我們，消費意識形態也正在隨著關心永續發展目標以及高度關注環境問題而轉變。購買對環境、社會友善的產品和服務的消費行為，稱為「良知消費」。良知的意思是指能判斷是非善惡的智慧。身為消費者的我們，如果只追求低價，那麼將會有更多的人不得不以低薪工作來滿足消費者的期望，甚至增加環境的負擔。消費者的強大力量足以改變世界，因此我們需要建立正確且穩固的道德標準。

我們生活的社會並不完美。但是世界將因為每個人在各自崗位上付出的努力變得美好。所以藉由國家、企業或團體、投資者、消費者，了解並致力解決這些問題，社會就會往更公正、更友善的方向發展。

S
Social
社會責任
E
Environment
環境保護
・對應人權問題
・確保產品的安全性
・雇用多元化的人力資源
・對抗全球暖化的措施
・保護生態多樣性
・推動再生能源

什麼是ESG投資？

各種責任消費

自備環保容器

當你自備環保杯等飲料容器時，有些店家會給予折價優惠。自備餐具或環保袋也是我們努力保護環境的方法。

購買即期品

在超市和超商買東西時，盡量購買接近保存或享用期限的即期品。買了馬上吃不僅不會有問題，還能防止過期產品被丟棄。

積極購買公平貿易商品

公平貿易商品的交易系統是透過公平適當的價格購買開發中國家的產品，透過這樣的方式來支持開發中國家的弱勢生產者與勞動者。如巧克力、咖啡豆、化妝品等。

積極購買雇用身心障礙者的企業商品

有些企業雇用許多身心障礙者，並且提供他們成長的機會。充分發揮每個人的能力，深信「多元化理念」的企業將有助於減少社會底層人數。

COLUMN

什麼是身心障礙者就業促進法？

因應身心障礙者的意願和能力，並且增加他們的工作機會，日本制定了身心障礙者就業促進法。企業員工人數超過一定數量時，就有雇用身心障礙者的義務（員工人數超過43.5人的企業，至少需雇用1名身心障礙者）。

- 遵守法規
- 誠實經營
- 公平競爭

【總結】

5-1
世界各地的貧富差距正在擴大。
當財富分配不均時，
如何重新分配就成了一個重大議題。

5-2
「想要賺錢的心情」
就是資本主義社會的原動力。
各企業為了增加獲利相互競爭，
能創造出好的服務，帶動社會發展。

5-3
社會主義是國家和地方政府控制經濟，
並且消除貧富差距的制度。
但是，全球第一個社會主義國家蘇聯
卻無法順利執行該制度，終究走向解體。

5-3
社會主義的問題是，
沒有競爭、社會不發展、人民的勞動意願低，
以及國家屬於過於強勢的獨裁政權。

5-4
社會主義已被證明無法順行推動，因此
資本主義的發展得到加速，這樣的結果導致
已開發國家的企業在發展中國家設立工廠，
並且在當地雇用薪資比自己國家便宜的勞工，
帶來了童工和人口販賣等問題。

5-5
日本國內的差距正在擴大，
其中非正式雇用勞工人數增加，
特別受到關注。

5-6
日本國內的「相對貧窮」率，
在35個已開發國家中位居第7。

5-6
許多相對貧窮的家庭，乍看之下，
沒有陷入財務困境。
但這些人實際上過著必須減少吃飯或醫療費用
的開銷、孩子被迫放棄學業的生活。

5-7
30年來持續通貨緊縮的日本，國民的平均薪
資並沒有成長。我們必須實現薪資跟著物價調
漲，金錢流通更加頻繁，經濟更景氣的社會。

5-8
少子高齡率不斷攀升的日本，
國家必須不斷增加老年人的退休金與
醫療費用，也需面對年輕的勞動納稅者
人數減少、社會保障制度難以維持等問題。

5-9
新冠肺炎對經濟帶來很大的衝擊。
在世界各國採取封城及呼籲避免外出等
對抗疫情的政策下，餐飲業、旅遊業等
必須面對面服務的行業失業人數增加。

5-10
日本政府債務持續上升的同時，
個人金融資產額也創下了歷史新高。
政府雖然借錢增加流通社會的貨幣量，
但這些錢卻沒有運用在真正需要的地方。

5-11
其他國家引進「無條件基本收入」和
「易腐貨幣」等方法，做為解決不平等和貧窮
等問題以及振興經濟的手段。

5-12
在追求生活便利的資本主義社會中，
燃燒大量的化石燃料與推進工業化，
導致溫室氣體過度增加，加速了全球暖化。

5-13
聯合國為了救助資本主義過度行為下的
犧牲者，解決全球的環境問題，
秉持著「不遺漏任何人」的基本理念，
於2015年制定了
「永續發展目標（SDGs）」。

5-14
跟隨SDGs的熱潮，
企業活動也需符合道德規範。

5-15
不僅是企業，投資者和消費者也需要建立很高
的道德標準。例如，關注對企業環境和人權付
出心力的「ESG投資」活動，以及購買對環境、
社會友善的產品和服務的「良知消費」。

CHAPTER

6

致未來的你

暑假接近尾聲的八月下旬
8月23日
第6話
生活的決定權
今天是最後一堂課，家長也可以聽課，所以爸爸也一起來了。
我們小組訪問的是醫療保健業務……
前半堂課由各組代表簡單發表到企業訪問的感想。
大家猜拳的結果……
我們小組的代表，是我。
最後，我們請F組發表。
啪啪
鼓掌
啪啪
鼓掌

咯
咯
咯
我……是F組的代表……中倉美帆。
我們訪問的公司叫做Workwith。
他們專門提供身心障礙者就業輔導及企業人才介紹的服務。
日本的身心障礙者雇用率雖然逐漸上升，但仍然有許多企業沒有達到法定雇用率。
接受我們採訪的是吉田先生，當我聽到他說「為了解決社會問題，所以選擇這個工作」時……
我也想像他一樣，選擇一份對社會有幫助的工作。

對社會有幫助的……
井野部長，咖啡農場採購案的預算為什麼被刪掉了呢？
喔！那個案子啊！
那天您不是已經認同了嗎？我們後來也積極的推動公平貿易。
你應該知道這期的業績目標設定得很高吧？想要達到目標數字就得增加利潤高的工作，所以後來決定不再積極推動這個案子了。
我知道公司的目標數字很高，但是一味追求短期的利益，是對的嗎？
而且，這項業務是公司內部年輕一輩為了公司的未來推動的。這樣的工作將讓公司獲得粉絲青睞，並且招募到優秀的人才。

這是上面的決定。你就放棄吧！
可是，這個案子對社會也有幫助……
中倉！
你身為第一線員工，應該明白吧？
那種天真的想法，在社會上是行不通的。
驚訝
人事異動
員工編號29037 中倉孝二
4月1日起，調任至總務部情報管理課。

謝謝中倉同學的發表，請回座。
對社會有幫助的工作……
……
喀
喀
「那種天真的想法
在社會上是行不通的。」
「不要說這種過度理想的話，多想想怎麼賺錢啊！」
嗯哼

以前，像中倉同學這樣，告訴對方想做對社會有幫助的工作時，會遭到這樣的斥責。
但是，
時代正在改變。
有許多上班族對追求營業額、利潤等數字的生活感到空虛，
並且不斷出現「為什麼要工作」的疑問。
現今社群媒體發達的社會中，消費者擁有強大的力量，也開始對企業做出道德要求。
當一家公司出現詐欺、違法及勞工問題時，它將瞬間失去社會的信任。

所以，我們一定要明白自己在社會上的存在價值，以及我們的工作給社會帶來的幫助。在賺錢的同時為社會做出貢獻。
這樣的企業，今後應該能夠存活下去。
即將面臨就業的大家，比起只看數字經營的公司，是不是也更想在有社會貢獻的企業工作呢？
請問……
跟有社會貢獻的企業相比，我比較想到薪水高的企業工作，可以嗎？
這並沒有什麼可不可以，因為一般人都想選擇能賺很多錢的工作。
感謝你的勇敢發言
所以……

我們不需要將簡單易懂的「社會貢獻」拿來當作選擇工作職業的標準。
就像我目前為止跟大家說明的，社會上大多數工作，是因為對某個人來說有幫助而存在的。
只要我們不忘記自己工作的價值和意義，不管從事哪一種工作都是好的。
好像確實是這樣呢！
或是像「工作只是一種賺錢的方式，不求有什麼價值或成就感。」
這種直截了當的想法，我覺得也沒有錯喔！
但是，做壞事就不行了

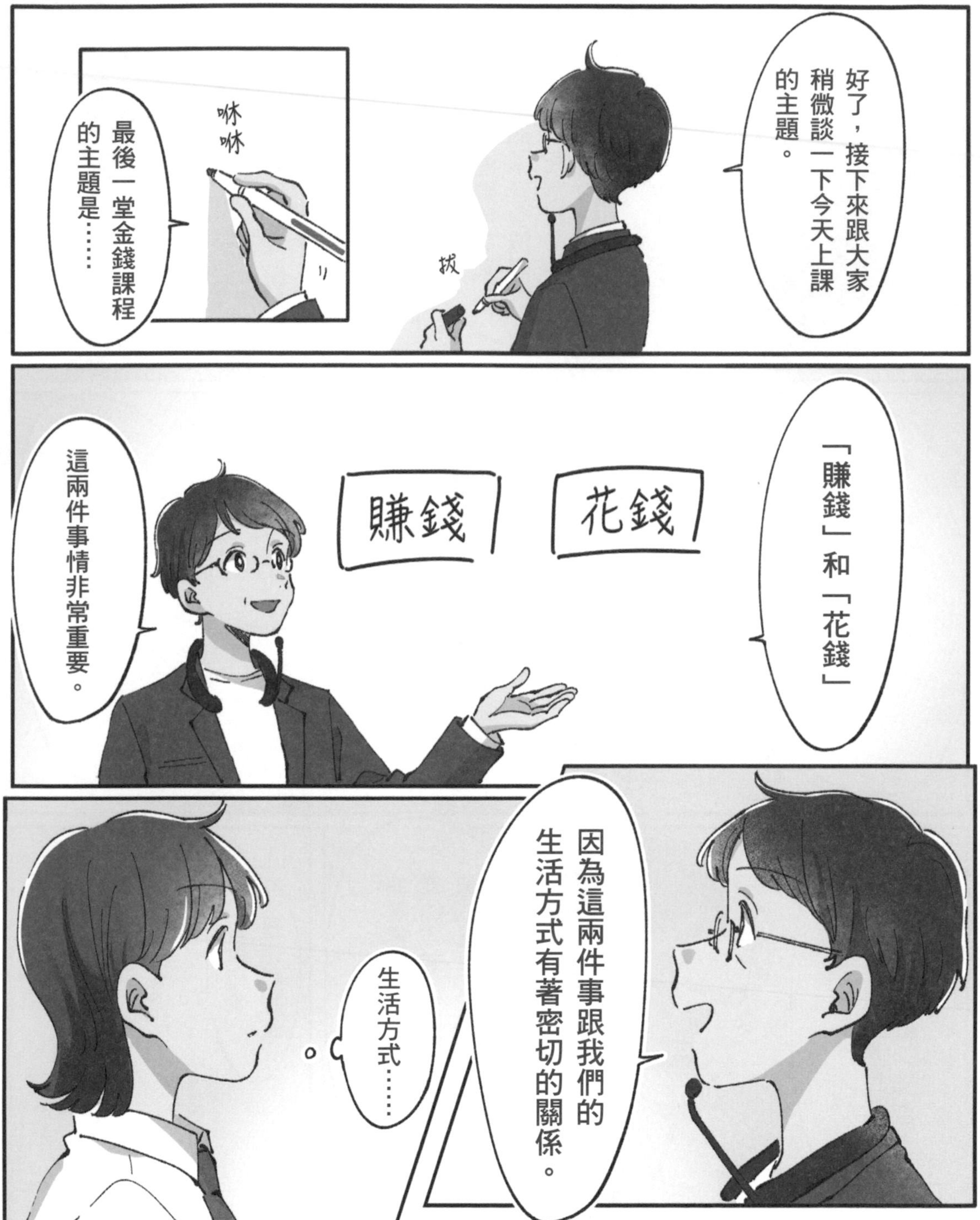
好了，接下來跟大家稍微談一下今天上課的主題。
咻咻
拔
最後一堂金錢課程的主題是……
賺錢
花錢
「賺錢」和「花錢」
這兩件事情非常重要。
因為這兩件事跟我們的生活方式有著密切的關係。
生活方式……

以「賺錢」來說，一般人在年輕的時候不太能夠賺錢。
有些人會透過拚命加班或努力在職進修來賺錢。
這也代表著我們選擇將寶貴的時間花費在工作上。
不過，也有些人覺得花更多時間在自己的興趣和自己所愛的人身上比較好。

我們以二十歲左右時存到兩百萬日圓的例子來談「花錢」。
花錢

有些人為了未來，可能會繼續存著，讓自己有更多的錢。不過……
也有些人會果斷的辭掉工作，將這兩百萬日圓花在期盼已久的環球旅行上。
當我們談到「賺錢」時，會在「時間」與「金錢」之間衡量，
賺錢
金錢
時間
而談到「花錢」時，則會在「放心」與「體驗樂趣」之間衡量。
花錢
放心
體驗樂趣
日常生活中，我們每天都在衡量這些選擇。
或許有些人還未意識到……

「你應該選這個，這樣的生活對你比較好喔。」這樣的建議，沒有人能夠告訴你是否正確。
但是，這個決定權在你自己手裡。
因此，請你「選擇自己想要的生活方式」。
好了，
我們開始最後一堂課吧！

6-1 關鍵兩點是「賺錢」與「花錢」

你的生活方式取決於你如何賺錢和花錢

看到這裡，你應該已經了解許多錢的概念及知識，接下來第六章將說明「賺錢」和「花錢」的部分。

「賺錢」也可以說是「工作」。每個人都想擁有美好的生活方式。一個人的生活方式，取決於你的賺錢方式（＝工作方式）與花錢方式，這樣的說法一點也不為過。最後一章想跟大家強調的是，**本書並不是教你如何賺錢，而是幫助你獲**

賺錢方式（＝工作方式）與花錢方式因人而異，並沒有正確答案

生活以工作為重

為了將來的生活，拚命工作存錢，經常加班，甚至連假日也在工作。最開心的事是，看著存款簿裡頭的錢不斷增加。但因為缺乏休息，整個人感覺壓力很大。

省吃儉用，忍耐不花錢

因為不太想花錢，即使辛苦，每天還是自己煮飯，有時候想買新衣服，也會因為去年已經買過或是想省錢而放棄。時常提醒自己不要買太貴的東西。

偶爾放縱一下，享受豪華之旅！

平常節省過生活，所以每年一次會狠狠的把錢花在旅遊上面。去年夏天到沖繩玩了五天，享受海上活動，晚上則享用了許多道地料理，不僅壓力獲得釋放，身心也獲得滿足。接下來，打算明年到夏威夷旅遊，為此激勵自己要每天存錢。

A小姐
27歲、女性
從事出版業工作

得錢的正確知識，讓你能夠適當的運用手中的錢。希望大家記住「錢很重要，但它只是一個工具」。

因此，我不希望大家抱持「有錢就可以做任何事，沒錢什麼也做不了」的觀念。任由金錢擺布、滿腦子繞著錢打轉的人生，一點樂趣也沒有。正在閱讀本書的你，或許覺得「獲得幸福的條件就是擁有許多錢」，但是事實並非如此。因為許多人即使不像書中插圖的「有錢人」那般富有，仍舊努力的實現夢想，或是全心投入自己的工作和興趣，過著充實的生活。本章將帶你學習如何有效管理金錢，找到屬於自己的人生。

工作之外，也會定期休息

主管分配的工作會認真完成，但並不會去做超出工作範圍的事，週末一定不會加班，確保有自由活動的時間。即使主管表示「希望工作能力不錯的他，能再多花點心力在工作上」，但他一點也不在意。

三餐以外食為主，輕鬆過生活

因為都是外食，不自己煮飯，所以每個月花費不少的伙食費。另外，對於想要的東西常會毫不猶豫的購買、喜歡待在家追劇、會和朋友一起聚餐或唱卡拉OK，享受玩樂生活。

存款很少

到領薪日之前，手頭上的錢所剩無幾。存款只有透過公司的「財形儲蓄」方式＊，從薪水扣除的一萬日圓而已。雖然對生活感到有點不安，但因為自己還年輕，所以還想享受自由的生活，打算在30歲之後再開始多存一點錢。

B先生
26歲、男性
從事IT相關工作

＊編註：財形儲蓄：從薪資裡先行扣除一部分比例的錢存進銀行，在日本，大多數的中大型公司會採取「財形儲蓄」制度替員工存錢。

6-2

成年人的收入大約多少？

台灣資訊
請見303頁

20多歲時

有些人年輕時就擁有成功的事業，並成為百萬富翁，不過這樣的人並不常見。年輕時即使薪水不高，也還很努力並專注發揮自己的能力，將工作視為磨練也沒有什麼不好。

到了40多歲時

到了40歲之後，開始承擔更多責任，薪水也會逐漸增加。不過，如果你必須養家活口，那麼不管你有多少錢，都有可能不夠花。

手頭雖然有錢，
卻很累人……
得加把
勁了！
20
30
40
50
60
開學典禮

各年齡別的年收入調查

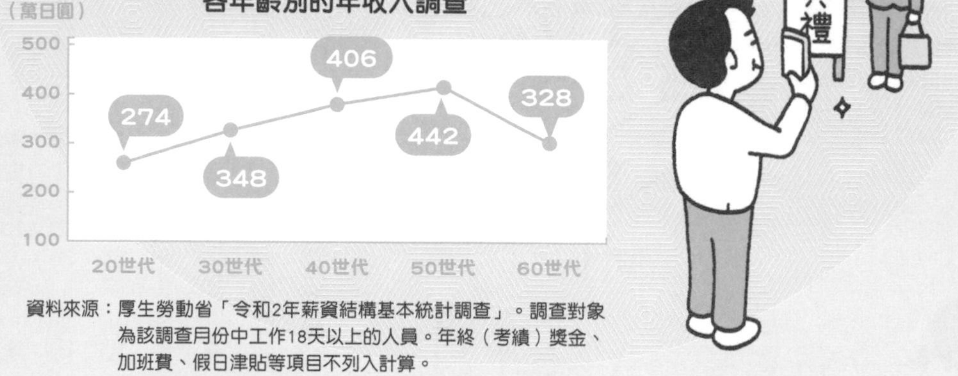
（萬日圓）
500
400
300
200
100
274
348
406
442
328
20世代
30世代
40世代
50世代
60世代

資料來源：厚生勞動省「令和2年薪資結構基本統計調查」。調查對象為該調查月份中工作18天以上的人員。年終（考績）獎金、加班費、假日津貼等項目不列入計算。

成年人能否多賺錢，取決於就業型態

日本成年人的收入大約是多少呢？根據厚生勞動省針對各年齡層薪資的調查顯示，二十世代的平均年收入約為兩百七十四萬日圓。以一個月的薪資來計算，則約為二十二萬八千日圓。3-2曾說明如果是和父母同住，那麼這個金額可能足夠生活。然而，若以獨自住在租金高的地區或必須養家餬口的人來說，可能會處於勉強過活的狀態。

不過，當你到了三四十歲時，在同一家公司待久了，大部分都能獲得加薪。**隨著年齡增長，工作的經驗和技能也會相對提升，使你獲得與能力相稱的薪資**，所以可以賺多一點錢。

如同前面章節所提到的，**我們應該了解正職員工和非正職員工之間，存在著薪資差異的問題。**長期

正職員工與非正職員工的年收入變化

根據厚生勞動省的調查（2020年），20世代的正職員工與非正職員工，彼此之間的年收入差異為50萬日圓。30世代與40世代的差距，則分別約100萬日圓及170萬日圓，可說是相當大的差距。另外，就業人口中非正職員工的人數占了37.2%。

正式雇用
一開始沒有太大的變化
薪水一直沒有調漲
非正式雇用
20
30
40
50
60
30
40
50
60

COLUMN

男性和女性之間有薪資差距

在日本，女性的薪水往往比男性低，兩者之間的年收入差額約為100萬日圓。尤其是生過孩子的女性，在分娩、育兒期間無法全職工作時，或是很難挪出時間及體力進修、提升工作技能時，與男性比處於劣勢。導致現在非正職員工的女性人數多於男性。在世界經濟論壇於2021發布的「性別差距指數」中，日本在全球156個國家之中排名第120，為已開發國家中最低水準。這樣的差距不只是女性要面對的問題，是包括男性在內、必須全國共同努力消除的問題。

各年齡別的年收入調查

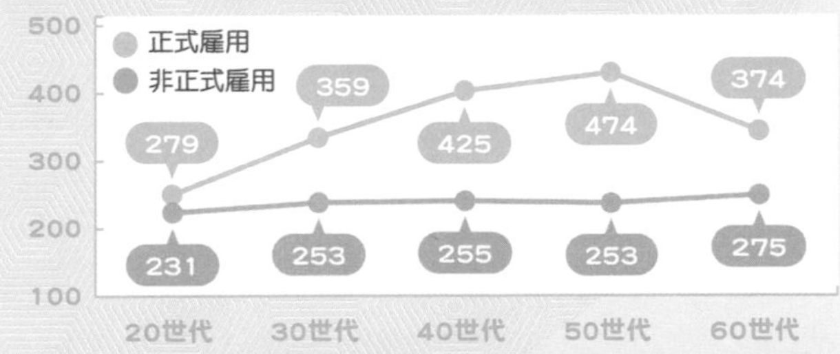
（萬日圓）
500
400
300
200
100
正式雇用
非正式雇用
279
359
425
474
374
231
253
255
253
275
20世代
30世代
40世代
50世代
60世代

資料來源：厚生勞動省「令和2年薪資結構基本統計調查」。調查對象為該調查月份中工作18天以上的人員。年終（考績）獎金、加班費、假日津貼等項目不列入計算。

男性平均年收入

約406萬日圓

女性平均年收入

約302萬日圓

為非正職員工的人，將會比正職員工更難賺到錢。非正職員工還有另一個特點是，薪資不會隨著年齡增長而提升，甚至退休後領取的年金額也會變少。這種薪資差距的問題必須獲得解決，但遺憾的是日本目前就處在這樣的現狀中。

6-3 什麼樣的工作令人安心？

太過安逸的生活是不行的，請務必接受變化

未來你想要找什麼樣的工作呢？可能許多人會想「到大企業上班」或「當穩定的公務員」。一般來說，大企業的薪水確實比較高，受國家或地方機關聘用的公務員，跟一般企業相比，不容易因倒閉而失業，因此讓人放心。

左表為日本一九八八年與二〇二一年的受歡迎企業排行榜，這個調查當時是針對準備就業的大學生和研究生做的。我們來看看出現了哪些變化？一九八八年受歡迎的企業為家電製造商和銀行等相關企業。

不過，在三十多年後的二〇二一年，排名出現了顯著的變化，上榜的企業來自各個行業。也就是

受歡迎的企業將發生變化

受研究生、大學生歡迎的企業排行榜

1988年

排名	理工系	文學系
第1名	日本電氣	日本電信電話
第2名	日本電信電話	東京海上火災保險
第3名	日立製作所	三井不動產
第4名	索尼（Sony）	日本生命保險
第5名	日本IBM	住友銀行
第6名	松下電器產業	富士銀行
第7名	富士通	伊藤忠商事
第8名	三菱電機	三和銀行
第9名	本田技研工業	第一生命保險
第10名	東芝	三井物產

2021年

排名	理工系	文學系
第1名	味之素	東京海上日動火災保險
第2名	索尼集團（Sony group）	第一生命保險
第3名	三得利集團	味之素
第4名	明治集團	伊藤忠商事
第5名	豐田汽車	宜得利家居
第6名	NTT數據	日本索尼音樂娛樂
第7名	佳能（Canon）	萬代
第8名	富士通	損害保險日本興亞（損害保險日本）
第9名	可果美（Kagome）	三得利集團
第10名	東海旅客鐵運（JR東海）	講談社

資料來源：1988年→瑞可利「就業品牌調查」、2021年→邁那比2022年

說，**受歡迎且穩定的企業或產業，並不是持續不變的。**隨著社會的快速變遷，目前相當成功的企業，幾年後有可能破產或是出現不可預期的事。到了二〇四〇年或二〇五〇年時，受到歡迎的會是什麼樣的企業呢？另外，我們無法得知公務員能否還稱得上是穩定的工作。公務員的薪資來自於稅收，國家和地方政府或許不會破產，但是在稅收不增加、國債持續增加的情況下，職員的待遇或許不會改善。換句話說，「在這裡工作絕對令人安心」的地方是不存在的。

你的價值觀也會隨著社會變遷而改變。當你每天吸收新知識、累積經驗時，思考方式必定也會跟著改變。即使你已經決定好「將來想要的生活方式」，仍舊會有變化出現。例如，明明不打算結婚，但遇到心愛的人後，會步入婚姻生活，原本打算一直和父母親住在一起，卻因為某種原因變成到海外工作，或是一開始覺得非得在大企業上班才行，但最後發現自己其實想當自由工作者。隨著年齡增長，思考方式及看待事情的觀點都會跟著改變。因此在接受這些改變的同時，也必須調整自己人生的方向，如此才能找到生活真正的樂趣。

人生也會變化

人生因挫折而改變

你或許沒有找到心目中的理想工作，落選或沒被錄取，有可能因為你不是合適的人選。相反的，選擇你的則有可能是磁場與你契合的職場。挫折的經驗很重要，它能幫助我們獲得這樣的認知。

改變了想做的事

在諮詢後，你會找到能發揮自己能力的領域。除了自己想做的工作外，實際上，大家也常發掘到與自己心之所向不同的工作領域。

時代變遷

隨著時代的變遷，你想從事的工作或許將不再滿足社會的需求，雖然不輕易放棄自己想做的事情很重要，但有時候找一個自己實際能夠勝任的工作，也是明智的選擇。

生活因職場生涯中斷而改變

當你受到結婚生子、親人生病等因素影響，或許會辦理留職停薪或辭職，當職場生涯被迫中斷時，也需要尋求新的生活方式。

6-4

「人生100歲時代」該有的工作意識？

台灣資訊
請見303頁

A先生
67歲、男性

- 固定薪資=13萬日圓
- 年金=14萬日圓

60歲從印刷公司退休的A先生，運用自己擅長的駕駛技術，在計程車行裡二度就業。不過由於體力確實變差了，所以不做不合理的輪班。固定薪資為13萬日圓，加上每月14萬日圓的年金，生活沒有問題。

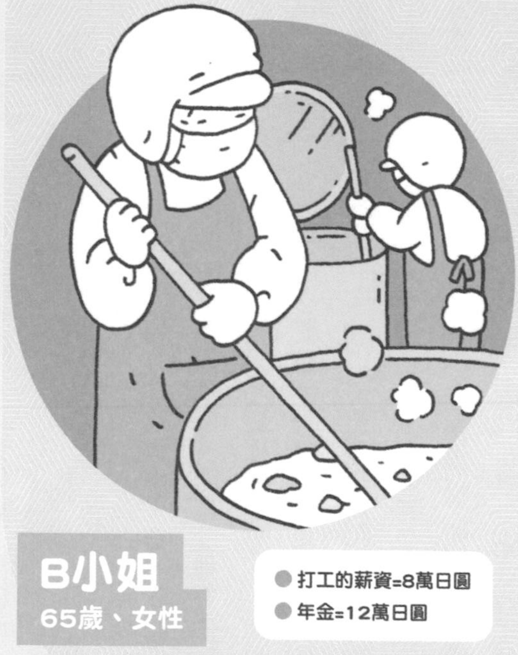

B小姐
65歲、女性

- 打工的薪資=8萬日圓
- 年金=12萬日圓

B小姐65歲時從工作的大型超市退休後，繼續到附近的便當店兼職工作。每週工作三天，每個月的薪資約8萬日圓，另外每個月還有12萬日圓的年金，所以不用擔心生活。

即使每天工作，也必須搭配年金生活的時代

根據厚生勞動省的調查（二〇二〇年），日本男性與女性的平均壽命分別為81.64歲和87.74歲。另外，全國一百歲以上的老年人有八萬人之多，現在的人數與三十年前相比則多了二十六倍。在醫療發達的情況下，有許多健康的老年人，因此說現在是「人生一百歲時代」。

日本許多企業的退休年齡為六十歲至六十五歲。以活到一百歲的狀況來說，往後還有將近四十年的人生。我可以理解在屆臨退休時，之後的人生你可能會想悠閒的度過。但是許多人這時仍有體力，還有到目前為止累積的工作經驗。這樣說來，你是否也覺得趁著健康時工作，將自己的經驗回饋給社會是個不錯的主意呢？

顯然未來的平均壽命將持續延長，健康的老年人數量也會持續增

加。加上少子化問題，使社會面臨勞力短缺。因此將有可能會邁入工作到七十歲左右的時代，一旦變成這樣，我們的一生將工作近五十年。然而，一直待在同一個公司工作的人會變少，所以未來轉職或改變工作類型的情況將變得司空見慣。

從金錢的角度來看，工作年數延長將可以降低風險。3-10中提到的「退休後還需兩千萬日圓才夠生活」的問題，是以退休後收入為零的狀況為前提。但是，如果我們到了晚年還能賺錢，不斷的有錢進帳，那麼加上年金之後的生活，應該不會有任何問題。

C先生
68歲、男性

- 每月入帳金額=約15萬日圓
- 年金=20萬日圓

在知名保險公司上班的C先生，65歲從公司退休後，出了一本講述老年保險的暢銷書，成為人氣顧問並且活躍於演講活動。平均月收入約為15萬日圓，還有20萬日圓的年金。C先生繼續工作的理由並不是為了錢，而是因為想幫助別人。

D小姐
65歲、女性

- 薪資=約8萬日圓
- 退休金=6萬日圓

D小姐曾經是一名自由作家，因為身體狀況下滑，所以最近開始從事臨時保母的工作。每個月的收入約為8萬日圓，加上6萬日圓的年金，總共以14萬日圓勉強維持生計。

COLUMN

工作有助於健康？

商業評論家楠木新在著作《退休後》一書中，提到了退休後仍然活躍於職場的人不到20%這個驚人數據。即使好不容易退休，有更多空閒的時間，仍舊有不少人認為「自己整天昏昏欲睡，沒有事情可做」、「感覺自己被社會孤立了」。心理健康與身體健康一樣重要。工作時，過著規律的生活，和其他人一起參與活動，並且頭腦與身體並用。所以即使年紀大了，在身體可負荷的範圍內，持續保持工作，或許有助於健康。

6-5

收集感謝＝賺錢

獲得「感謝」的人，能募集到錢

有些人將來會想賺很多錢。那麼，賺錢是什麼意思呢？在這裡請你回顧並思考1-2中提到的餐飲店供應牛丼的內容。那家店解決了客人肚子餓的問題，然後**經由對方表達「感謝」而收到錢，這就是賺錢的基本規則。**

有許多人覺得「這樣的事讓人困擾」、「如果有這個東西就好了」、「想再進一步做○○」。如果你能開發出順利解決這些問題的商品或服務，人們就會基於「感謝」之情

社群網路服務

人類是害怕「孤獨」的動物。使用社群網路，能夠使人與人的聯繫更加方便，現已普遍被世界各地的人們接受。其中最受歡迎社群服務Facebook創辦人馬克・祖克柏從大學時代就發起實名註冊的交流平台，並逐漸增加參與者的數量。目前全球用戶數量約有29億。

可以交友
可以訊息共享
與人連結

有許多選擇
不用外出
也OK
不用聘請員工
也能外送

送餐服務

這是一種使用智慧型手機應用程式來訂購食物、並且配送到家的服務。透過這個服務，餐廳即使沒有雇用外送員，配送員也可以從餐廳取餐，並將餐點送到顧客家中。顧客可以輕鬆的從應用程式中挑選各種餐廳的餐點。受到新冠肺炎疫情的影響，許多人待在家的時間變長了，這項服務也因此而受到人們的喜愛。主要的配送業者有Uber Eats、Food Panda。

跳蚤市場服務

雖然不需要了，但還可以使用……跳蚤市場是一種能讓你出售家中長期不用的物品、或是買到可能有用的物品的服務。典型的代表為Mercari。只需要用智慧型手機拍照，你的商品在幾分鐘之內就能上架，並且透過電信業者完成金錢交易。因易用性和安全性等特點，受到許多用戶的支持。

把不要的物品
變成商品
簡單就能買賣

來購買，你就能賺到錢。也就是說，**想辦法從很多人的手中收到感謝，就能賺錢。**這樣一想，你不覺得「賺錢」是件非常美好的事情嗎？

當你有能力注意到問題，懷著讓社會變得更美好的心情去做，引發每個人的同理心時，這個行動就會變成一個能夠賺錢的事業。

我在本章節介紹一些解決人們問題或實現人們願望的企業案例。最近利用網路銷售的商品和服務很多，裡面或許隱藏一些提示，幫助你在不久的將來能有所收穫。

不用買車
也可以生活
不用負擔
保養費
隨時可以利用

共享汽車

可以自由租賃和乘坐汽車的共享汽車服務也越來越受歡迎。汽車本身價格昂貴，加上需要支付維修和停車費等龐大的保養費用，所以這項服務可以滿足沒有錢但又必須使用車子的人，以及平常不開車、只有週末才會用車的人的需求。另外，這項服務是24小時都能使用的專用應用程式，不像租車店那樣固定營業時間，非常方便。

6-6

哪種類型的人會賺錢？

在成衣製造商工作的S小姐

1.

一開始擔任店面銷售的工作

在知名成衣製造商工作的S小姐，原本企劃推出自己想穿的新款服飾，但是卻被分配到銷售部門，最後在直營店裡工作。

2.

店面的工作雖然很辛苦……

一開始不太接受的S小姐，藉由直營店面內與店員和客戶的接觸，逐漸摸索出各種類型的穿搭風格。雖然每天都很辛苦，甚至有時候也要處理客訴問題，但也慢慢的覺得這個工作很有挑戰性。

3.

晉升為店長，更加努力繼續工作

工作生涯進入第四年時，S小姐過去的努力獲得公司肯定，經提拔晉升為店長。當上店長後，必須督促員工的工作狀況，以及提升銷售業績。店內的員工看到S小姐努力經營店鋪的姿態，也開始努力工作。

請改變「等待雇用」和「獲得報酬」的心態

過去的日本，人們一旦進入企業上班，薪資就會依據年功俸制度，逐漸往上調升，一直到屆齡退休為止。所以只要聽從公司的指示，幾乎都能度過穩定的工作人生。不過，現今的社會不一樣。再怎麼大的企業，也無法保證一帆風順。因為，現今已進入即使企業給予正職員工「終身雇用」，即受公司雇用到屆齡退休為止，也無法得到保障的時代。**不少人進入企業上班後，就抱著「每個月都能自動得到薪資」**，或是隸屬於公司就能自動獲得報酬的被動思維。抱有這種想法的人是賺不了錢的，所以建議改變一下思維或許會比較好。

未來能夠賺錢的人，都是靠自己努力行動的人。抱著「薪資是向公司出售自己的能力後，展現成果的報酬」想法，才能成為一個能賺錢的人。一旦你有這樣的想法，你也會迫切的提升自我能力，拚命的展現成果。擁有這樣的思維且努力工作的人將能為自己創造越來越多的優勢，並且活躍於職場。就算上班的公司倒閉了，這類型的人很快就能找到新工作，甚至有可能成為自由工作者。

因為透過完成某人的願望、提供幫助或解決問題，能夠收集到「感謝」，所以請讓自己成為一個觀察人們的願望和社會問題的人，逐漸能夠獨立思考和行動。這麼一來，不僅能夠賺到錢，你的生活也會變得更加美好。

當上店長後，獲得很大的成就感，不過⋯⋯

一直以來，對非洲衝突地區的孩童成為難民的新聞感到痛心的S小姐，思考了自己能幫這些孩子做什麼事後，計畫與深受年輕人喜愛的插畫家合作，推出原創T恤。

思考難民區孩童們的生活⋯⋯

在她的努力之下，S小姐店面的銷售大增，業績屢次成為各直營店中的第一名。體會過店鋪管理的樂趣與辛苦的S小姐，雖然從中獲得了非常大的成就感，但她還有更多想做的事。

用協力合作的原創T恤籌劃慈善活動

S小姐向企劃管理部的部門提出，想將一部分的T恤銷售額捐給難民區孩童。公司肯定S小姐擔任店長時的工作表現，所以批准了企劃案，產品得以生產和銷售。

S小姐年輕時，認真應對公司交付的工作，不僅擁有社會人的自信也贏得公司的信任。不過，S小姐並未滿足於現狀，反而結合自己的興趣推動工作，藉此獲得更大的成果。這種工作方式的人無論到哪裡都會獲得青睞，並且隨持保持工作的成就感。

成功援助孩子們！

與插畫家合作的T恤原價2,500日圓，將從中捐贈500日圓。該產品成為網路新聞熱門話題，一個月售出3萬件，並透過非政府組織（NGO）捐獻1500萬日圓給難民。

6-7

請成為能帶來「新價值」的人

你將為社會帶來什麼樣的價值？

過去還處於物資匱乏時，大家面對的是「只要做出商品，就能賣掉」的情況。當時被稱為家電用品「三神器」的冰箱、洗衣機、電視，隨著人們生活日漸富裕，在許多家庭中都能看到。如今，家家戶戶中普遍可見各種產品，便利的服務在社會中隨手可得，反而變成很難讓消費者購買新產品和服務的時代。

身處這樣的時代，哪一種類型的人能倚靠提供商品和服務來賺錢呢？答案就是「能了解價值並提供價值的人」。

人們會掏錢購買自己覺得「有價值」的事物。**而價值分爲「功能**

提供一個
放鬆的空間

圖片提供：日本星巴克咖啡

星巴克

風靡全球的星巴克咖啡館，秉持的理念為「提供第三個空間」。第三個空間指的不是自家（第一個空間）是職場（第二個空間），而是一個可以讓人做自己的空間。這裡不僅提供美味的咖啡，也提供讓人沉澱心靈、變得更有活力的空間、時間和體驗，成為受到大眾支持的商店。

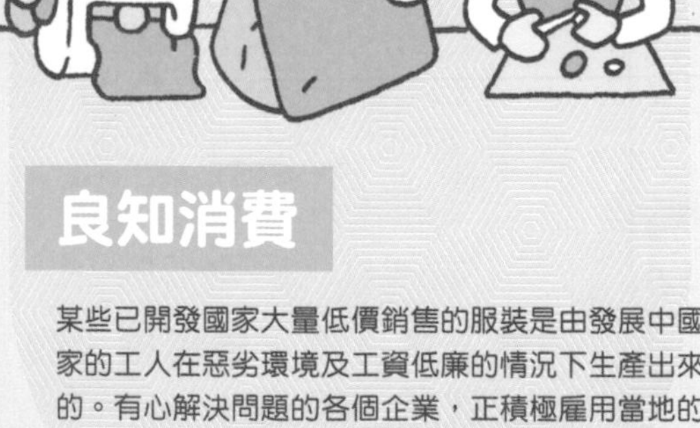
以流行商品貢獻於SDGs

良知消費

某些已開發國家大量低價銷售的服裝是由發展中國家的工人在惡劣環境及工資低廉的情況下生產出來的。有心解決問題的各個企業，正積極雇用當地的工匠、提高他們的技能來生產優質的產品。例如，服飾公司秉持著「從發展中國家打造世界第一品牌」的創立理念，銷售孟加拉等六個國家生產的包包和珠寶等物品。

價值」和「情感價值」兩種。

「功能價值」意指某種商品的功能。例如，電視機可以放映影像、洗衣機可以洗衣服等。不過，當物品的需求過剩時，就算擁有功能價值也無法售出。只有「這臺電視的影像非常清晰」、「這臺洗衣機的去汙能力很強」等功能，將無法從眾多競爭商品中脫穎而出。

因此，關鍵在於提供「情感價值」。「情感價值」指的是除了產品本身的功能之外，能夠吸引人們注意的東西。其中有可能是外觀的造型設計、產品的狀態或其他方面。以蘋果推出的iPhone為例，在按鍵式手機的鼎盛時期，以無按鍵的精緻設計風靡全球；遊戲產業中，任天堂則在單機遊戲的鼎盛時期，推出了適合全家同樂的遊戲機Wii，成為超人氣商品；還有富維克（Volvic）礦泉水曾在日本等多個國家發起一項活動，即消費者購買一公升的水，就能幫助非洲的馬利共和國獲得十公升乾淨又安全的水，進而激發了人們的購買欲望。

當你理解「功能價值」和「情感價值」，並且能夠提供商品和服務時，就能引起每個人的共鳴和認同，也能賺錢。重點在於提出想法，所以請你試著自由發揮，想想看你能為世界帶來什麼價值？

使用再生能源的電力

現今，全球暖化成了一個嚴重問題。我們可以使用不會耗盡能源也不會排放溫室氣體的再生能源（如陽光、風力、地熱等）。有多家電力和天然瓦斯公司提供祭出改用再生能源計畫，這項計畫具有環保的附加價值。

照片提供：鶴來堂

書咖（Book Coffee）

近年來，日本由於書籍銷售狀況低迷、後繼無人等原因，個人經營的書店，數量不斷減少。面對這樣的狀況，年輕人開始創辦新型書店，將書店的部分空間改造成咖啡館，用來販售雜貨或是舉辦與書籍相關的活動和攝影展。書店中附設現場表演會場或美術館等具有文藝氣息的新型空間，越來越受歡迎。

6-8

投資自己並鍛鍊自己

投資時間、金錢和能力，讓自己成長

「投資」是投入當前的資產，讓自己在未來能夠獲得利潤。第四章中提到了買賣股票或債券的金融投資，在這裡我會和你們談論更廣義的投資，也就是投資自己，讓未來的自己能夠有所成長。投資專家奧野一成曾在他的書中提到，**任何人都擁有「時間」、「金錢」和「能力（才能）」**這三項資產。我們就來談談這個吧！

首先，最重要的資產是「時間」。每個人的時間都是平等卻有限的，像是學習時間、與人相處的時間、閱讀時間、還有累積各種經驗的時間等，你的未來將取決於你對成長做了哪些自我投資。

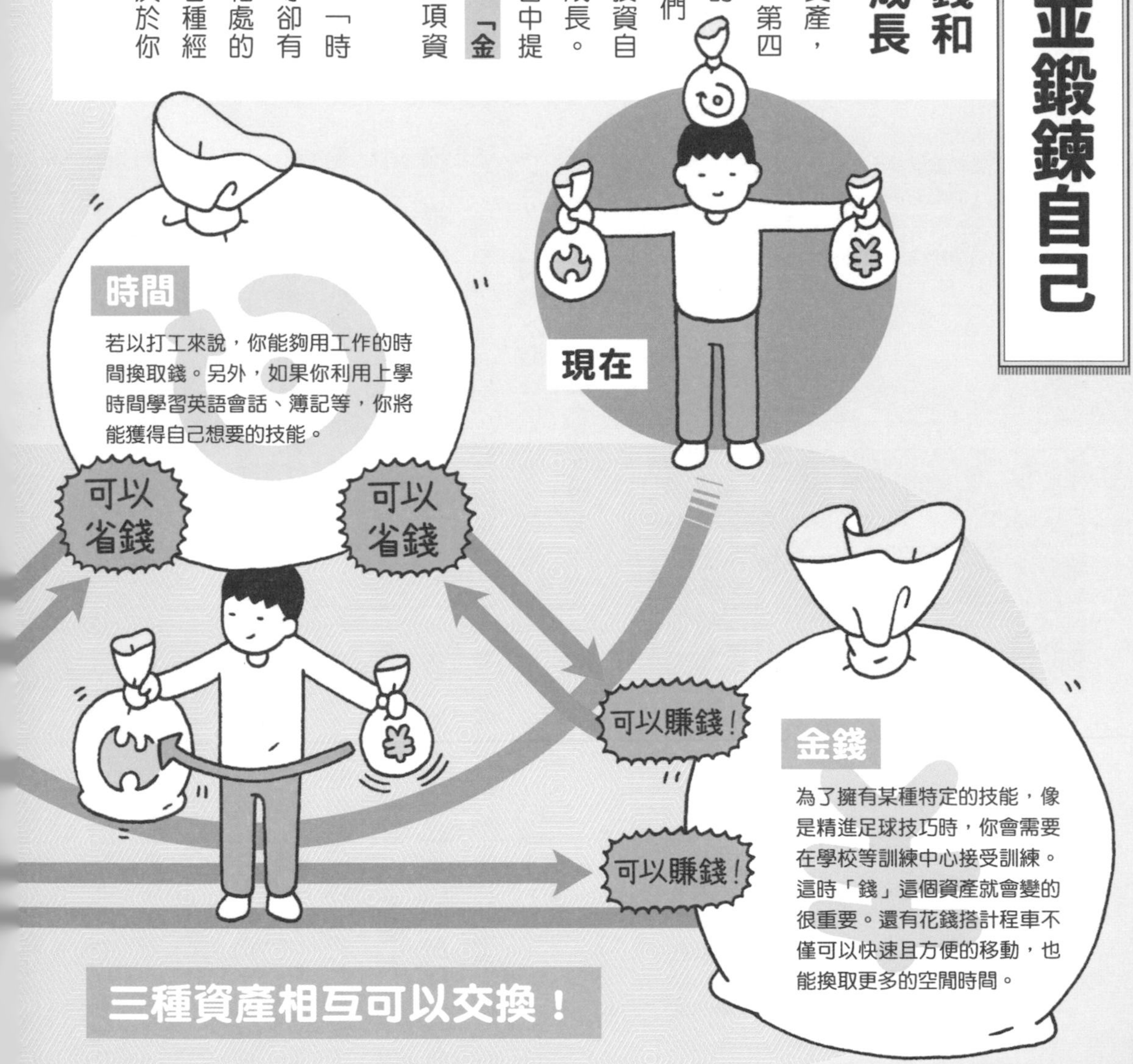
現在
時間
若以打工來說，你能夠用工作的時間換取錢。另外，如果你利用上學時間學習英語會話、簿記等，你將能獲得自己想要的技能。
可以省錢
可以省錢
可以賺錢！
可以賺錢！
金錢
為了擁有某種特定的技能，像是精進足球技巧時，你會需要在學校等訓練中心接受訓練。這時「錢」這個資產就會變的很重要。還有花錢搭計程車不僅可以快速且方便的移動，也能換取更多的空閒時間。
三種資產相互可以交換！

為了成長，我們會投入「金錢」去上學或購買必要的工具。每個人花費的金額都不同，所以必須找到有效的花錢方法。

「能力」這個第三項資產也是因人而異。人們擁有的能力涵蓋各種方面，例如，有邏輯思考能力、擅長英語、很會畫畫、溝通能力強等。有些人天生就擁有這些能力，有些人則必須透過不斷的努力及磨練累積經驗後才能擁有。

就某種程度來說，這三種資產能夠互換。舉例來說，當你打工賺錢時，就是利用時間這個資產來獲取錢；當你在超商買晚餐吃時，可以說你用錢這個資產獲得（節省）自己煮飯的時間；參加英語會話班則是利用錢和時間獲得語言技能。

所以說，**一邊投資自己當前的資產（時間、金錢、能力），一邊增加自己未來的資產（時間、金錢、能力），這就是「自我投資」**。

成為能夠賺錢的人意味著變成一個能力強的人。因為當你的能力提升了，就能夠在短時間內賺到更多的錢，這也代表著未來將擁有更多的空閒時間。你想做什麼樣的自我投資？如何運用現在手上擁有的資產？決定權在於你自己。

將來……

當你持續投資自己時，就會呈現複利式的成長。假設你比昨天成長了0.1%，1年後，你將比現在成長1.44倍；每天成長0.1%，持續維持10年，你將成長38.4倍。由此來看，提早投資自己很重要。

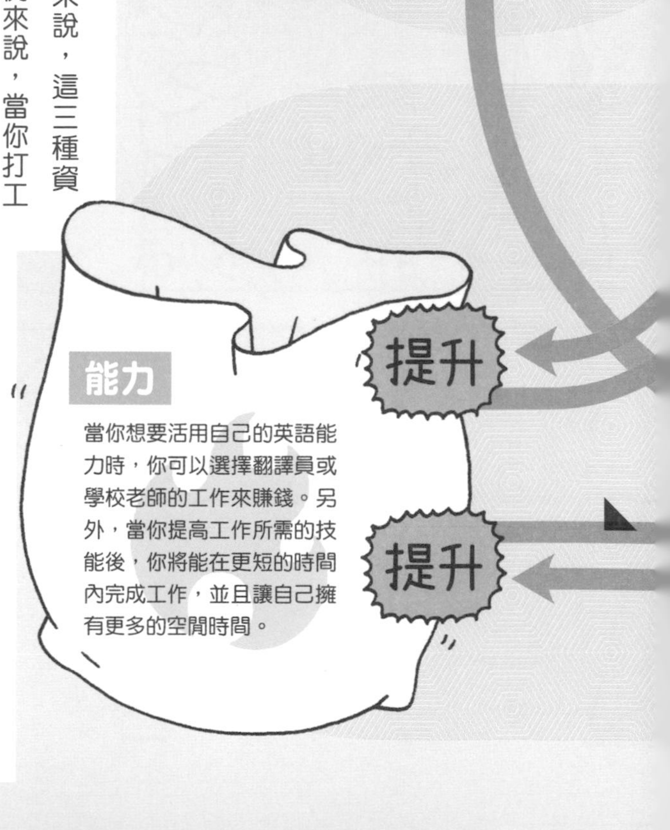

能力

當你想要活用自己的英語能力時，你可以選擇翻譯員或學校老師的工作來賺錢。另外，當你提高工作所需的技能後，你將能在更短的時間內完成工作，並且讓自己擁有更多的空閒時間。

6-9

即使獲得財富，也不能忘記的事

會賺錢的人並不偉大

當你努力工作、投資自己，並且能夠賺錢時，稍微感到滿足和自豪是件好事，因為這是你努力得來的。不過，**當你開始賺錢時，強烈建議你不要誤認爲「自己變得很偉大，身分變得很特殊」**。這種想法通常很容易出現在努力工作的人身上。

社會上有各式各樣的工作，我們的生活依賴著這些工作。對這些工作表達「感謝」之意的工具則是錢。正因為有人將「感謝」給了你，你才能得到錢。遇到有人說「謝謝」時，卻展現出「我已經盡力了，當然有資格獲得感謝」的態度，實在是不太好。

相反的，這時表現出「不客氣」

年收入 800萬日圓
年收入 0萬日圓
年收入 300萬日圓
年收入 240萬日圓
年收入 600萬日圓
17 GOALs

SDGs（永續發展目標）

目標10 「減少不平等」。在2030年前，無論年齡、性別、殘疾、人權、種族、出身、宗教、經濟地位或其他情況，強化所有人的能力，並促進社會、經濟和政治的包容。

或「我也謝謝你」的態度，你會不會覺得比較好呢？**請不要忘記我們是「在社會上求生存」的人。**

即使面臨低薪，仍對自己的工作感到自豪是一件很帥氣的事，但也有非常多的人因為某些因素無法做太多工作。日本憲法與聯合國的世界人權宣言認可的是人人都有不受歧視的生活權利，因此不管你有沒有錢，不管你能賺多少錢，完全與你的人生價值無關，希望有更多人能夠堅定這樣的想法。

COLUMN

每一個人都有存在的價值

我們沒有必要看著比自己賺更多錢的人，覺得「自己一文不值」。每個人都會消費，沒有消費，世界就無法運作，所以每個人只要活著就有價值。剛出生的嬰兒無法生產任何東西，但嬰兒卻為生產牛奶、尿布、嬰兒服裝的公司帶來銷售及報酬。因此，即使單從經濟活動的角度來看，人只要活著就有價值。

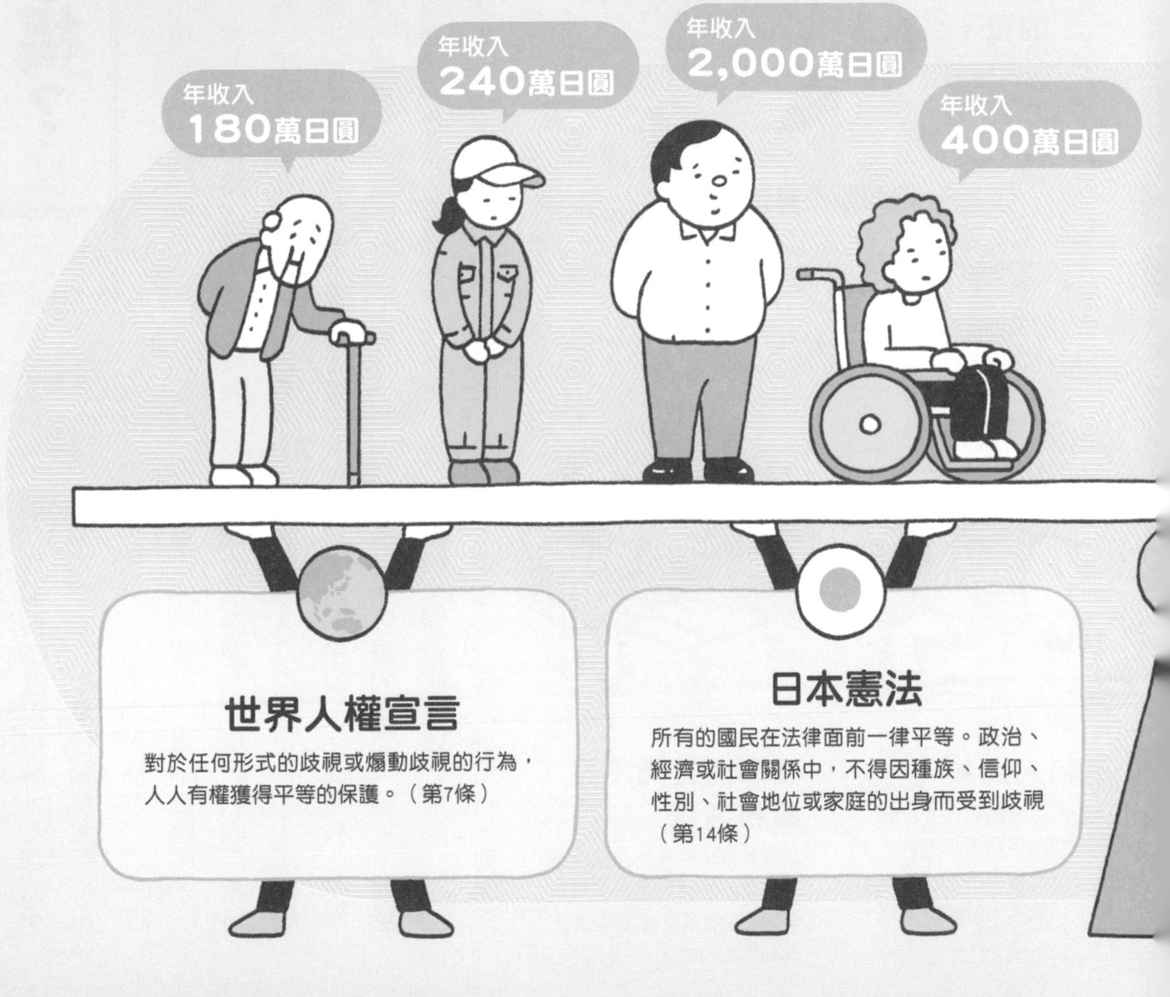
年收入
180萬日圓
年收入
240萬日圓
年收入
2,000萬日圓
年收入
400萬日圓
世界人權宣言
對於任何形式的歧視或煽動歧視的行為，人人有權獲得平等的保護。（第7條）
日本憲法
所有的國民在法律面前一律平等。政治、經濟或社會關係中，不得因種族、信仰、性別、社會地位或家庭的出身而受到歧視（第14條）

6-10 年收入越高越幸福？

錢能買到的幸福是有限的

你希望自己未來能獲得多少年收入呢？

有些人認為有錢就能買許多自己喜歡的東西，也可以擁有奢侈品，年收入越多越好。

美國普林斯頓大學的康納曼教授與一家研究公司合作的一項研究發現，「年收入增加至七萬五千美元時，幸福水平會提高；不過，一旦超過這個金額，幸福水平將不再有變化。」這是二〇一〇年發表的，以當時的匯率換算，七萬五千美元相當於六百萬日圓至七百萬日圓。另外，日本內閣府於二〇一四年發表的「國民的幸福感與收入」的調查結果顯示，年收入四百萬日圓與年收入八百萬日圓的人，幸福感幾乎沒有差異。由此可見，雖然錢是生活必需的東西，但是，**用錢買到的幸福卻是有限的。**

美國經濟學家羅伯特・弗蘭克

炫耀財
錢
豪宅
寶石
有社會地位……等等
幸福感不會長久

哪些特徵？

不和人比較

比起那些過於和別人比較，或過於在乎別人想法的人，重視自己內心的想法並且忠於自己的人，反而更快樂。

看事消費而不是看物消費

研究顯示，把錢花在旅行或與人交際的體驗上，與購買有形物品比較，前者會讓人感到更加快樂。

將與他人比較才能獲得滿足的東西定義為「炫耀財」，不需要與他人比較就能獲得滿足的東西定義為「非炫耀財」。炫耀財包括錢、物品和社會地位等，非炫耀財則包括健康、愛情以及社會歸屬感等。這兩者之間最大的差異在於幸福感的持久度，**非炫耀財的幸福感持續時間比炫耀財還久。**買了豪華轎車的快樂不會持續太久，但是與自己所愛的人一起租車旅行，得到的愉快回憶將會永遠留在你的心中。所以，請不要沉迷於賺錢這件事，致力於擁有無法用錢創造的非炫耀財，才是最重要的事。

COLUMN

幸福學和福利

幸福學是一種統計哪種類型的人擁有幸福感的研究，日本率先研究的專家是慶應大學的教授前野隆司。前野教授在他的著作中也有許多如同本頁所提到的錢與幸福的關係、幸福生活的定義等內容，有興趣的人請閱讀看看。近年來，幸福（＝Well-being）的概念備受關注，這是一個用身體、心理和社會健康來代表幸福及心靈滿足的概念。現在，越來越多的公司基於員工的幸福狀態對企業也會帶來正面影響的理由，似乎也開始採用考慮員工幸福感的「幸福管理」方式。

幸福的人有

具有「利他精神」

「利他精神」指的是為了取悅眼前的人而做的行動。透過友善的付出，你將收到對方的感謝，並且因此而感到快樂。

建立良好的人際關係

當你身邊有一個能輕鬆交談，或是遇到困難時能幫助你的人，或許會比有錢更加寶貴。

6-11

請捨棄價格，優先選擇價值

價格與價值，有時候也會不一樣……

年底或過年期間，商店陳列的福袋中會裝入高於福袋價格的物品，但我們不知道裡面裝的是什麼。這是一個很有趣的現象，如果袋子裡面裝的不是自己喜歡的物品，你就會覺得自己損失很大，這就意味著福袋中的高價位物品，對你來說沒有價值可言。

價格＝某人決定
價值＝自己決定

假設你在商店購買了一個價值一萬日圓的福袋，裡面放了一件標價十萬日圓的衣服。你會怎麼想呢？你或許會覺得「太好了！賺到了！」可是，如果這件衣服和你的品味完全不同呢？說不定你會不想穿著它出門。

價格是由提供商品或服務的人決定的。正如1-13中所說明的，價格是經由利潤加上製造生產時所需的材料和人事成本後，決定出來的。對照之下，**價值則是由自己決定的（感覺）**，也就是從商品或服務中獲得滿足感的意思。（這裡說的滿足感在經濟學上稱為「效用」）。就算用一萬日圓買到十萬日圓的衣服，只要不合當事人的喜好，就是不划算了。購物時，不看標價，只注意自己設定好的「想買價位」，這個價位對你而言就是商品的價值。

請把錢花在你重視的事物上

購買當地生產的食品

超市和專門店會販售蔬菜、肉類等當地生產的食材。主動購買這些食材可以增加當地生產者的收入，並且降低運輸成本。當你在做良知消費時（→5-15），你將會感受到自己為當地付出的貢獻價值。

參加活動

假如你有喜歡的藝術家，那麼最好積極參加這位藝術家舉辦的活動。參加活動除了會受到感動之外，入場費用有一部分將成為藝術家的收入，所以你應該能實際感受到自己正在幫助這位藝術家。

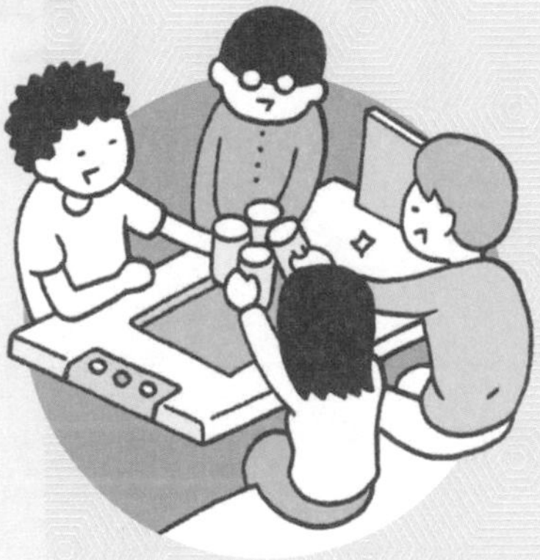

跟好朋友們的聚餐費

假如你的身邊有位對你而言相當重要的朋友，花錢和朋友一起吃飯，是加深彼此友誼的好主意。朋友的存在是不可取代的，你無法用付出的錢來衡量他們的價值。

購買動漫周邊商品

你喜愛的動漫人物公仔已經上市販售。如果能夠買到，你將會覺得非常滿足。房間內只要放上自己喜歡的公仔，整個人就充滿朝氣，就算價格有點貴，你所得到的價值意義將遠超出於你付出的價格。

如果太著重省錢，你將只會選擇便宜的商品。與其買便宜且馬上壞掉的衣服和鞋子，倒不如買價格昂貴，耐用又令人放心的，滿足感或許會持續比較久。然而，價格便宜與否的標準並非絕對，最好的方式是用時間來衡量你自己是否想買這樣東西或者是否會長久使用。

花錢時，請你優先考慮自己感受到的「價值」，而不是別人所設定的「價格」，並且仔細想想自己能夠獲得多少滿足感，這才是最重要的。

6-12

最重要的是「如何花錢」

請花錢讓自己變幸福！

許多人應該都被告知「不可以浪費錢」，不了解自己有多少錢，無謂的浪費錢，你將無法生活。數據顯示，日本人由於這個道理而大量存款。個人金融資產約為新台幣四千四百兆元（兩萬零五兆日圓），現金等有價物（現金及存款）為兩千兩百兆元（一萬零八十八兆日圓）（截至二〇二二年三月底）。日本國家預算約一百兆日圓，個人的現金與存款約國家預算的十倍之多。這樣的現象在已開發國家中非常罕見，因為西方人會花更多的錢消費投資，讓錢流通。根據日銀於二〇二一年八月的公告顯示，日本家庭金融資產（個人資產）中「現金和存款」的比例為54.3％，美國則為13.7％。

我們由此可以推測出，日本人受到的教育總是「不要花太多錢」，並且日本人擁有強烈的未來焦慮感和自我保護意識。

不過，就像我多次提到的，只有花錢，錢才有存在的意義，我們才能獲得滿足，一直存錢是沒有意義的。**花錢體驗自己想做的事是很棒的，希望每個人都能買到對自己有價值的物品和服務，所獲得的經驗將幫助你拓展價值觀。**

錢就像是一張可以為你的生活帶來更多樂趣的門票，不好好運用是否太可惜呢？

試試看，用錢換取這樣的經驗會如何？

大學畢業後的A小姐，決定在找到工作之前先親眼看看這個世界。儘管對背包客自助旅行還得花費新台幣44萬元（約200萬日圓）的事感到困惑，她還是利用學生時打工賺來的11萬元（約50萬日圓）和向父母借的33萬元（約150萬日圓），花了半年的時間完成環遊世界之旅。回國後，雖然環遊世界的經驗對現在的工作沒有直接的幫助，不過，現在也開始邊工作邊慢慢的還錢給父母。

C先生
65歲、男性

從工作多年的公司退休的C先生，曾經想過二度就業。但因為很想學習從學生時代就憧憬的文學，所以參加了入學考試，開始到研究所就讀。上自己喜歡的文學課、結交比自己年輕40多歲的朋友。為了完成碩士論文，目前每天都接受教授指導。順便說一下，這位教授也比C先生年輕。

B小姐
45歲、女性

一直待在電視節目製作公司工作的B小姐，長久以來的夢想是拍電影。認為自己上了年紀後，將無法實現這個夢想的B小姐，毅然決然的辭掉工作，在同事的幫助下，開始拍攝探討貧困兒童的紀錄片。B小姐自己出資新台幣66萬元（約300萬日圓），加上透過群眾集資的方式籌集製作費用後，終於完成了這部製作成本約110萬元（約500萬日圓）的紀錄片。現在，每天與有興趣發行這部片子的電影公司或電影院交涉。

6-13

時間與金錢，哪一個重要？

時間花在工作上，將很有可能錯過和孩子一起度過的幸福時光。或是年輕時拚命工作，讓自己到了三四十歲時，能很快賺到許多錢。

這些並沒有所謂的對和錯，我們必須做的是認知時間和錢的重要性，並做出對自己有意義的行動。

重點在於妥善運用自己的時間＝活得有意義。所以請你在展望未

除了保有金錢概念也要把握時間概念

在6-8的章節中，我們談到了如何擁有「錢」、「時間」和「能力（才能）」這幾項資產。其中，「時間」是我們擁有的最重要的資產。時間是有限的，對有一天終將會死去的我們來說，如何運用時間就等於如何度過我們的生命，也可以說，增加自己舒適度過日子的時間等於讓自己迎接幸福的人生。

時間的另一大特徵就是無法倒轉。例如，二十多歲時，你或許能夠背著一個大背包環遊世界，當你工作賺錢，到了五十多歲退休後，礙於體力可能就很難這麼做了。還有結婚生子後，孩子的童年時光一眨眼就過去了，這時如果你一直將

把和家人相處的時間放在第一順位

一旦有了孩子，就會想珍惜和孩子相處的時光。而能和孩子一起玩樂或一起旅行的時間，最多就是到孩子上國中之前。在這短暫的時間之中，孩子的心裡永遠都會記得與父母親一起度過的回憶。不單單只是孩子，與寶貴的家人或伴侶一起度過的時光也是無法取代的回憶。

重視與朋友、戀人相處的時間

當你還是學生時，你可以有空閒的時間，隨時能夠和朋友或戀人見面，可是進入社會工作後，在彼此都有工作的狀況下，很難空出時間見面。雙方協調配合休假，或是利用休長假的時間，和朋友或戀人一起享受悠閒的快樂時光，能讓自己煥然一新。

COLUMN

關於工作和幸福的時光

為了讓自己生活得更舒適，首要思考的重點是工作和時間，思考方向大致有兩個：

方向①：試著減少工作賺錢的時間，增加可以自由運用調配的時間。

方向②：做自己喜歡的工作、熱愛自己的工作，讓自己舒適的度過工作時光。

實現①的方法有：必須提高能力，並且讓自己在短時間內賺很多錢。

實現②的方法有：必須注意不要讓工作占據生活。

你適合哪一種呢？

請你試著這樣運用時間

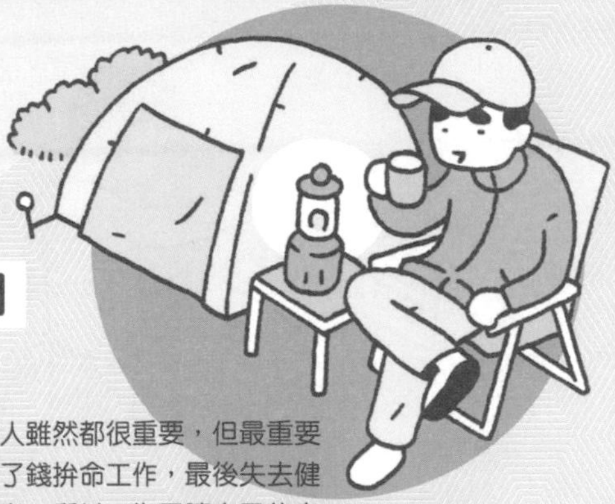

挪出時間給自己

家人、朋友和戀人雖然都很重要，但最重要的是你自己。為了錢拚命工作，最後失去健康，將會一無所有。所以，為了讓自己的身心保持健康，花時間好好休息，偶爾給自己放鬆的時間也很重要。

給自己積極參與興趣的時間

參加當地的棒球隊運動、與志同道合的朋友一起組團演奏、在自家的庭院或陽台上種個開心農場等，將時間用在自己的興趣愛好上，將能讓你的生活更加豐富。

空出時間參與志工活動

指導當地孩子學習、參加地震或颱風等災區的救援活動等，世界各地正需要各類的志工人員。當你伸手給予援助後，你將因為幫助了某人或是因為收到對方的感激，而更加肯定自己。

來的同時，也思考如何運用時間，自己現在應該做的重要之事又有哪些？接著做出讓自己感到充實與幸福的選擇。

6-14 讓社會獲得幫助

將手上的閒錢用在世界各地的人身上

當你開始賺錢時，請試著將錢用在自己以外的人身上，並且讓他們感到喜悅。例如送一份禮物給家人或你所愛的人、幫朋友辦一場盛大的生日派對，對方肯定會非常開心，你也一定會很高興。你是否覺得這是一個不錯的花錢方式呢？

接下來，更進一步，你覺得將錢拿去公益捐贈如何呢？事實上，加拿大曾進行一項捐贈實驗，並且得出了一個有趣的結果。給每位實驗參與者五美元或二十美元，然後請其中一半的參與者「把錢花在自己身上」，請另一半人「把錢拿去買禮物送給某人，或是捐贈給慈善機構」。實驗後詢問每位參與者花錢的感受。將錢花在別人身上的參與者較能擁有高度的幸福感。其他還有許多實驗結果也顯示將錢花在別人身上，能感受到幸福。把錢花在自己身上，得到的是物質富裕，但**花在別人身上，能夠得到精神富裕。**

你聽過「貴族義務」（noblesse oblige）這個詞嗎？它起源於十九世紀的法國，意思是「貴族的舉止風範必須與其地位相符」。當時基於「地位高、財富多的人，必須根據自己的能力為社會承擔責任」的想法，這個詞在貴族階層中廣為流

利用捐款箱捐款

這是最簡單的捐贈方式。當發生重大災害時，超商和超市的收銀檯旁，會放置籌募援救災區資金的捐款箱。當你買完東西結帳後，只要把錢投入捐款箱，輕輕鬆鬆的就能捐款。

捐款給NPO

NPO（非營利組織）致力於解決日本和世界各地面臨的各種社會問題，如幫助貧困孩童的學習、援助無家可歸的人。我們所捐的錢會成為NPO的活動資金，並且能夠援助遭遇困難的人。另外，也有像「Yahoo！基金」等機制，讓我們能夠輕鬆捐款給非營利組織。

傳。特別在歐美地區，許多百萬富翁和大企業盛行將部分財富分配給弱勢群體或公共事業建設。直到現在，這種精神仍舊延續著。

當然，如果連自己的生活都沒有多餘的錢了，就不可能會想把錢花在別人身上。不過，當你手中的錢稍微充裕時，是否能夠捐出一點錢來幫助那些身處困境的人呢？錢如果能夠幫助有需要的人或是讓社會朝更好的方向發展，將會是一件非常棒的事。本章節將介紹幾個我們生活中常見的捐款範例。如果你有興趣，請試著查查看。

利用群眾集資捐款

群眾集資捐款是一套透過網路募集資金、並給予推動各種活動者援助的捐款系統。其中含有投資意味的，有時你會從中獲得一些回報（如金錢、謝禮等），不過有時候也會有不要求金錢回饋的捐贈類型。

利用故鄉稅捐款

一個捐款給自己支持的地方政府的系統。一開始是為了幫助受人口減少等原因影響而減少稅收的地區。透過這樣的方式捐款，可以減免所得稅和住民稅，更可以收到當地政府回饋的當地名產等謝禮。

COLUMN

捐款跟投資一樣嗎？

依據日本募款協會公布的「2021年捐款白皮書」資料顯示，日本民眾個人扣除故鄉稅額後的捐款總額為5,401億日圓（2020年）。同一份資料中，美國與英國的捐款額分別為34兆5948億日圓（2020年）與1兆4878億日圓（2018年），我們可以明顯感受到，歐美國家捐款的文化比日本更為根深蒂固。

美國透過「消費」、「儲蓄」、「捐款」、「投資」這四個存錢筒的概念，教導孩子學習金錢知識。消費和儲蓄是為了自己，而捐款和投資則是用來幫助其他人。投資和捐款在美國受歡迎，或許是因為要讓孩子了解金錢的重要性，同時也教會他們援助他人的可貴之處。

6-15

我們活著的意義是什麼？

凡走過必留下「代表生命意義」的痕跡

人生的目標不是賺錢，打造讓自己幸福的生活方式才是人生最終目標，錢只不過是一個「工具」。

若說人生還有另一個目標，那就是「留下某些東西」。或許有些人會認為這句話的意思是留下遺產給家人或孩子。當然，這麼做非常令人欽佩。但是，還有更加美好的定義。像是與家人和朋友一同度過重要的時光、能夠創造出一起享受美食、一起旅行的美好回憶，當你離開人世時，這些美好回憶也會留在每個人的心中。教育兒童和青少年，留下知識與經驗給他們也是件很棒的事，這些知識資產將比錢還重要。其他很棒的事還有，和同事們一同創造出各種商品和服務，留下對人們有幫助的物品。另外，擁有運氣和才華的人，留給人們的也許是一部觸動人心或讓人感到輕鬆愉快的小說或漫畫作品。

或許，現在難以想像自己人生最終的目的地。但是，我認為趁早開始思考自己的人生中是否還有未完成的事情挺好的。當你在人生的道路上迷失方向或回顧自己過去的生活方式時，**請停下腳步想一想**

我們遺留下來的東西有哪些？

財富或等同財富的物品

每個人遺留下來的東西中，讓人最清楚了解的就是錢。不單單只是現金，有些人也會留下房屋、土地、貴重物品等。只是，基本上只限於留給自己的孩子或其他親人。

COLUMN

既然要留下財富，倒不如早點留給孩子？

如果你正考慮將來把錢留給孩子，那麼或許在你還活著的時候將錢贈與給孩子會比較好。醫學的進步使人們變的更長壽。當你活到100歲時，孩子的年齡大約是60歲至70歲，就算他們相繼繼承了你的財產，也差不多進入不需要很多錢的年紀了。相反的，把錢贈與給經濟問題較多的20世代或30世代的孩子比較有用。

＊如果一次贈與大量的金額，則需繳納贈與稅。

「自己能做什麼」、「能爲別人留下什麼」。這麼做，或許會成為你擁有充實人生的提示。

各種作品

小說、音樂、漫畫、遊戲等創作作品，不僅讓家人、朋友、同事等身邊的熟人留下深刻的印象，更廣泛的說，也可以給更多人帶來快樂與感動。就算稱不上創作作品，只要開發出對人們有用的商品，並且在世界流通，那麼就可以當作是一件傑作。

知識和技術

我們在學校或職場獲得的知識和技能，讓你能夠應付各種局面的工作狀況。然後，當你將所學的知識和技術傳授給你的下屬或學弟妹時，將有助於他們成長及社會發展。

美好的回憶與記憶

與家人和朋友間的快樂回憶，會永遠留在你的心中，而且每次想起時，都會給你力量。美好的回憶是無價的。小時候，常常有人帶給你美好的回憶，等到你長大後，就輪到你和你所珍惜的人一起創造美好的回憶。

6-16

未來是屬於我們的時代

用自己的方式生活成為對社會有幫助的人

本書以「錢是什麼」的話題作為開頭，看到這邊，相信你已學到：當我們受到其他人的幫助時，我們可以用錢來代表「感謝」之意；錢就像血液一樣在社會上流通；經濟景氣有好有壞；成年人會用各種方法來賺錢等內容。

當我們想到錢的時候，我們會先在意自己擔憂的事情。例如「需要多少錢才能生活」、「怎麼做才能賺錢」、「有什麼方法可以增加手中的財富」等。本書旨在用易於理解的方式總結這些問題的基本資訊與想法。不過，就個人來說最重要的是「理財方式」。錢的意義始於交換東西，因此只會省錢是沒有意義的。**想要知道如何花錢讓自己覺得幸福快樂，就必須深入的了解自己。**不要只是一味的擔憂，而是積極的理財。

所以，**當你想到錢的時候，希望除了自我擔憂之外，也能夠抱持著「如何減緩許多人的焦慮」的觀點來思考。**這個世界面臨著貧窮、不平等、環境破壞等許多問題。儘

是否改變了？

我了解到
擁有很多錢
並不一定會幸福。
生活需要錢，
但過多的擔心
也不好。
擁有高薪的工作
固然很好，但首先我
想花時間弄清
楚自己想
做什麼！
夢想
剛

你對「錢」的看法

賺錢並不是壞事。
也有可以讓賺錢
與貢獻社會
並存的方法。
金錢話題很重要，
我想和大家一起討論。
新興科技或許能夠
改變世界。
NIPPON
千円
五千円

管一個人能做的事情是有限的，我們也可以選擇到能夠幫助社會解決這些問題的公司上班，或是自己創業、招募夥伴，以投資者或消費者的身分改變社會。此外，政治在社會上的作用是決定如何使用每個人所繳納的稅金，而我們可以透過選舉投票來參與政治，所以請你一定要利用這個機會。

錢是一種可以讓我們隨心過生活，讓社會變得更美好的工具。社會變好或變壞，取決於每個人的理財方式。**因此請不厭其煩的思考，你想過什麼樣的生活？你想怎麼幫助社會？如何運用金錢來實現這些想法？**

加油！
壱万円
日本銀
10000
日本銀行
我以為貸款
是不好的。不過，
大多數買車或買房
的人都背負著貸款。
我以為錢就代表
世界上的一切，
但其實還有更重要
的東西。

【總結】

6-1 賺錢和花錢的方式因人而異，沒有正確的答案。
請記住錢是讓自己擁有滿意人生的「工具」，
並思考有效理財的方法。

6-2 隨著年齡增長，
工作的經驗和技能相對的也會提升，
就能讓你獲得與能力相稱的薪資。
可是，非正職員工的年收入
並未隨年齡增長而上升。

6-3 現今，登上受歡迎企業排行榜的企業種類
與30多年前的相比，出現了很大的轉變，
我們由此可了解現在搶手的公司，
未來不見得會持續穩定。

6-4 我們現在己進入「人生100歲時代」，
即使到了60歲退休，往後的人生還很長。
趁身體還硬朗時繼續工作，
不僅能夠維持身心健康，
還能降低耗盡退休資金的風險。

6-5 面對解決人們問題或滿足願望的商品和服務時，懷抱的「感謝」之意會變成「錢」。也有許多新興的服務利用網路解決人們的問題。

6-6 未來能賺錢的人不再是「被動者」，
而是能夠主動提升自我能力，
自己創造就業機會的人。

6-7 價值有「功能價值」（商品的機能、功能）
和「情感價值」（商品的設計或外觀）兩種。
透過工作，請你試著自由發揮，
想想看自己能為世界帶來什麼價值？

6-8 藉由投資（自我投資）「時間」、
「金錢」、「能力」這三項自我資產，
能夠讓自己成長。

6-9 就算你會賺錢，也不要覺得自己很偉大。
請記住，無論有沒有能力賺錢，
世界上每一個人都是平等的。

6-10 用錢買到的幸福是有限的。
「炫耀財」帶來的是短暫的幸福感，
「非炫耀財」的幸福感才能夠長久維持。

6-11 花錢時，請捨棄由他人決定的「價格」，
優先考慮自我感受到的「價值」。

6-12 與其擔心未來而囤積存款，
倒不如把錢花在帶給你價值感的事物上。
請你也試著用錢來換取美好的體驗。

6-13 我們在追求財富的過程中，往往會忽略和所愛的人相處的時間或是沒有時間去做自己喜愛的事情。所以除了重視金錢之外，也要有時間意識，讓自己在接下來的人生中不留遺憾。

6-14 當你捐款給NPO或地方政府、把錢花在自己
以外的人身上時，你不僅幫助了那個人，
自己也會感到滿足。

6-15 生命的意義之一就是「留下」某些東西，
例如與身邊的人的珍貴回憶、帶給許多人
歡笑的作品、對社會有用的技術。

6-16 當你成為一個善於解決自我財務問題的人時，也同時思考如何幫助那些與我們生存在同一社會中的人，消除他們對生活的擔憂。

6-16 請你不厭其煩的多加思考，
你想要過什麼樣的生活？你想怎麼幫助社會？
如何使用金錢來實現這些想法？

終章

……
終章
邁向未來的一步
不好意思，你這麼忙還抽空聽我說。
那就星期日見。
嗶！
喔，你好嗎？
啊，是田邊啊。辛苦了。
中倉，我有事要找你，方便嗎？
好。
會議室
田邊你說的有事，是指人事相關的事情嗎？
事實上，有件困擾的事。

你原先任職的食品原料部，部長井野調任到子公司的人事命令已經確定了。
咦，這樣啊。
最後判定「證據不足」，所以不會給予紀律處分，
不過有多方證詞顯示他的指導方式似乎有職場霸凌的傾向，加上長久以來他底下的員工，離職率一直偏高，人事部門不得不開始重視這些問題。
原來如此。
所以，我希望中倉你能夠回來擔任食品原料部的部長。
我……我嗎？

況且，你也非常了解這份工作的內容。
激動
最重要的是，
現場的主力員工和資深員工們，都希望你能夠回來。
可以讓我考慮一下嗎？我會在三天內回覆您。
好的，那我等你的好消息。
今天晚上有事想找你商量一下，好嗎？
香苗
叮鈴……

那個週末
請享用。
哇！看起來真美味。
我要開動了喔！
不好意思，全部都交給你們處理。
別在意啦！每次都受你們的照顧，偶爾也要換我們請客呀！
嗯！真好吃！
孝二，你很會煮喔！
謝謝。
小花，等一下喔！
等一下拿飼料給你吃喔！
咕嚕

對了，美帆，未來的出路決定好了嗎？
嗯，我交給老師了。
喔……這麼早就交了……
雖然我的第一志願是明央大學經濟學系，但是我對商學院也很感興趣，所以一直很煩惱。
原來是這樣啊。
看來暑假去上的金錢知識課程，引起妳的共鳴了呢！
嗯！
進入社會工作之前，
我想再多學點金錢和社會相關的知識。

不過，妳暑假的模擬考成績卻慘不忍睹耶！
哈哈
哈哈
呃，不要這麼說啦！
畢竟現在還是高二，加把勁把功課拉回來就好了。
握
好，我會加油！
接下來……
咳
既然美帆宣布她的決定了，那麼我也來發表一下吧！
咦？怎麼了？
嗯？

我，中倉孝二，
決定再工作一年就辭職。
咦？
為什麼？
自從調任到現在的部門後，就不再像以前那麼忙碌，工作也比較適應了。雖然我告訴自己，已經努力工作過了，現在慢慢來就好。
可是，我一直煩惱著這樣真的好嗎？

和美帆一起
參加金錢知識課程後，
我開始深入思考
如何利用後半生的時間。
後來決定，
未來的十年，
與其繼續不甘心的
待在現在的公司工作，
倒不如接受新的挑戰。
新的工作
是什麼呢？
我想在這附近
開一家餐廳。
採用公平貿易
購買原料、店內設立
無障礙空間、讓無法在現
場工作的人遠距管理等方式，
透過這家店，如果能讓每
個人在享用餐點或咖啡
時，對社會貢獻出一點點
的力量，那就好了。

採購的部分，以前就接觸過了。因為前同事目前是餐廳的管理顧問，所以到時會拜託他……
明天也打算跟他見面
雖然常常被念說我很天真，但是……
我覺得還不錯。
我覺得很好！
爸爸，加油喔！
呵，我會加油的。
香苗呢？妳同意嗎？
孝二和美帆如果有自己想走的路，
我會全力支持喔！
謝謝……

不過，之前的部下都說「希望你回去擔任部長」了，你卻說你想離職，聽到的時候確實有點驚訝。
所以有升職的機會，但你拒絕了？
嗯，因為我已經決定了另一條新的人生道路。
感覺好像很可惜耶！
他從以前開始，決定好的事情就很難改變了。
香苗不也是這樣嗎？一旦決定了，就很難改變。
？

美帆，妳還記得金錢課程的教授吧？
樋口教授嗎？
對，樋口教授是媽媽的大學同學喔！
媽媽和樋口教授是同一個研討會的成員，並且以「開拓年輕人未來的金融教育」為主題，共同做研究。
喔！真的嗎？
這次課程的內容，就是兩個人共同討論多次後定下來的。
你跟彩花聊過了吧？
上次上完課之後，
我看到美帆教材上樋口彩花的名字，感覺很眼熟。後來想起來，曾經在妳大學同學寄的賀年卡中看過。
運用財
文案負責人：樋口彩花
明央大學

即使對方只是輕描淡寫的說「我們銀行也承蒙您照顧了」。
但是，相信香苗一定也付出了許多心力，對吧？
被發現了嗎？
謝謝妳。讓我下定決心開創一條新的人生道路。
媽媽，我也很謝謝您，從現在開始，我會好好思考未來的生活。

不客氣。
不過……
孝二就算從事新的工作，也不能虧錢虧的太嚴重喔！
如果一直虧錢，那你就得退出！
美帆，請妳努力在下次的模擬考中取得更好的成績！
好的！
啊哈哈真是鬥不過香苗耶！
呵呵呵！
好了，我還有很多餐點還沒出呢！請大家別客氣，盡量享用。
!!
好——

這個夏天，我們參加的理財課程讓我們學會並思考了許多事情。
錢是生活不可或缺的事物，擁有錢，就能擁有更多的生活選擇。
然而，如果是對錢執著的生活，
轉個彎，往前踏出一步或許會比較快樂。
雪乃
我打算去專科學校
將來想做一名西點師傅，所以去唸西點專科學校的餐飲科系。
不錯耶！我們一起加油吧！
我爸爸最近要開一家咖啡店。你有興趣嗎？

我們生活的社會中，錢會被用來表達我們的「感謝」之意。
錢能夠解決困難，或是讓某個人感到開心。
然而，這個系統並不完美，
有些人在金錢競爭的背後，偷偷留下了弱者的眼淚。
也有人遭到社會遺忘，失去了寶貴的資源。
我們每個人都需要將這些問題視為自己問題的一部分，努力去解決。

錢與時間的運用方法因人而異，
正確答案不只一個。
因為擔憂答案是否正確，
還是感覺到自由，都取決於我們自己的感受。
請你想一想，
為了豐富自己的人生，
為了讓某個人展開笑顏，
我們能夠做些什麼？
暖心
CAFE
你點的咖啡，將為某個人帶來微笑
本店秉持這樣的理念
隨時歡迎每一位客人
露天座位可以攜帶寵物入座喔！

了解並建構金錢觀念，為更寬闊的未來投資！

「不要浪費錢。」

「把錢存到銀行裡。」

許多父母提供的理財建議，應該都是這些方法。從小領取零用錢生活，到了高中或大學開始打工賺錢，不知不覺中自己已經成為了社會人士。即便到了現在，大多數的成年人，仍然對金錢的概念懵懵懂懂，直到有需要的時候才會想到學習理財。

日本與其他國家相比，國民的金融素養較低。我們不僅需要把錢存在銀行裡，還需要積極善用資產、增加資產的持有量。在這樣的觀點與趨勢之下，日本從二〇二二年四月開始，在高中家政課中加入金融理財課程，透過學習家庭收支管理、人生規劃、資產形成、社會保險和私人保險、信用卡貸款、理財風險等知識，提升全民對錢的概念。這對日本而言，可說是非常大的進步。

本書主要是為了國中生及高中生的讀者而寫，涵蓋了廣泛的金融教育課程主題，並運用大量插畫，以淺顯易懂的方式說明各個主題的內容。目的在於讓閱讀本書的你，能夠思考「自己想要什麼樣的生活」、「能為社會做什麼」等問題。這些艱深的問題，必須藉由學習來思考，所以請花一點時間仔細閱讀。了解並建構錢的觀念，就能讓自己自信的踏入社會。

「盡可能少花錢」或是「為了將來，把錢存起來好了」，當我們思考理財時，總會受到這些想法影響。不過，請大家了解，花錢投資在自己身上，能使自己的未來更加寬廣。

另外，我也希望大學生和已經進入職場的社會人士們能夠閱讀本書。在繁忙的生活中，我們往往只專注於有效的賺錢方法和經濟的合理性，但事實上，我們應該去聆聽自己內心的聲音，並且找到對自己來說更重要的事物。

學習理財並實踐心中的想法，就能讓自己更加積極的面對生活，並且提高社會參與感。雖然我們每一個人都僅擁有微薄的力量，但是將每個人的力量團結起來後，就能形成一股強大的力量。如果積極工作和認真生活的優秀成年人越來越多，那麼這個社會將會變得越來越美好。

如果你能經常翻閱這本書，並且試著思考充實自己人生的方法，或是想辦法讓某個人嶄露笑顏，我們將會感到無比的欣慰。誠心祝福每一個人，都能擁有自己想要的幸福生活。

編輯部敬上

台灣資訊補充

1-11 「通貨膨脹」與「通貨緊縮」是什麼？

2008年至2020年，台灣通膨低且穩定，平均通膨率1%。2021年起通膨走升，截止2022年平均通膨率為2.5%。

（相關資訊可至「中研院經濟所」查詢 https://reurl.cc/prMb9l）

1-17 電子支付的演變過程

根據資策會產業情報研究所（MIC）公布的《2021年行動支付消費者調查》，民眾對於行動支付的偏好度，從2020年37%成長至50%。根據z.com Engagement Lab的最新調查數據顯示，台灣有77.1%的民眾目前使用行動支付。觀察目前使用率較低的族群，有許多人對行動支付保有開放的態度，不同年齡層的使用習慣和偏好存在顯著差異，安全性和便利性為用戶選擇行動支付的主要考慮因素。

（資料來源：MIC產業情報研究所 https://mic.iii.org.tw/news.aspx?id=617）

2-5 「中央銀行」是什麼樣的銀行？

中央銀行（簡稱央行）是中華民國的國家銀行，直屬於行政院，具有部會級地位，肩負穩定國家金融發展、維持物價平穩、維護國幣（新台幣）幣值、管理中華民國外匯存底等重要事務。

（相關資料可至「全國法規資料庫」查詢 https://reurl.cc/2zKeMm）

2-6 政府如何決定國幣的使用方法？

2022年度各級政府歲入淨額新台幣3兆6,907億元。

（相關資訊可至「行政院」查詢 https://reurl.cc/eLObOM）

2-7 什麼是「全民健康保險」？

台灣的「全民健康保險」透過自助、互助制度，將全體國民納入健康保障。凡具有中華民國國籍，在台灣地區設有戶籍滿6個月以上的民眾，以及在台灣地區出生之新生兒，都必須參加全民健保。在人權與公平的考量下，歷經數次修法，逐步擴大加保對象，包括新住民、長期在台居留的外籍人士、僑生及外籍生、軍人等均納入健保體系。

全民健保將保險對象區分為6類15目，並針對不同身分類別，規範不同之保險費計算方式，如受僱者自付30%的保險費，雇主及中央政府則分別負擔60%及10%、職業工會會員自付60%，政府負擔40%等。但對於部分特定弱勢族群，如低收入戶、中低收入戶、身心障礙者、無職業原住民、失業勞工及其眷屬等，則由政府給予部分或全部之應自付保險費之補助；對於未符合補助資格且繳費有困難者，亦提供無息貸款、分期繳納或轉介公益團體等多項協助繳納保險費措施。（資料來源：行政院）

2-8 什麼是「國債」？

中央登錄債券（以下簡稱登錄債券）係中央政府發行之公債及國庫券，目前公債之發行年期多為2年、5年、10年、20年及30年；國庫券之發行天期則為一年以內。最低購買單位為10萬元（可洽中華郵政公司或台灣證券交易所）。

（相關資訊可至「中央銀行全球資訊網」查詢 https://reurl.cc/nrvqQl）

2-9 GDP與國債發行額

2022年台灣GDP全年產值為7604.6 億美元，政府的總債務餘額約為1867億美元。（資料來源：財政部國庫署 https://reurl.cc/krE263）

2-17 貨幣升值與貨幣貶值，哪一個好呢？

民國111年我國對外貿易總額9,071.2億美元，較民國110年增加9.5%，出進口金額創歷年新高。（相關資訊可至「行政院」查詢 https://reurl.cc/RWeLL6）

2-18 台灣貿易與能源自給率資訊

2022年台灣進口總值約4281.1億美元，出口總值約4794.2億美元，形成出口總值比進口總值多的貿易順差。台灣主要出口產品為電子零組件、資通與視聽產品、基本金屬及其製品等。主要進口產品為電子零組件、礦物燃料、機械等，礦物燃料在進口品項中占比較大。

（相關資訊可至「經濟部國際貿易署」查詢 https://reurl.cc/mr3bbM

或「行政院」查詢 https://reurl.cc/RWeLL6）

3-6 幼兒園至大學的教育金參考表

相關資訊可至「教育部」查詢 https:// reurl.cc/j34koZ」

3-7 教育費用

有關減免學費的資訊可至「教育部圓夢助學網」查詢

https://reurl.cc/M4j634

有關「就學貸款」的資訊可至「教育部圓夢助學網」查詢

https://reurl.cc/oryVYD

3-8 學歷跟年收入有關嗎？

有關初任人員薪資統計相關資訊

可至「勞動部全球資訊網」查詢 https://reurl.cc/K4ld9y

3-11 我們大約能領多少養老年金呢？

「年金」是指一種定期性、持續性的給付，無論是按年、按季、按月或按週給付，都可稱為年金。「國民年金」是我國於民國97年10月1日開辦的社會保險制度，主要納保對象是年滿25歲、未滿65歲，在國內設有戶籍，且沒有參加勞保、農保、公教保、軍保的國民。國民年金提供「老年年金」、「身心障礙年金」、「遺屬年金」三大年金給付保障，及「生育給付」、「喪葬給付」二種一次性給付保障。被保險人只要按時繳納保險費，在生育、遭遇重度以上身心障礙或死亡事故，以及年滿65歲時，就可以依規定請領相關年金給付或一次性給付，以保障本人或其遺屬的基本經濟生活。

（資料來源：勞動部 https://reurl.cc/6704ok）

3-12 結婚與生活費用

有關台灣歷年婚姻狀況可至「行政院性別平等會」https://reurl.cc/j3yQap查詢

4-7 4-8 你繳了多少稅金呢？

台灣依勞動基準法第23條新規定的用意，旨在要求雇主應提供工資「各項目」計算方式明細（也就是俗稱之薪資單、薪資明細、薪資袋等）給勞工，其中應包含下列事項：

1. 勞雇雙方約定的工資總額。
2. 工資各項目之給付金額：包括本（底）薪、獎金、津貼、延時工資（加班費）等勞工因提供勞務獲得之報酬均屬之。
3. 依法令之規定或勞雇雙方另有約定，得扣除項目之金額：例如勞工應負擔之勞工保險、就業保險及全民健康保險費、勞工自願提繳之退休金、職工福利金、依執行政法院或行政執行機關之執行命令所為之扣押，以及勞雇雙方約定得扣除之項目，例如：雇主代轉帳之勞工個人自行參加之團體保險費用。
4. 實際發給之金額。

（資料來源：勞動部 https://reurl.cc/rrv3n4）

3-5 4-11 台灣「社會保險」涵蓋的範圍有哪些？

目前我國的社會保險體系係按職業別分立，不同職業別的社會保險制度有不同的主管機關。目前衛生福利部所主管之社會保險業務包括國民年金保險及全民健康保險。國保是我國在民國97年10月1日開辦的社會保險制度，主要目的在於保障年滿25歲以上、未滿65歲，且未參加軍、公教、勞、農保的國民納入社會安全網。全民健保凡具有中華民國國籍，在台灣地區設有戶籍滿6個月以上的民眾，以及在台灣地區出生之新生兒，都必須參加。

社會福利包括：兒童及少年福利、婦女福利、老人福利、身心障礙福利、保護服務、社會救助、社會保險等。（資料來源：行政院 https://reurl.cc/WRNA7L）

5-5 非正式雇用者的人數增加

台灣非典型工作者部分時間、臨時性或人力派遣也呈現逐年增加的趨勢。2023年5月的統計數據顯示，非典型工作者計80.6萬人，年增8千人或1.08%，占全體就業人數7.01%。其中「想改做全時、正式工作」者計12萬人或占14.8%，較2022年減少。各年齡層「想改做全時、正式工作」的占比，以25~44歲者最高。

（資料來源：中華民國統計資訊網 https://reurl.cc/VN1ZKQ）

5-8 少子高齡化也會帶來經濟衝擊

台灣已於1993年成為高齡化社會，2018年轉為高齡社會，推估將於2025年邁入超高齡社會。（相關資訊可至「國家發展委員會」查詢https://reurl.cc/j3yQ2q）

截至民國111年8月底，65歲以上老年人口已達400餘萬人，依據國家發展委員會推估，預計民國114年台灣每5人即有1人是長者(老年人口將超過20%)，成為「超高齡社會」。（相關資訊可至「衛生福利部」查詢https://reurl.cc/K4ldoj）

台灣2023年新生兒13萬5571人，較2022年減少3415人，再創統計以來新低。（相關資訊可至「內政部」查詢 https://reurl.cc/kryMWG）